Institutional Changes and
Growth in Economy
Transformation Period of China

中国区域可持续发展文库

中国转型期的
制度变迁与经济增长

科学出版社
北京

图书在版编目(CIP)数据

中国转型期的制度变迁与经济增长／康继军著.—北京：科学出版社，2009

（中国区域可持续发展文库）

ISBN 978-7-03-023573-2

Ⅰ.中… Ⅱ.康… Ⅲ.①经济体制改革－研究－中国－1978～2003 ②经济增长－研究－中国－1978～2003 Ⅳ.F12

中国版本图书馆 CIP 数据核字（2008）第 192257 号

策划编辑：胡升华　侯俊琳

责任编辑：牛　玲　宋　旭　苏雪莲／责任校对：宋玲玲

责任印制：赵德静／封面设计：无极书装

编辑部电话：010-64035853

E-mail：houjunlin@mail.sciencep.com

科学出版社 出版

北京东黄城根北街16号
邮政编码：100717
http://www.sciencep.com

中国科学院印刷厂 印刷

科学出版社发行　各地新华书店经销

*

2009 年 3 月第 一 版　　　开本：B5（720×1000）
2009 年 3 月第一次印刷　　　印张：16
印数：1—2 500　　　　　　　字数：295 000

定价：35.00 元
（如有印装质量问题，我社负责调换〈科印〉）

前　言

本书以改革开放为背景，通过考察改革开放 30 年来经济体制各方面市场化进程的相对程度，分析和研究了中国转型期的制度变迁与经济增长的关系。

2008 年是我国实行改革开放政策 30 周年，回顾历史，中国经济体制的市场化改革是以实践经验为先导（俗称"摸着石头过河"）的一步步摸索推进的渐进式改革。自 1978 年以来，经济体制改革已经给中国经济带来了更大程度的开放性和更多的市场自由。1992 年党的"十四大"确立的市场经济目标模式标志着中国经济体制改革进入了转折阶段，从以试验性、分散性、利益引导、破坏旧体制为主要特征的"感性发展阶段"向以系统性、主动性、制度创新、建立市场经济框架为主要特征的"理性推进阶段"转型。迄今为止，中国已初步建立了社会主义市场经济体制，但还不完善，改革的攻坚任务尚未完成。党的"十七大"报告指出，实现未来经济发展目标，关键是要在加快转变经济发展方式、完善社会主义市场经济体制方面取得重大进展。

胡锦涛同志在中国共产党第十七次全国代表大会上的报告中指出，"改革开放是党在新的时代条件下带领人民进行的新的伟大革命"，"这场历史上从未有过的大改革大开放，极大地调动了亿万人民的积极性，使我国成功实现了从高度集中的计划经济体制到充满活力的社会主义市场经济体制、从封闭半封闭到全方位开放的伟大历史转折"。正如胡锦涛同志 2008 年 1 月 1 日在全国政协新年茶话会上的讲话中指出的，"要按照党的'十七大'精神……对改革开放进行系统回顾总结，以生动的事实、伟大的成就、成功的经验对全党全国人民进行坚持改革开放的教育，深刻领会改革开放是决定当代中国命运的关键抉择，深刻领会改革开放是发展中国特色社会主义、实现中华民族伟大复兴的必由之路……在新的时代条件下继续把改革开放伟大事业推向前进"。因此，现在正是对中国经济转型的经验事实加以回顾和总结的大好时机。

经济增长是增进人类福利、促进社会发展和政治稳定的前提条件。传统主流增长理论大多忽视了对制度因素的研究，而新制度经济学对制度与增长关系的研究又缺乏严密的数理演绎和分析。中国经济自1978年改革开放以来连续30年保持了平均9.7%以上的高速增长，成就举世公认。然而，随之而来的问题是：改革开放以来，推动中国经济持续、高速增长的动力之源是什么？

经济发展所导致的国家或地区间差异是经济研究的重要问题。越来越多的研究者认为，经济增长的源泉可以分为两个层次。根据新古典经济增长理论，经济增长的直接源泉是资本和劳动的投入以及包括技术进步的"其他因素"。但是，是什么因素决定资本和劳动的投入以及技术进步？经济学家们现在把潜在决定经济增长（或经济发展水平）的第二层次（或"深层次"）的因素概括为三类：地理、开放和制度。这是学者们目前探讨经济发展较深层次原因时归结的三类因素，相应地产生了地理假说理论和制度假说理论。本书分析的焦点是包括开放和制度因素变革的"经济转型"。

鉴于中国经济高速增长的经验事实明显与经济制度从计划经济向市场经济的转型密切相关，因此对经济转型过程中制度变迁与经济增长的关系进行研究有非常重要的现实意义和理论价值。

本书对中国转型期的制度变迁与经济增长进行了研究。在对现有新制度经济学制度变迁经验研究方法加以总结的基础上，本书使用经济增长理论分析和前沿动态计量经济学实证研究相结合的方法进行研究，对实证研究结论进行经济学分析并提出相应的政策建议。

本书的篇章结构安排如下：

第一章为绪论。首先，本章阐述了全书的研究背景及目的。其次，针对不同学者在如何定义、测度和评价"经济转型"、"制度变迁"、"市场化进程"等问题上存在的分歧，本章对书中所涉及的关键概念进行了界定，在对国内外研究现状综述基础上提出了本书的结构与研究方法，并对本书的主要贡献与创新之处加以说明。

第二章为制度变迁理论评述。本章对新制度经济学的制度理论、制度变迁理论和制度变迁模型以及新制度经济学方法论进行了回顾和评述，总结了现有制度变迁经验研究的方法和手段。

　　新制度经济学从制度变迁的角度理解经济增长，认为提供适当个人激励的有效产权制度体系是促进经济增长的决定性因素（North，1993），经济增长的根本原因是制度的变迁。然而，已有文献中有关制度变迁的研究都是在制度经济学的框架中进行的，因此，制度变迁理论通常并不被认为是经济增长理论。制度经济学有关经济转型的研究通常采用改革实施的连续性来界定成功的方法，而不管改革的性质如何（Pereira et al.，1993）。此类研究方法认为评价制度成功与否的标准在于该制度能否被采纳并实施那些体现制度设计者最终设想的政策。但是这种方法更多体现的是行政体制的效率问题而非经济改革的基本依据。正如 Peters（1999）所指出的，"即使这些制度被确定为以某种经济思想为基础，也无法根据其应用经济思想的程度对其进行评估"。

　　第三章为制度变迁对经济增长贡献的量化测度。传统的经济学理论使用索洛余值法来测度制度变迁对经济增长的贡献，认为经济增长中扣除资本和劳动贡献后的剩余是广义技术进步对经济增长的贡献，而制度变迁对经济增长的贡献是广义技术进步总贡献扣除技术创新贡献后的剩余。本书以经济转型期间中国总体和重庆市的数据为研究样本，运用基于新古典经济增长理论的索洛余值法和计量经济分析方法量化测度了制度变迁对经济增长的贡献。在数据方面，本书对统计数据在时间维度上进行了补充和整理，同时在人力资本等宏观国民经济核算数据的挖掘和使用上有所创新。在计量模型方面，本书使用 Cochrane-Orcutt 迭代方法来对自相关进行修正，在计量模型的处理上更加完善和可靠，使实证的结果具有较强的解释力。

　　在经济转型的研究方法中，除了制度经济学用改革实施的连续性来界定成功的研究方法和基于新古典经济增长理论的索洛余值法之外，另一种为学术界广泛采用的方法是使用各种评价制度变迁的指标体系来衡量转型的总体水平，其中最有影响的是欧洲复兴开发银行和世界银行（World Bank，1996）设计的经济自由化累积指数（cumulated index of economic liberalization），以及美国的传统基金会（Heritage Foundation）、自由之屋（Freedom House）和加拿大的 Fraser 研究所（Fraser Institute）等三家机构各自编制的经济自由度指数（index of economic freedom）。其目的是在全球范围内对不同国家和地区的经济自由度进行评分和排序。

　　由于这种研究方法可以量化测度改革的进程，所以为大多数研究机构和学者所采用。但是这种研究方法包含了许多错误的假设[①]。首先，此类研究方法假定所有国家都朝着同一方向发展，在此基础上得出了各国具有共同转型目标的错误假设。其次，由于此类方法所采用的被视为客观的、可量化的变量，实际上在主观判断上往往可以有多种解释，因此其指标可靠性的假设是有争议的。再次，此类方法大都假设所采用的指标覆盖了转型的全过程，而事实上指标体系中的许多分指标只能应用于转型过程的部分阶段。最后，这种方法假设统一的衡量标准在所有国家和地区具有同等的重要性，这也不符合实际情况。

然而，尽管存在上述诸多缺陷，本书仍将应用建立评价制度变迁程度指标体系的方法进行研究。由于本书研究的是自 1978 年改革开放以来中国经济体制向社会主义市场经济体制转型的程度，前述假设在本书的研究中是完全合理的。另外，本书仿效 Pereira 等（1993）"保持怀疑直至经济在民主条件下显现出增长的迹象"的方法，提出一个尝试性的市场化相对指数，当转型的增长贡献得到证实的时候，这一指标体系的可靠性和合理性将得到验证。

按照这个思路，并针对第三章使用索洛余值法来间接测度制度变迁对经济增长贡献存在的不足，本书在第四章至第七章分别对政府行为方式适应市场化转变、非国有经济发展、对外开放、产品市场发育这四个中国经济体制市场化转型过程的主要方面进行了系统研究，构建了测度这四个方面经济体制市场化进程的指标体系，并运用协整分析和基于向量误差修正模型（VECM）的 Granger 因果关系分析方法对各方面市场化进程分指标与经济增长之间的因果关系进行了研究。研究结果证实本书所建立的测度经济体制市场化进程四个方面的分指标与经济增长之间存在因果关系，而变量（组）之间的因果关系在长期、短期以及因果关系方向上存在差异，说明经济体制市场化各方面的进程是不均衡的，各自对经济增长的作用也是不同的。

第八章对金融发展与经济增长的关系进行了研究。自 1978 年改革开放以来，中国经济持续高速增长，与第四章至第七章研究的经济体制变革的 4 个方面不同，金融制度改革与金融市场发展严重滞后，与此同时又取得了金融资源的高增长。本书使用季度数据，从直接金融（股市发展）和间接金融（金融中介的发

[①] 参见张曙光和赵农（2000），舒元和王曦（2002），诺格德（2006），康继军、张宗益和傅蕴英（2007a）等的评论。

展）两个方面来衡量金融发展，对中国、日本、韩国三国金融发展与经济增长之间的因果关系进行了比较研究。实证结果证明，中国、日本、韩国三国的金融发展与经济增长在是否存在因果关系以及因果关系的方向上均有差异，说明经济环境和金融制度的差异在解释金融发展与经济增长的关系上扮演了重要角色。

第九章研究了经济增长的制度分析模型。在第四章至第七章对中国经济转型的四个方面与经济增长关系的研究基础上，本章从政府的职能身份转换和从微观经济活动中的退出、推动非国有经济的发展、提高经济的开放程度、培育产品市场 4 个方面，以 19 个指标为基础构造了衡量中国经济转型（经济体制市场化进程）的制度变量——市场化指数，从该指数的数据特征和图形分析的结果看，新构建的指数较好地描绘了中国经济体制的市场化进程。然后，本章将该市场化指数作为制度变量，运用协整理论和动态计量经济学"从一般到特殊"的动态建模方法建立了一个经济增长的动态分析模型，该模型较好地模拟了市场化影响下中国经济增长的变化规律。实证研究结果证实了短期（转型期）内经济体制的市场化改革所带来的能量释放是我国经济高速增长的重要动力，同时也证实了资本和劳动仍然是改革以来中国经济增长的主要因素。

第十章对全书的研究结论进行了总结，并对未来的研究工作进行了展望。

本书的主要创新如下：

首先，将本书新构造的市场化指数作为制度变量，运用协整理论和动态计量经济学"从一般到特殊"的动态建模方法创新性地构造了经济增长的制度分析动态模型，较好地模拟了经济转型期中国经济增长的变化规律。实证研究的结果证实了中国经济高速增长的动力确实部分来源于经济体制的市场化改革所带来的能量释放。

其次，构造了衡量中国经济转型的过程的指标体系，并构建了"市场化相对指数"这一"制度变量"。在对外开放程度方面的指标体系设计和计算方法上有较大创新，对其他方面指标体系的设计、数据挖掘和处理也较以往的研究有所改进和完善。从数据特征和图形分析的结果看，新构建的指数较好地描绘了中国经济体制的市场化进程。

最后，本书对政府行为方式适应市场化转变、企业市场化（非国有经济的发展）、对外开放、产品市场发育、金融发展这五个中国经济转型的最主要方面进行了深入系统的研究，在实证研究中大量运用了新近发展的高等时间序列计量经济学研究方法，全面考察了经济体制改革各个方面与经济增长之间的关系。

本书的正文部分是笔者的博士学位论文。附录 A 至附录 C 是笔者与合作者共同在对中国转型期制度变迁研究基础上撰写的三篇应用研究论文，傅蕴英博士、陈邦强博士、吴俊博士和笔者的导师张宗益教授参与了这三篇论文的研究工作。

希望本书可以为研究中国经济转型与增长问题提供些许借鉴。

康继军

2008 年 7 月 18 日

目　　录

第一章

绪　　论

一、研究制度变迁与经济增长的重要意义

经济增长是增进人类福利、促进社会发展和政治稳定的前提条件。探求经济增长的源泉并采取措施释放生产力，是世界各国发展经济永恒的主题。不同的国家和地区在不同的历史条件下，经济增长率大不相同，如何对此作出科学合理的解释，是人们寻找经济增长源泉所要解决的首要问题。因此，现代经济学对经济增长进行了大量的理论与经验研究，如新古典增长理论、新增长理论及制度变迁理论都对经济增长源泉及内生机制进行了分析，这些解释包括要素的积累、资源的配置、技术进步、宏观经济稳定、教育水平、制度创新与制度变迁、法律有效性、国际贸易，甚至宗教信仰的差异，等等。不仅如此，种种新的解释还在继续提出，对经济增长源泉的探求似乎永远都不会停止。

近年来，学者和政策制定者们都逐渐将注意力放到了社会制度与经济绩效之间的复杂关系方面。对于如何引导中央集权管理的计划经济向市场经济转变，制度分析的意义至关重大。正如诺思[1]、张五常等（2003）所指出的，"许多学者现在认识到主流经济分析，即新古典经济学无助于重构缺乏牢固市场的经济；同样的批评适用于社会科学中的其他学科"，"明显涉及制度、制度变革与经济绩效之间联系的一个交叉学科研究规划正在浮现"，"新制度分析是一种背离但不是抛弃新古典经济学的细致研究"。

中国正处在经济体制转型时期，在从计划经济到市场经济转型的过程中，如何进行制度创新是中国必须解决的且最为紧要的根本问题，因为制度是经济增长

---

① 诺思，即 Douglass C. North，亦常译作诺斯。

的源泉。这不仅仅是新制度经济学的一个基本命题，同时也为中国的改革实践所证实，"改革就是解放生产力"解读的就是制度的重要性。新制度经济学指出，一个节省交易成本的制度安排、制度框架和制度创新的空间是至关重要的，一个国家的基础制度、制度结构、制度框架、制度环境和制度走向决定了该国的经济绩效。

创新是人类发展的根本动力，是一个民族生存和发展的支柱。技术创新是经济发展的原动力，是创新最主要的内涵和组成部分。但"创新"又不仅限于技术领域的创新，随着知识经济的到来，制度创新和管理创新已经成为推动经济增长不可忽视的主要动力。实际上，"创新"学说的首创人、美籍奥地利经济学家熊彼特在《经济发展理论》（1990）等著作中提出"创新理论"时指出，"创新"的概念是一个经济加技术的范畴，不仅指科学技术上的发明创造，更是指将已发明的科学技术引入企业之中，形成一种新的生产能力。他认为创新包括五个方面的内容：①创造新的产品或提供产品的新品质（产品创新）；②采用新的生产方法（工艺创新）；③开辟新的市场（市场创新）；④获得新的供给来源（资源开发利用创新）；⑤实行新的组织形式（体制和管理的创新）。熊彼特提出的创新概念的含义是相当广泛的，它包括了一切可提高资源配置效率的创新活动，包括科学、技术、经济、政治、组织、金融和商业的一系列活动。因此，除了技术创新，创新还包括制度创新、管理创新等诸多方面（李京文，2001）。

从1978年党的十一届三中全会启动经济体制改革到现在的30年，是举世瞩目的30年，尽管改革开放过程中经历了一些波折和反复，但是30年来中国市场导向的经济体制改革已经使中国经济的面貌发生了彻底的变化。中国的国民经济实力大大增强，中国人民的生活水平大幅提高，中国的国际地位稳步上升，这些都是毋庸置疑的事实。因此，总结30年来中国经济体制改革的经验，弄清中国经济体制改革的进程（程度），定量地测度制度创新对中国经济增长的贡献，是十分必要和意义重大的。

事实上，正如陈宗胜（1999b）在其重要著作《中国经济体制市场化进程研究》中所指出的，"如果分析技术成熟且测算方法熟练，对体制改革进程的测度应当比较经常地进行"。各种研究制度变迁、制度变革、制度创新、市场经济和市场化的文献很多，但是对于中国经济转型过程的制度变迁及市场化程度进行定量测度的研究却并不多。自从卢中原和胡鞍钢（1993）首次提出市场化指数以来，有代表性的研究文献只有寥寥的几部，在此基础上仅有极少的文献研究了制度变迁（市场化进程）和经济增长的关系。

需要指出的是，中国经济体制的市场化进程是一个有着丰富内涵的概念，对于市场化程度的测度也是一个十分复杂的课题，不同的研究者从不同的角度，使用不尽相同的测算指标和加权汇总方法，是十分正常的现象。从卢中原和胡鞍钢（1993）首次提出市场化指数到现在，我们已经取得的成果远非无懈可击，几种主要的研究成果的最终结论相差很大，对于市场化进程的测度以及制度变迁对中国经济增长贡献的研究还远远没有达到完美的程度。

方法论是一个十分重要的问题。1980 年，以克莱因教授为团长的美国经济学家代表团与中国社会科学院合作，在北京颐和园举办了后来被称为"颐和园讲习班"的"经济计量学讲习班"，成为中国计量经济学发展历程的标志性事件。20 多年来中国的计量经济学研究在吸收、借鉴国际同类研究成果的基础上不断得到发展，但是在具体应用上推广得还不够。在市场化进程研究方面较新的进展是樊纲等（2001，2003，2004）借鉴美国传统基金会（The Heritage Foundation）和《华尔街》（*The Wall Street*）杂志的方法（Miles et al.，1995 ~ 2004）使用主成分分析法确定权重构造市场化指数，不依赖于"专家评分"等主观因素，较之前的研究更加客观，该文构造的市场化指数，如其所说，"价值就在于它可以作为一个'制度变量'"。然而，由于数据的局限，樊纲等的研究仅仅考察了中国 1999 年以来各个地区的相对市场化进程，未能对改革开放 30 年来中国经济转型的制度变迁和市场化进程作出整体的量度。同时，由于方法上的局限，其所构造的市场化指数在不同年份之间是不可比的。此外，国内对制度变迁与经济增长关系的研究和国际上存在较大的差距和分歧。

迄今为止，改革已经推进到第 30 个年头，较前人的研究，时间上已经有了足够的长度，可以使用更加科学合理的计量方法构造制度变迁的测度变量，从而定量分析经济制度变迁的因素对中国经济增长的贡献。诚然，正如陈宗胜教授所言："重要的不是数值本身，而是这些数值数列所反映出来的变动趋势。"

本书以"中国转型期的制度变迁与经济增长"为题进行研究，希望在制度变迁对经济增长贡献的理论分析基础上，通过建立制度变量指标体系，构建包含制度变量的经济增长模型来研究制度变迁与经济增长的关系，为政府进行创新管理提供理论和实证依据。

二、制度变迁与经济增长的相关概念

经济学中的基本概念是经济理论特别是各经济学科构建的前提和基础。概念往往充当了基本理论假设，概念的诠释与演变过程则体现出经济理论的演进道路。因此，本书首先对书中涉及的主要概念进行界定。

（一）转型经济学

对前社会主义国家由计划经济向市场经济转型过程的研究属于转型经济学（或改革经济学）的范畴，与之相关的一个概念是转轨经济学（transition economics）。邹至庄（Chow，2002）指出："转型"（transformation）比"转轨"（transition）更适合于描述中国的经济体制改革，虽然这两者涉及的都是经济体制的变化，后者表达的是经济处于一种向某种理想状态——如一种特定形式的市场经济——过渡的状态，而前者并不包含一个众所周知的最后阶段的概念，研究的是经济体制改革的过程，没有一个关于最终状态的明确表达。

（二）经济转型

经济转型一般是指 20 世纪后期一些国家由计划经济向市场经济过渡的经济及其制度的变革过程。

对转型的理解与定义非常广泛，目前相对比较经典与普遍被接受的定义是罗兰（2002）的定义：转型即一种大规模的制度变迁过程或者说经济体制模式的转换。这样的经济转型是由一系列政策措施推动的、有目的、受控制的经济及其制度的变迁过程。

（三）经济增长

从最一般的意义上说，经济增长就是"一国生产的商品和劳务总量的增加"。萨缪尔森将经济增长定义为"一个国家潜在的国民产量，或者，潜在的实际 GNP 的扩展。我们可以将经济增长看做是生产可能性边缘时间向外推移"。库兹涅茨（1981）给出了经济增长的更为全面的定义："一个国家的经济增长，可以定义为给居民提供种类日益繁多的经济产品的能力的长期上升。"

每种定义对于具体的研究问题都有其优越性。如果要研究一国经济实力的变化，那么实际总产出的增长就具有重要意义；如果要研究人民生活水平的改善和经济发展水平的提高，那么人均实际产出的增长就具有决定意义。在本书中，经济增长是指实际产出即实际国内生产总值（GDP）的持续增长。

（四）制度

不同的学者对制度下了不同的定义，诺斯（1994）将制度定义为："一系列被制定出来的规则、秩序、行为道德和伦理规范，它旨在约束追求主体福利和效用最大化利益的个人行为。"舒尔茨认为制度是"一种行为规则，这些规则涉及社会、政治及经济行为"。总之，"制度"一词既可指习惯和规则，也可指体制。由于不同学者研究的重点和使用的工具不同，"制度"一词在内涵和外延上略有差异。本书的研究重点是中国转型过程中经济制度的变迁。

（五）制度变迁

制度变迁是一种制度创新过程，是指使创新者获得追加利益（潜在利益）的现存制度变革，如建立起某种新的组织形式或经营管理形式。因此，从短期来看，制度变迁过程意味着一种更有效的制度安排对另一种制度安排的替代过程。从长期看，制度变迁过程则是从制度创新到制度均衡，再到制度创新的过程。制度变迁说到底是权力和利益的转移和再分配，是权力的重新界定。在本书中，制度变迁特指由计划经济向市场经济过渡的制度模式的变革过程。

现有关于经济制度及其变迁问题的文献使用了诸如经济转型、经济转轨、经济市场化、制度转型和市场化改革等概念。为了防止对本书所研究的问题在理解上产生歧义，在这里说明，本书所研究的经济转型不是一般意义上的经济及其制度演进的自然过程，而是特指1978年以来由计划经济向市场经济过渡的经济及其制度的变革过程。这样的经济转型是由一系列政策措施推动的、有目的、受控制的经济及其制度的变迁过程。在不产生歧义的情况下，本书在分析时会交替使用经济转型、经济体制改革、制度变迁、市场化改革等概念。

三、制度变迁与经济增长的研究现状

大体来说，可以从下面几个层次对制度变迁与经济增长关系的研究进行分类。

（一）新制度经济学与制度——经济增长理论

什么是经济增长的源泉？这是世界各国经济的关键问题之一，在发展中国家，经济增长更是特别为人们所关注。在新古典分析范式看来，经济增长的核心因素是物质资本、人力资本、劳动力和技术（Solow，1956），但是新制度经济学和转轨经济学的崛起从根本上改变了这种观点。North 和 Thomas（1973）通过研究世界范围内的经济增长史认为，物质资本、人力资本、劳动力以及技术的增长本身就是经济增长的一部分，而不是引起经济增长的根本原因。

现代经济学对经济增长进行了大量的研究，如新古典经济增长理论、新增长理论及制度变迁理论，这些研究都对经济增长的源泉及内生机制进行了分析。

20 世纪 40 年代，哈罗德（Harrod，1939）和多马（Domar，1946）的长期经济增长模型被视为现代经济增长理论出现的标志。但是，由于哈罗德-多马模型假定资本报酬率是常数，这就间接地假定了资本和劳动在增长过程中不能相互替代，从而使均衡增长的条件（有保证的增长率＝自然增长率＝实际增长率）难以满足。美国经济学家索洛在仔细研究哈罗德的经济增长理论之后，放松了资本与劳动不可替代的假定，从而创立了新古典经济增长理论（巴罗等，2000）。新古典经济增长理论的模型是封闭的，仅研究某一国家的经济增长，以资本边际收益递减、完全竞争经济和外生技术及收益不变为其理论假设。该模型认为，技术进步是经济增长的主要动力，从长期看可称之为唯一的动力。另外，新古典经济增长理论还假定各个国家有相同的机会得到同样的技术，因而各国间没有技术水平的区别。该模型由此得出结论：各个相互独立的国家有很强的使经济发展水平和增长率趋于一致的倾向，在各国间要素可自由流动的情况下将增强这一趋势。新古典经济增长理论的局限性在于它假设技术进步是外生的，它不能解释为什么发生技术进步，同样它也无法解释世界各国人均收入水平的差异和实际人均GDP 增长率的差异。

　　以美国经济学家罗默和卢卡斯为代表的"新增长理论"充分吸纳了当时经济增长研究的最新成果，克服了在经济增长理论中占主导地位的新古典经济增长模型的局限性，为经济增长理论带来了生机和活力。罗默（Romer，1986）认为，生产要素的收益问题是经济增长的一个重要因素，新古典经济增长理论关于边际收益递减的假设是导致其失败的原因。因此，在其提出的增长模型中罗默放弃了这个假设。在罗默的增长模型中，特殊的知识和专业化的人力资本不仅进入了生产函数，而且成为经济增长的主要因素。它们不仅能形成自身递增的收益，而且能使资本和劳动等要素投入也产生递增收益，从而使整个经济的规模收益递增，递增的收益保证了长期的经济增长。卢卡斯的建模思想和罗默稍有不同，其增长模型以人力资本为核心，将资本划分为物质资本和人力资本两种。卢卡斯（Lucas，1988）认为正是各国在人力资本方面的差异，导致了各国在收入和经济增长率方面的差异，扩大经济的开放度可以使发展中国家吸收新技术和人力资本，从而更快地实现经济发展，缩小与发达国家的收入差距。

　　新古典经济学在描述经济体制时，基本上集中在以下三个要素：首先，"初期禀赋"表示资本、劳动、土地等生产要素在各经济主体之间如何保有；其次，"技术"规定了生产要素与最终产品之间可能实现的投入产出关系；最后，"偏好"反映了消费者的嗜好。给定这三个要素，经济的基本环境就确定了，其后的问题便是通过什么样的机制来实现最终的资源配置。传统上，在被新古典经济学作为分析对象的资本主义经济中，这种机制就是市场机制；在计划经济中，则是由中央当局的计划来代替市场。对于作为资源配置机制的"市场"与"计划"的效率进行比较的经济体制论就相当于新古典经济学模型中的制度分析。在以瓦尔拉均衡的普遍性为依据的新古典经济学中，作为进行资源配置的制度（institution）只是考虑了市场，而没有考虑市场以外的制度在经济活动中所起的作用（青木昌彦等，2005）。

　　制度学派对经济增长则提出了全新的观点，认为资本积累、技术进步等因素与其说是经济增长的原因，倒不如说是经济增长本身；经济增长的根本原因是制度变迁，一种提供适当个人刺激的有效产权制度体系是促进经济增长的决定性因素（North，1981）。

　　制度经济学的研究方法是一种将制度的观念用于经济问题的方法。而在制度经济学中，新制度经济学（new-institutional economics）也许是自 20 世纪 80 年代末期以来最活跃的一支。新制度经济学认为（North，1981，1990；Williamson，1985）有效率的制度和经济组织是各种生产要素投入增长以及总体经济产出增长的关键。因为有效率的组织和制度可以通过各种方式确定和界定人们的权利，以形成合理的激励和约束，使经济主体的各种积极努力的私人收益与社会收益接近，从而使人们将各种资源配置到最有效率的地方，使人们努力地进行创新、资本积累、教育投入以及促进规模经济的形成，最后表现为经济增长。现代经济增长中的许多新问题，如公共政策对经济增长的影响、国际贸易对经济增长的影响和经济市场化对经济增长的作用等，都在制度经济学理论中找到了解释。这些观点构成了近十年来研究经济增长的基本框架——制度-经济增长理论。应当承认，新制度经济学关于经济增长的理论有很大的现实意义。

制度创新和制度变迁是多维度和多层次的，制度分析学者们从不同的角度和层次对制度与经济绩效的关系进行了研究：Eggertsson（1993）针对制度与经济绩效的研究，概述了一个一般框架，澄清了正式制度和非正式制度都影响决策问题，将注意力放在两个问题上，即权力的作用和理性选择的作用。诺思（North，1990）将注意力转向了形成推进或阻碍社会生产活动激励结构的社会制度研究，强调固有的激励结构的存在而建立了报酬递增的新的经济增长模型。

根据内生变量的设定，制度经济学的研究可以细分为下列分析层次：

第一个分析层次将制度、组织和合约安排作为外生变量，目的在于解释制度安排的种种变动是怎样影响经济产出和财富的，为了探索种种制度安排和理解制度变革的后果，新古典模型必须通过交易成本和产权的概念予以论证。法与经济学领域关于各种各样法律安排的经济后果的研究也属于这一范畴（Posner，1986；Cooter，Ulen，1988）。

第二个分析层次试图解释制度框架如何影响经济组织和合约安排的结构。这一领域中先驱性的研究由 Coase（1937）和张五常（Cheung，1968）完成。

第三个分析层次试图解释制度框架和产权结构的各种要素。代表性的研究者是 Eggertsson（1990）。

在应用新制度经济学对中国的制度变革进行分析和解释的工作中，国内学者近年来也取得了一定的进展。杨瑞龙（1998）对中国制度变迁过程中地方政府的制度创新行为进行了研究。其后，黄少安（1999a）在杨瑞龙的基础上进一步研究了制度变迁主体角色转换假说及其对中国制度变革的解释，对所有制结构与市场经济关系以及中国产权制度变革进行了理论分析，提出并且验证了关于制度变迁的三个新的理论假说（黄少安，1999b，2000），中国经济制度变迁的事实对"制度变迁主体角色转换假说"的证实（黄少安，1999c），以及产权制度创新与管理创新的良性互动（魏建，黄少安，2000）。张曙光（1998）对走向市场经济的制度结构进行了研究。庞晓波和赵振全（2000）对体制变迁的经济效益及其对中国经济增长问题的解释作了理论研究。

　　然而，尽管各种各样的规律和形式已经被揭示和即将被揭示，本书仍然必须承认方法的局限性。正如 Eggertsson（1993）所说的，"我们不应该指望发现经济体系和经济历史的某种决定性定律"。经济的增长率取决于各种各样的因素，如制度和知识、有形资本和人力资本、自然资源等，但是经济的繁荣也取决于外部事件、机遇环境以及看来是不可预测的政治事件和政策。

（二）制度变迁对经济增长贡献的定量测度

　　依据制度-经济增长理论，许多经济学者对制度与经济增长之间的关系进行了大量的计量研究和经验研究。这些研究大致可以分为四类：①对经济制度与增长之间关系的计量研究。例如，Kaufmann 等（1999）通过对 150 多个国家的横截面数据进行研究，对治理结构与经济增长的计量研究结果表明公司治理对经济增长具有很强的因果关系；Jaggers 和 Gurr（1995）对产权关系对物质资本和人力资本投资影响的计量研究；Hall 和 Jones（1999）的研究表明制度和政府政策的差异对国家间的劳均产出有决定性的影响。②对政治制度与经济增长之间关系的计量研究。如 Alesina 等（1992）、Helliwell（1994）和 Barro（1996）对民主与经济增长的计量研究；Chowdhurie-Aziz（1997）对非精英参与政治制度与经济增长的计量研究。③对社会制度（非正规制度）与经济增长之间的计量研究。如 Narayan 和 Pritchett（1999）对坦桑尼亚的社会资本对经济增长的贡献的计量研究。④对综合性制度质量与经济增长之间关系的计量研究。主要通过对各种制度进行加权后进行计量研究。如 Rodric（1995，1996，2000，2002）对腐败与经济增长的研究；Mellinger 等（1998，2000）对资源禀赋、贸易程度以及制度质量与经济增长的计量研究；Easterly 和 Levine（2002）对地理位置、制度质量与经济增长的计量研究等。

上述这些计量研究所采用的方法可以归结为以下几种类型。

1. 回归相关分析方法

回归相关分析方法主要用于跨国比较研究。此类研究首先采用一定的指标体系对制度进行量化（一般直接引用"国际风险投资指南"、"自由之屋"、"政治经济风险咨询"等国际机构的指标体系和统计数据），然后建立多变量回归相关模型进行计量。Gwartney 等（1996）在研究经济自由与经济增长关系时没有使用经济增长模型，使用 Fraser 研究所的经济自由度（economic freedom）进行的回归相关分析发现，1993~1995 年经济自由度得分较高的国家在 1984~1994 年人均 GDP 平均增长了 2.4%，而同期经济自由度得分较低的 27 个国家却只有 -1.3%。所有经济自由度得分较高的国家人均收入都较高，并且经济自由度得分增加较快的 17 个国家的经济增长也较快。Nelson 和 Singh（1998）将经济自由作为一个控制变量研究经济自由、政治自由和经济增长的关系，对 1970~1989 年 67 个发展中国家的面板数据（panel data）的研究结果表明经济自由确实对经济增长有相当积极的影响。Scully（2002）的研究结果表明发达国家的经济自由度、政府政策对经济增长和市场繁荣起到了积极的影响。Burkhart（2000）使用"自由之屋"的自由度指数对冷战后的经济自由度和民主之间的关系作了相关分析。此外，对于制度的某一方面与经济增长关系的研究相对较多，如 Guseh（1997）研究了发展中国家的政府与经济增长的关系，Johnson（1998）等研究了文化、经济自由与经济增长的关系。

2. 虚拟变量法

虚拟变量法不要求对制度直接进行全面量化，而是根据不同时期制度的重要性，将制度变量设定为虚拟变量，纳入生产函数中计算不同的生产要素对经济增长的贡献。

3. 余值法（或扣除法）

余值法是从索洛余值法演化而来的，认为经济增长中除去资本和劳动的贡献后的剩余是广义技术进步对经济增长的贡献，利用柯布-道格拉斯生产函数进行全要素生产率（TFP）计量，然后对全要素生产率与相应的制度变量进行进一步的计量分析——制度对经济增长的贡献是广义技术进步的总贡献扣除技术创新贡献后的剩余。马健（1999）、李子奈等（2002）采用余值法对制度创新和管理创新对经济增长的贡献进行了定量研究。

4. 强估计分析法

Rousseeuw（1984）提出的最小中位数平方（the median of squares regression，LMS 或强估计）回归技术。De Haan 和 Siermann（1998）、Strum 和 De Haan（2001）利用强估计（robust estimate）分析法对 Gwartney（1996）测算的三种经济自由度指数进行分析，得出的结论是经济自由度的变化和经济增长显著相关，而经济自由度的水平和经济增长不相关。Carlsson 和 Lundstrom（2002）研究了不同的经济自由度对经济增长的重要程度，结果表明在并非十分严格显著性水平下大部分测度的自由度指数对于 GDP 增长的作用都是显著相关的，强估计分析的结果证实了经济自由有利于经济增长。但同时研究结果也表明某些指标变量（如货币政策和价格稳定性）与经济增长无关，某些变量（如经济结构和市场运作、资本市场交换的自由度）与经济增长关系是微弱的，而有些变量（如政府规模和对外贸易的自由度）对经济增长的作用是负面的。但是由于强估计分析法剔除了许多极端值的影响，其解释性也大打折扣。

5. Granger 因果关系分析法

Heckelman（2000）应用 Granger 因果关系分析检验法对美国传统基金会测度的经济自由总指数和分项指数与经济增长进行了分析，总指数在 10% 的水平下与经济增长存在 Granger 因果关系。分项指数中金融政策、黑市、资本流动、工资或价格管制、财产权和规制都和经济增长具有 Granger 因果关系。Farr 等（1998）使用混合横截面时间序列数据（pooled cross-sectional time series data）对经济自由度、政治自由度与经济绩效进行了因果关系研究。研究结果表明，无论在工业化国家还是非工业化国家，这些变量之间均存在 Granger 因果关系，经济绩效显著地影响着政治自由度，但是政治自由度不是经济绩效的 Granger 原因，而在经济绩效和经济自由度之间则存在双向因果关系。

6. 极值边界分析模型

最早由 Leamer（1985）提出的极值边界分析模型（the extreme bounds analysis，EBA），主要功能是灵敏性分析。Levine 和 Renelt（1992）使用 EBA 模型分

析检验了很多宏观经济变量，包括经济自由与经济增长的"强显著"性，得出的结论是只有少数变量通过了"强显著"检验，亦即只有少数变量和经济增长的关系是稳定的和"强显著的"。Sala-I-Martin（1997）指出应用 Levine 和 Renelt（1992）提出的检验方法在实践中往往条件太强，很少有目标变量能通过检验。他对 EBA 模型的检验方法进行了改进，通过类似于 Bootstrap 的方法获得回归系数的分布，以此作为检验的依据。Ali 和 Crain（2002）利用 EBA 模型对经济自由、政治自由与经济增长的关系进行了研究，结果表明经济自由与经济增长的关系是"强显著"的。国内学者（王立平等，2004）使用 EBA 模型对中国市场化水平与经济增长的关系进行了实证分析，得到的结论是中国的市场化水平与经济增长的关系是"强显著"的，市场化水平的短期变化与经济增长之间没有"强显著"关系。这个结论与 Strum 和 De Haan（2001）的结论有所不同，对此情况作者推测其原因可能是短时间市场化水平的变化对于吸引外资和经济发展没有立竿见影的效果。

以上方法都有各自的局限和不足。对于回归相关分析方法而言，其主要缺陷在于对制度变量进行赋值没有客观标准，大部分采用德尔菲法；另外，跨国研究中为了国家间比较而设计和采用的制度变量（各种指数），其结果不一定适用于单个国家的时间序列分析。虚拟变量法的主要缺陷在于虚拟变量难以真正刻画制度的作用，通常用于分析制度的结构变化与经济增长的关系。余值扣除法的缺陷在于虽然全要素生产率包含了制度创新，但是还包含了如管理创新等其他因素，广义技术进步总的贡献扣除技术创新贡献后的剩余主要是制度创新和管理创新对经济增长的贡献，而用余值法又无法将制度创新和管理创新的贡献区分开。强估计分析法由于剔除了许多极端值的影响，其解释性也大打折扣。

尽管国际上量化测度制度变迁对经济增长贡献的计量方法较多，但是影响量化模型研究的最主要因素仍然是制度变量和指标体系的设计。

（三）制度变量的指标体系和指数

国际上用于跨国比较研究所采用的制度的量化指标体系主要有美国传统基金会（The Heritage Fundation，http：//www. heritage. org/Index）和政策与法律研究中心（Center for Policy and Legal Studies，CPLS）等。CPLS 最早进行了省级数据（美国的州）的测度，美国传统基金会定量测度了 20 世纪 90 年代以来各个国家（地区）的经济自由度，和加拿大 Fraser 研究所（Gwartney，1996，2001）及美国的自由之屋（Freedom House，2002）一起，此三个机构都致力于关注减少政府对市场的干预，使用不同的指标构成体系对经济自由度进行了测度。正如 Hanke 和 Waters（1997）所指出的，它们在很多标准上达成了一致：①产权保障；②鼓励对外开放；③放松政府对市场的管制；④政府财产税收的自由度（Kaun，2002）。

改革开放以来国内各种研究市场经济和市场化的文献很多，但是对于市场化程度及其测度的研究却很少。自从卢中原和胡鞍钢（1993）首次提出市场化指数以来，有代表性的研究文献只有寥寥的几部（卢中原，胡鞍钢，1993；江晓薇、宋红旭，1995；国家计委市场与价格研究所课题组，1996；顾海兵，1997；陈宗胜等，1998，1999a，1999b；樊纲等，2001，2003，2004；高明华，2003），在此基础上有为数不多的文献研究了市场化（制度变迁）和经济增长的关系（金玉国等，1998，2001；王文博等，2002；王立平等，2004）。

在研究市场化程度的定量测度的文献之中，陈宗胜等（1999b）的研究从体制构成、产业部门和地区差别 3 个方面、11 个领域测度局部的指数，并进行了总体市场化指数的合成。然而，"体制构成"和"地区差异"之间的关系属于主次关系，可以用一套指标体系进行测度，将三者并列测度之后再综合这样的过程明显存在逻辑混乱的情况。从具体指标设置来看，有两个问题需要讨论：一是指标本身的市场化含义如何；二是该指标是否是测度市场化程度的主要指标。某些指标的设计仍然和其他众多的研究成果一样根据某些一般的、广泛流行的说法和观点进行设置，降低了其理论意义和实践价值。樊纲等（2001，2003，2004）对中国各地区的市场化相对程度进行了测度，使用 5 个方面、19 项指标建立指标体系构造制度变量，其指标体系设计和指数合成上是目前国内同类研究中最完善的，然而由于其大量使用横截面的普查和调查数据，无法构造足够长的时间序列进行宏观经济分析。

此外，除樊纲等（2001，2003，2004）之外，几乎全部研究市场化程度测度的文章均采用百分率的方式给出指标值，这种方式虽然能够比较直观地表明市场化的程度，但是同时也存在较大的负面影响。由于不同指标的绝对数值存在较大差距，因此不进行标准化处理的简单百分率虽然也可以反映出市场化的程度，但是指标值与现实的实际感受存在较大差距，而多数研究对此种情况的处理均采用主观调整的方式，这就给测度过程带来了随意性。

综上所述，目前国内的研究主要是基于模仿国外经济自由度的指标体系设计建立的市场化指数，然而，在指标体系构成、各因素权重分配等方面还存在重大不足，有必要进行系统和科学的研究。

四、制度变迁与经济增长的研究内容与方法

（一）本书的主要研究内容

本书的主要研究内容有：

第一章为绪论。阐述了本书的研究背景及目的，对书中涉及的关键概念进行了界定，在对国内外研究现状综述的基础上提出本书的结构与研究方法，并对本书的主要贡献与创新之处加以说明。

第二章为制度变迁理论评述。对新制度经济学的制度理论、制度变迁理论和制度变迁模型以及新制度经济学方法论进行了回顾和评述，总结了现有制度变迁经验研究的方法和手段。

第三章为制度变迁对经济增长贡献的量化测度。以经济转型期（1978～2003年）中国总体和重庆市的数据为研究样本，运用基于新古典增长理论的索洛余值法和计量经济分析方法量化测度了制度变迁对经济增长的贡献。在数据方面，本书对统计数据在时间维度上进行了补充和整理，同时在人力资本等宏观国民经济核算数据的挖掘和使用上有所创新。在计量模型方面，本书使用 Cochrane-Orcutt 迭代方法对自相关进行修正，在计量模型的处理上更加完善和可靠，使实证的结果具有较强的解释力。

针对第三章使用余值法来间接测度制度变迁对经济增长贡献存在的不足，本书在第四章至第七章分别对政府行为方式适应市场化转变、非国有经济发展、对外开放、产品市场发育这四个中国经济体制市场化转型过程中的主要方面进行了系统研究，构建了测度这四个方面经济体制市场化进程的指标体系，并运用协整

分析和基于向量误差修正模型的 Granger 因果关系分析方法对各方面市场化进程分指标与经济增长之间的因果关系进行了研究。研究结果证实本书所建立的测度经济体制市场化进程四个方面的分指标与经济增长之间存在因果关系，变量（组）之间的因果关系在长期、短期以及因果关系方向上存在差异，说明各方面经济体制的市场化进程是不均衡的，各自对经济增长的作用也是不同的。

第八章对金融发展与经济增长的关系进行了研究。自 1978 年改革开放以来，中国经济持续高速增长，与第四章至第七章研究的经济体制变革的四个方面不同，金融制度改革与金融市场发展严重滞后，与此同时又取得了金融资源的高增长。本书使用季度数据，从直接金融（股市发展）和间接金融（金融中介的发展）两个方面来衡量金融发展，对中国、日本、韩国三国金融发展与经济增长之间的因果关系进行了比较研究。实证结果证明，中国、日本、韩国三国的金融发展与经济增长在是否存在因果关系以及因果关系的方向上均有差异，说明经济环境和金融制度的差异在解释金融发展与经济增长的关系上扮演了重要角色。

第九章研究了经济增长的制度分析模型。在第四章至第七章对中国经济转型的四个方面与经济增长关系的研究基础上，本章从政府的职能身份转换和从微观经济活动中的退出、推动非国有经济的发展、提高经济的开放程度、培育产品市场 4 个方面，以 19 个指标为基础构造了衡量中国经济转型（经济体制市场化进程）的制度变量——市场化指数，从该指数的数据特征和图形分析的结果看，新构建的指数较好地描绘了中国经济体制的市场化进程。然后，本章将该市场化指数作为制度变量，运用协整理论和动态计量经济学"从一般到特殊"的动态建模方法建立了一个经济增长的动态分析模型，该模型较好地模拟了市场化影响下中国经济增长的变化规律。实证研究结果证实了短期（转型期）内经济体制的市场化改革所带来的能量释放是我国经济高速增长的重要动力，同时也证实了资本和劳动仍然是改革以来中国经济增长的主要因素。

第十章对全书的研究结论进行了总结，并对未来的研究工作进行了展望。

图 1.1 为本书结构图。

（二）研究方法和特色

本书研究的是中国经济转型期的制度变迁与经济增长。在对现有新制度经济

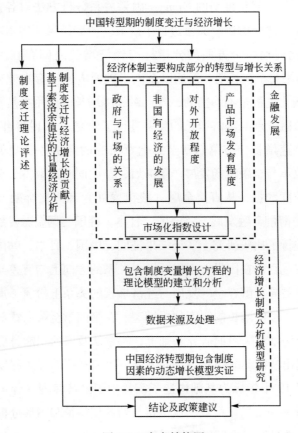

图 1.1　本书结构图

学制度变迁经验研究方法加以总结的基础上，本书使用经济学理论分析和计量经济学实证研究相结合的方法进行研究，对实证研究结论进行经济学分析并提出相应的政策建议。

本书的主要特色如下：

（1）理论分析和实证研究相结合，在经济增长理论模型基础上建立适当的计量模型进行实证研究。第三章运用基于新古典经济增长理论的索洛余值法的计量经济模型量化测度了制度变迁对经济增长的贡献，第九章运用新古典经济增长理论建立了包含经济制度变革因素的单方程动态经济增长模型。

（2）全国总体研究与个别特色地区研究相结合，单一国家研究与跨国比较研究相结合。第三章首先就中国总体进行研究，然后又选择重庆市这个西部地区有特色的中国第四个直辖市进行研究，点面结合；第八章对中国、日本、韩国这三个有着相似经济发展历程的国家进行比较研究，探求不同金融制度和政策的国家金融发展和经济增长关系的异同。

（3）在实证研究中大量运用高等计量经济学方法论。第三章使用 Cochrane-Orcutt 迭代方法对差分方程中的自相关进行修正；第四章至第八章使用单位根（unit root）、协整（cointegration）、向量误差修正模型（vector error-correction model，VECM）、Granger 因果关系分析等高等时间序列计量经济学方法对非平稳时间序列变量（组）之间的长期、短期关系进行系统研究；第九章使用基于协整理论的动态计量经济学"从一般到特殊"的动态建模理论和方法构建经济增长的制度分析模型，较好地区分了中国经济运行的长期规律与短期波动特征。

（4）使用动态建模理论构建经济增长的制度分析模型。当前国内公开发表的有关宏观经济模型论文，大多采用传统建模方法，由于传统建模方法存在种种弊端，国外已经逐渐放弃使用此方法。本书使用英国牛津大学教授韩德瑞（D. F. Hendry）所倡导的动态建模理论，以现代经济学理论为指导，同时较好地兼顾了中国经济转型期制度变迁与经济增长的特点。动态建模理论和方法在国内的应用较少，该方法基于协整理论，已经成为目前国际英文杂志的主流计量建模方法之一。该方法在理论上比较完备，但是在具体应用建模上有一定的难度，这可能是目前国内研究中应用不多的原因。自从 *Dynamic Econometrics*（Hendry，1995）这一动态建模理论的代表著作出版以后，动态建模方法仍然在不断发展和完善过程中，该方法已经被广泛地应用于国外文献的实证研究中。与传统计量建模方法相比，动态建模方法更合理地处理了模型所涉变量的动态特征。由于在建模过程中对模型的每一步简化都遵循了信息损失最小、满足各项检验标准的建模原则，最终所得估计式不仅较好地包容了初始模型，也充分运用了经济理论和显示经济运行所给出的信息，最大程度地利用了数据所包含的信息，因而其优于其他建模方法所建模型。

本书的主要贡献和创新为：

第一，运用协整理论和动态计量经济学建模方法创新性地构建了经济增长的制度分析动态模型。将本书新构建的市场化指数作为衡量中国转型期经济制度变迁程度的制度变量，建立了包含经济制度变革因素的单方程动态经济增长模型，该模型较好地模拟了经济转型期市场化进程中中国经济增长的变化规律。通过对中国转型期（1978~2003年）经验的实证研究，证实了短期（转型期）内中国经济高速增长的动力确实部分来源于经济体制的市场化改革所带来的能量释放；同时，资本和劳动仍然是改革以来中国经济增长的主要因素。

第二，在对中国经济转型的各主要方面与经济增长关系的系统研究的基础上，本书从政府的职能身份转换和从微观经济活动中的退出、推动非国有经济的发展、提高经济的开放程度、培育产品市场4个方面，以19个指标为基础构建了衡量中国经济转型（即经济体制市场化进程）的制度变量——市场化指数。与已有的研究相比，该指数在对外开放程度方面指数的指标体系设计和计算方法上作了较大的改进和创新，同时对其他方面的指标体系设计和数据的挖掘、处理作了进一步的改进和完善。从该指数的数据特征和图形分析的结果看，新构建的指数较好地描绘了中国经济体制的市场化进程，可以作为制度变量进行宏观经济建模分析。

第三，对政府行为方式适应市场化转变、企业市场化（非国有经济的发展）、对外开放、产品市场发育、金融发展这五个中国经济转型的最主要方面进行了深入系统的研究，在实证研究中大量运用了新近发展的高等时间序列计量经济学研究方法，全面考察了各个方面经济体制改革与经济增长之间的关系。例如，采用ADF（Augmented Dickey-Fuller）和PP（Phillips-Perren）单位根检验变量序列的稳定性，Johansen协整检验方法确定变量之间协整关系的存在，对有协整关系的变量组进行基于VECM的Granger因果检验，并进行广义脉冲响应函数（generalized impulse-response）分析、方差分解（variance decomposition）以确定各变量之间因果关系的程度。

第四，以改革以来（1978~2003年）中国总体和重庆市的数据为研究样本，运用基于新古典增长理论的索洛余值法和计量经济分析方法量化测度了制度变迁对经济增长的贡献。

第二章

制度变迁理论评述

自亚当·斯密（Adam Smith）以来，经济学家一直将专业化和劳动分工的发展、生产技术的提高以及由此产生的市场规模的扩大看成是经济增长的原因。新古典学派用生产函数来解释经济增长，即产量是资本、劳动、土地、原料和技术的函数，取决于生产要素的投入和生产者所使用的技术。

但是，用劳动分工和生产函数来解释经济增长并不尽如人意，因为在经济绩效中，总有一部分"剩余因素"得不到说明。基于这种增长模型提出的政策措施，解决不了发展中国家的问题，从而使发展经济学陷入困境。North（1990）发现，1600～1850年，世界海洋运输业中并没有出现用轮船代替帆船之类的重要技术改进，但是这期间海洋运输的生产率却得到了很大的提高。也就是说，生产要素及其所用技术解释不了生产率的提高。North认为不能解释"剩余因素"的原因，是经济学家在构造他们的模型时，忽略了在专业化和劳动分工发展的情况下，生产要素交易所产生的费用，而这些交易费用是制度建立的基础。专业化和劳动分工的发展会增加交易费用，而不会自动产生降低交易费用的制度。结果，逐渐增加的交易费用会阻碍专业化和劳动分工的进一步发展，导致经济衰退。而制度的建立是为了减少交易成本，减少个人收益与社会效益之间的差异，激励个人和组织从事生产性活动，最终促进经济增长。因此，制度是一系列正式约束和非正式约束组成的规则，它约束着人们的行为，减少专业化和分工发展带来的交易费用的增加，解决人类所面临的合作问题，创造有效组织运行的条件。

新制度经济学从制度变迁的角度理解经济增长，致力于研究制度变迁对经济增长的影响，认为提供适当个人激励的有效产权制度体系是促进经济增长的决定性因素（North，1993），经济增长的根本原因是制度的变迁。制度因素在技术进步和经济增长中的作用日益受到重视。然而，已有文献中有关制度变迁的研究都是在制度经济学的框架中进行的，因此，制度变迁理论通常并不被认为是经济增长理论。

对于什么样的制度有利于市场经济的发展这个问题，经济学界有不同的观点。因此，首先应明确界定经济制度的定义，并据此归纳出制度的基本特征。然后，通过研究一些制度发展理论和市场经济的变化，进一步探索各个因素的重要性以及制度变迁的发生机制。本章的结构安排是：首先，从制度的定义、产生和功能几方面介绍制度理论；其次，对制度变迁的理论和模型分别加以评述；最后，对新制度经济学方法论进行总结。

一、制度理论

（一）制度的定义、产生及其功能

黑尔（2004）认为作为社会安排（social arrangements）的经济制度具有以下特点：①制度是规制经济行为方式的规则，而这种规制方式在短期内常与个人偏好相抵触；②制度是基于习俗、信任、法律规定而形成的共同的预期；③如果经济被看做是多种交易多次发生的"重复博弈"的交易过程，那么制度就是最为广泛的共识；④制度具有匿名性，亦即制度运行不能由寻求某种与制度相关的交易活动的经济个体所决定。

以往的经济理论都将制度看成是资源配置的外生变量，因此只能说明竞争，而不能说明合作带来的效率。现代经济学理论已经证明了通过合作方式解决争端所达成的效率总是最大的。在理论模型中引入制度变量后，就可以对竞争双方进行合作的动机以及合作的实现方式加以说明。简言之，制度的功能就是为实现合作创造条件，保证合作的顺利进行。制度变量的引入使得经济增长的理论模型从描述抽象的、简单的状态发展到解释具体的、复杂的现实世界。

North（1990）认为迄今为止，人类经历了两类交换形式：一类是简单的交换形式。在这类交换形式中，专业化和分工处于原始状态，交易是不断重复进行的。卖和买几乎同时发生，每项交易的参加者很少。当事人拥有对方的完全信息，因而不需要通过建立一套制度来约束人们的交易行为。实际上这就是新古典理论中的完全竞争状态。然而随着专业化和分工的发展、交换的增加、市场规模的扩大，另一类（即非个人）交换形式出现了。在这一类交换形式中，交易极其复杂，交易的参与者很多，信息不完全，欺诈、违约、偷窃等行为不可避免。这样个人收益与社会收益就会发生背离。如果个人收益与其投入不对称，个人便失去了从事生产性活动的动力，社会效率也达不到最优状态。亚当·斯密所说的通过"看不见的手"的作用，人们在追求个人利益最大化的同时，能自动实现社会利益最大化的假定，就无法对非个人交换的状态进行说明。因此，制度的创新应运而生。制度的作用在于规制人们之间的相互关系，减少信息成本和不确定性，将阻碍合作进行的因素减少到最低程度。正如 Schofield（1985）所指出的那样，"合作的基本理论问题就是，个人用什么方法获得其他人的偏好和可能行为的知识。既然大家都需要了解各自的偏好及其战略，合作的问题就变成了提供共同知识的问题。也就是说，在给定的环境下，一个当事人必须了解到有关当事人的信息和需求，以便能够形成一致的行为，并且这种知识可以传递给其他人"。"共识"是合作得以进行的基本条件，而为合作提供"共识"就是制度的基本功能。它告诉人们在什么条件下能做什么，以及违约所要付出的代价这类共识，这就是人们设计的一系列规则。

（二）制度理论的行为假定

社会科学的所有理论都直接或间接地包含着人们行为的假定。在许多情况下，人类行为远比传统经济理论中财富最大化的行为假定更为复杂，非财富最大化动机也常常约束着人们的行为。North（1990）将诸如利他主义、意识形态和自愿负担约束等其他非财富最大化行为引入个人预期效用函数，从而建立了更加复杂、更加接近于现实的人类行为模型。非财富最大化动机往往具有集体行为的偏好，人们往往要在财富与非财富价值之间进行权衡。Nelson 和 Silberberg（1987）进一步证明了个人为表达自己的价值和偏好所付出的代价越低，这种非财富价值在其所作的决策中就显得越重要；反之，非财富价值只能解释人类行为中很少的一部分。这一观点说明，实现非财富价值不能总是以牺牲个人财富为代价。制度能够改变人们为其偏好所付出的代价，改变财富与非财富价值之间的权衡，以致理想、意识形态等非财富价值在个人选择中占有重要地位。因此，如果制度产生于人类行为中的非财富价值所具有的集体行为的倾向，那么这种倾向就会通过制度改变人们为追求非财富价值所付出的代价表现出来。所以制度是人类行为所要求的。

制度理论中所包含的另一个关于人的行为的假定涉及人与环境的关系，即有限理性。它包含两个方面的含义。首先，环境是复杂的，在非个人交换形式中，由于参加者很多，同一项交易很少重复进行，人们面临的是一个复杂的、不确定的世界，而且交易越多，不确定性就越大，信息也就越不完全。其次，人对环境的计算能力和认识能力是有限的，人不可能无所不知。这样，制度通过设定一系列规则能减少环境的不确定性、提高人认识环境的能力。由于环境的不确定性、信息的不完全性以及人的认识能力的有限性，每个人对环境反应所建立的主观模型也大不一样，从而导致人们选择上的差别和制度规则上的差别。这就说明了有限理性假定在制度设立中的作用。

在现实世界中，信息不仅具有不完全的特征，而且还具有不对称的特征。所谓不对称性是指，交易双方对交易品所拥有的信息数量不对等。实际上，不仅存在着信息不对称，而且人们可以通过欺骗、偷窃、说谎等手段隐瞒信息而获利。但信息不对称假定同时也表明，人们可以通过向对方披露信息而获利，即通过合作减少信息的不对称性而获利。

（三）制度理论的核心——产权方法

合作的基本条件是获得"共识"。这意味着要进行合作，就必须减少信息的不完全性，拥有更多的信息，以减少交易成本。为了获取信息，必须设立规则，而设立规则需投入资源，这部分资源构成了交易成本。交易成本包括衡量、界定和保护产权以及监督和实施产权的费用。所谓产权是指对物品的使用权、收益权、排他权和交换权，是一系列保护物品本身所具有的价值特征的规则总称。这样交易成本与转形成本（即转移商品物质特征所花去的成本，在传统经济理论中，它构成全部生产成本）共同构成生产成本。因而，在交易成本为正的情况下，产权结构改变着资源配置（科斯，1991）。

人们是从一项商品和劳务的各种有用特征中获得效用的，因此产权结构越清晰，投入交易的商品和劳务的有用特征，以及由此带来的收入流量就越容易确定，由有用特征的不确定带来的收入流量的流失部分也就越少，反之则越多。实际上在人类行为有限理性的假定下，完全衡量有用特征是不可能的，或者说定量衡量有用特征具有极高的成本，所以交换品的有用特征总是不能完全确定的，总是有一部分有用特征处于公共区域（public domain），人们可以通过投入资源获得这部分利益。公共区域的大小反映了产权的清晰程度，以及人们为保障自己的产权所要耗费的资源大小。

即使界定了产权，也不表明一定能实施产权。实施成本同样产生于信息不完全以及为了监督和实施产权所耗费的成本。如果没有制度约束，在具有不确定性的情况下，人们会按自己的利益去实施协议。

在交易费用不为零的情况下，产权的设立是为了减少交易费用、缩小公共区域，使收入尽量符合交换物品价值的大小。如果产权不清晰，公共区域太大，交易成本很高，人们会发现争夺公共区域的利益比进行生产活动更有利可图。制度提供了交换的结构，从而决定了交易费用和转型成本的大小，制度能否很好地界定和实施产权、解决协调和生产的问题，取决于行为者的动机、环境的复杂程度以及人们认识和规制环境的能力。

（四）制度的构成

制度通过提供一系列规则界定人们的选择空间，约束人们之间的相互关系，从而减少环境中的不确定性，减少交易费用，保护产权，促进生产性活动。制度提供的一系列规则由社会认可的非正式约束、国家规定的正式约束和实施机制构成。

非正式约束是人们在长期交往中无意识形成的，具有持久的生命力，并构成世代相传的文化的一部分。在正式约束设立以前，人们之间的关系主要靠非正式约束来维持，即使在现代社会，正式约束也只占整个约束中很少的一部分，人们生活的大部分空间仍然由非正式规则来约束。一般来说，非正式约束包括对正式约束的扩展、细化和限制，包括社会公认的行为规则和内部实施的行为规则。非正式约束的产生减少了衡量和实施成本，使交换得以发生。但是，如果没有正式约束，缺乏强制性的非正式约束，就会提高实施成本，阻碍复杂的交换发生。

正式约束是指人们有意识地创造的一系列政策法则。社会越复杂越能提高正式约束形成的收益率。正式约束包括政治规则、经济规则和契约，以及由这一系列规则构成的一种等级结构，从宪法到成文法和不成文法，到特殊的细则，最后到个别契约，它们共同约束着人们的行为。只有在设计一项规则即产权的预期收益大于其成本的情况下，才能导致产权的出现。在这种规则的等级结构中政治规则的有效性是产权有效的关键。如果有明确的政治规则规制着政治当事人的活动，政治的交易成本很低，有效产权就会产生；反之，就会出现无效产权。例如，如果人们将大量资源投到政治交易活动中，那么生产性活动就会受到抑制，结果财富再分配领域的收益率就会大于生产领域的收益率。

正式约束可以在一夜之间发生变化，而非正式约束的改变却是长期的过程。例如，一个国家进行革命和军事征服以后，即使整个正式规则都发生了变化，这个国家的许多社会特征仍然保持着。正式约束只有在社会认可，即与非正式约束相容的情况下，才能发挥作用。所以，改变正式约束与持续的非正式约束之间的紧张程度，对经济变化的方向有着重要的影响。交易费用越高，进行交换的当事人也就越求助于非正式约束来调节交换关系。

制度的第三个部分是实施机制。在复杂的交换中，交换品具有许多有价值的特征，衡量成本很高，实施机制不可能自动进行，欺骗、违约行为会阻碍复杂交换的出现。因此必须建立制度为合作者提供足够的信息，监测对契约的偏离，通过强制性的措施保证契约的实施。在这种情况下，违约成本将是极高的。在现代社会中这一功能只能由国家来承担。

交换者总是委托国家来执行实施职能的。代理问题同样会发生，实施者有自己的效用函数，他对问题的认识和处理要受到自己利益的影响。同时，发现、衡量违约和惩罚违约者也要花费成本，所以实施者必须作出可靠的承诺，如确保不违反契约和不任意改变当事人的财产及收入等。

二、制度变迁理论

新制度经济学提供了分析经济行为和制度之间相互作用的一种经济思考方法和研究工具。经济制度涉及正式或非正式规则的建立和实施机制两个方面。

制度变迁是指制度的替代、转换与交易过程（North，Thomas，1973）。作为一种"公共物品"，制度的替代、转换与交易活动也都存在着种种技术和社会的约束条件。制度变迁可以被理解为一种效益更高的制度（即所谓"目标模式"）替代另一种制度（即所谓"起点模式"）的过程。在这个过程中，实际制度需求的约束条件是制度的边际替代成本（即机会成本）。

制度变迁还可以被理解为一种更有效益的制度的产生过程。在这个过程中，实际制度供给的约束条件是制度的边际转换成本。微观经济学基本理论表明，由于边际收益递减，生产最优规模的约束条件是边际转换成本等于边际收益。类似地，实际制度供给的约束条件是制度的边际转换成本等于制度的边际收益。

经济活动既包括人与物之间的替代和转换活动，又包括人与人之间的交易活动，所以制度变迁还可以被理解为制度的交易过程。实际的制度交易的约束条件是制度的边际交易成本。制度的交易成本是有关的制度主体在动态的制度变迁中从事对制度这种"物品"进行交易时所付出的成本。

科斯（Coase，1937）在"论企业的性质"（*The Nature of the Firm*）一文中使用研究制度变迁的基本方法——边际替代分析法分析了实际制度需求的约束条件。科斯指出，由于交易活动的稀缺性，作为一种制度安排的市场运行是有交易成本的，当交易成本高到一定程度时，以企业这种制度安排代替市场就是有利的。然而，由于管理活动的稀缺性，企业的运行是有管理成本的。由于制度的边际成本递增，对企业实际需求的约束条件是企业的边际管理成本等于市场的边际交易成本。

（一）制度变迁的内在机制

新制度经济学认为，制度变迁包括制度变迁主体（组织、个人或国家）、制度变迁的源泉以及适应效率等诸多因素。

1. 有效组织是制度变迁的关键

组织包括政治组织、经济组织、社会组织和教育组织。组织建立的目的是获得收入和其他目标的最大化，组织是具有共同目标的个人所构成的集合。组织和企业家的最大化活动决定了制度变迁的方向。组织不仅是制度约束，而且也是其他约束（如技术、收入和偏好）的函数。组织是否有效要看组织是否具有实现组织最大化目标所需要的技术、知识和学习能力，也就是创新能力。

企业家的真正任务是设计和发现市场，评价产品、技术和积极管理雇员的劳动，这是由环境的不确定性所决定的。实现上述任务需要相关的特殊知识。知识有两类，一类是可以传授的知识，另一类是通过实践获得的知识。组织或企业家之间的区别往往在于他们拥有多少特殊知识及其获得特殊知识的能力。

企业家能获得何种特殊知识是由特定的制度结构决定的，如果基本制度框架使收入再分配成为有利可图的经济机会，那么追求生产率提高以外的特殊知识就会盛行。如果基本制度框架鼓励企业或其他组织投资于提高生产率的特殊知识，那么，生产率的提高就将带来经济繁荣。

2. 制度变迁的源泉是相对价格和偏好的变化

制度变迁是一个演进的过程，它是通过复杂规则、标准和实施的边际调整实现的。制度变迁的代理人是个别企业家，而制度变迁的来源是相对价格和偏好的变化。

相对价格的变化包括要素价格比率的变化、信息成本的变化、技术的变化等。企业家通过获得知识和技术，改变衡量和实施成本，从而改变价格。相对价格的变化改变了人们之间的激励结构，而讨价还价能力的变化导致了重新缔约的努力。

偏好的变化是制度变化的另一个来源。相对价格的变化对偏好的变化起了一定的作用。也就是说，当相对价格发生基本变化后，将逐渐改变人们的行为模式，并使之合理化。通过人们对其所付的价钱相对变得便宜，理想、风尚、信念和意识形态成了制度变化的重要来源。

什么时候相对价格的变化导致了制度的变化呢？这个问题可以用均衡概念来表述。制度均衡将是这样一种状况，在既定的当事人的讨价还价能力条件下，没有人能够从改变现有制度中获得好处。但这并不意味着，在现有制度下，人人都很满意，而是说改变现有制度所花费的成本大于预期收益。

3. 有效制度为有效组织提供适应效率

适应效率不同于配置效率，它不仅涉及那些决定经济长期演变的途径，还涉及一个社会获得知识和学习的愿望，引致创新、分担风险、进行各种创造活动的愿望，以及解决社会长期瓶颈和问题的愿望。

在不确定的世界里，没有人能够完全知道如何解决我们所面临的所有问题。有效制度允许组织进行分权决策，允许试验，鼓励发展和利用特殊知识，积极探索解决经济问题的各种途径；有效制度能够消除组织的错误，分担组织创新的风险，并能够保护产权。竞争、分散决策、有效产权和破产法是实现组织适应效率的主要因素。

制度是在组织相互作用中逐渐演进的。具有最大化行为的组织，既可以在现有的制度约束下实现其目标，也可以通过改变现有制度约束实现其目标。组织如何实现其最大化目标取决于企业家对现有制度提供报酬机会的主观认识，在制度提供了适应效率的情况下，有效组织能够反过来推动制度朝着有利于经济增长的方向演进。

（二）制度变迁的轨迹与路径依赖

关于制度变迁的轨迹与经济增长的关系，根据达尔文优胜劣汰、适者生存的理论和有效竞争原理，社会、政治和经济的长期演进会朝一个方向发展，不会有发达与不发达之分。但是实际上，不同社会的经济演进方向并不相同，经济贫困国家亦将长期存在。这就涉及什么因素决定了制度演进和经济增长的轨迹的问题。North（1990）借鉴了有关技术强化机制的成果，来解释制度变迁和经济增长的轨迹。

1. 技术演进中的轨迹依赖

技术轨迹依赖的特征是由于自行强化机制在起作用。自行强化机制包括四个方面：①大量的初始成本或固定成本。随着产量的增加，会出现单位成本下降的好处。②学习效应。随着某项技术的推广，人们会改进产品或降低成本。③协调效应。由于其他经济当事人采取相配合的行为，会产生合作利益。④适应性预期。某项技术在市场上使用的增加，有利于进一步扩展。

自行强化机制产生的结果有四个特征：①多种均衡。可能会有多种解决方法，所以结果不总是唯一的。②一项技术可能一开始是有效的，但发展下去，可能会失去效率。③模式的固化。选择某种技术容易，而放弃却很困难。④轨迹依赖。一次或偶然的机会可能会产生一种解决方法，而一旦这种方法流行起来，它将会导致这种方法进入具有一定特点的轨迹。

新技术的采用往往具有报酬递增的性质，由于某种原因首先发展起来的技术通常可以凭借占先的优势地位利用大规模生产促成单位成本的降低，普遍流行导致学习效率的提高，许多行为者采取相同技术产生的协调效应，在市场上越流行就越促使人们预期它会进一步流行等，实现自我增强的良性循环，从而在竞争中胜过自己的对手。相反，一种具有较其他技术更优良品质的技术却可能由于进入市场较晚，没有能获得足够的追随者而陷入恶性循环。

2. 制度变迁的轨迹与轨迹依赖

决定制度变迁的轨迹有两个：收益递增和不完全的市场。如果没有收益递增和不完全的市场，制度是不重要的。而随着收益递增和市场不完全性增强，制度变得非常重要，自行强化的机制就会起作用。这是因为：①设计一项制度需要大量的初始设置成本，而随着这项制度的推行，单位成本和追加成本都会下降。②学习效应。适应制度而产生的组织会抓住制度框架提供的获利机会。③协调效应。通过适应制度而产生的组织与其他组织缔约，以及具有互利性组织的产生和对制度的进一步投资，实现协调效应。更为重要的是，一项正式规则的产生将导致其他正式规则，以及一系列非正式规则的产生，以补充和协调该项正式规则发挥作用。④适应性预期。随着以特定制度为基础的契约盛行，将减少这项制度持续下去的不确定性。总之，制度向量的相互联系网络会产生大量的递增报酬，后者使特定制度的轨迹保持下去，从而决定经济长期运行的轨迹。

但是只要随之而来的市场是竞争性的、完全的市场，制度变迁的轨迹将是有效的，经济长期运行的轨迹也是有效的，即经济总会保持增长的势头，也就不会出现发散的轨迹和持久的贫困。但是，一旦市场是不完全的，信息反馈只是部分的，交易成本将会增加。当事人根据不完全的信息建立的主观模型不仅是不完全的，而且也是多种多样的，从而会使制度变迁的轨迹呈现发散的状态，并使无效的制度保持下去。

我们可以用制度轨迹依赖的特征来说明长期的经济绩效。一旦一种独特的发展轨迹建立以后，一系列的外部性、组织学习过程、主观模型都会加强这一轨迹。一种具有适应性的有效制度演变轨迹将允许组织在环境的不确定性下选择最大化的目标，允许组织进行各种试验，建立有效的反馈机制，去识别和消除相对无效的选择，并保护组织的产权，从而引致长期经济增长。

相反，一旦在起始阶段带来报酬递增的制度，在市场不完全、组织无效的情况下，阻碍了生产活动的发展，并会产生一些与现有制度共存共荣的组织和利益集团，那么这些组织和利益集团就不会进一步进行投资，而只会加强现有制度，由此产生维护现有制度的政治组织，从而使这种无效制度变迁的轨迹持续下去。这种制度只能鼓励进行简单的财富再分配，却给生产活动带来较少的报酬，也不鼓励增加和扩散有关生产活动的特殊知识。结果不仅会出现不佳的增长实绩，而且会使其保持下去。

三、制度变迁模型

上文对制度变迁的理论模型进行了分析，除此之外，新制度经济学还有一系列关于制度变迁的模型。其中比较著名的模型是诱致性制度变迁和强制性制度变迁模型。林毅夫（Lin，1989）指出，诱致性制度变迁是一群（个）人在响应由制度不均衡引致的获利机会时所进行的自发性变迁，强制性制度变迁是由政府法令引起的变迁。

（一）诱致性制度变迁

林毅夫（Lin，1989）将诱致性制度变迁定义为现行制度安排的变更或替代，或者说新制度安排的创造，它由个人或一群（个）人，在响应获利机会时自发倡导、组织和实行。诱致性制度变迁必须由某种在原有制度安排下无法得到的获利机会引起。

诺斯（1994）的制度变迁模型的基本假定是：制度变迁的诱致因素在于主体期望获取最大的潜在利润。所谓"潜在利润"就是"外部利润"，是一种在已有的制度安排结构中主体无法获取的利润。只要这种外部利润存在，就表明社会资源的配置还没有达到帕累托最优状态（Pareto Optimalitg），从而可以进行帕累托改进，而帕累托改进的存在就表明现有的资源配置还有改进的余地或潜力。由于外部利润不能在既有的制度结构中获取，因此要实现帕累托改进、要获取外部利润，就必须进行制度的再安排——制度创新。制度创新的目的就在于使显露在现存的制度安排结构外面的利润内部化，以求达到帕累托最优状态。

从理论上讲，有许多外部事件能导致利润的形成。"外部利润"（或"潜在利润"）内在化是新制度经济学所探讨的一个重要问题。外部利润内在化过程实质上就是一个制度变迁和制度创新的过程。外部利润的来源主要有四个方面：

①由规模经济带来的利润；②外部经济内部化带来的利润；③克服对风险的厌恶，或者说，对风险的分散与克服也能带来利润，风险的存在是削减经济活动的一个因素；④交易费用转移与降低带来的利润。在现有的制度结构下，由外部性、规模经济、风险和交易费用所引起的收入的潜在增加不能内在化时，一种新制度的创新可能使这种外在利润内在化。

外在利润内在化的过程涉及一系列环节：首先，要有外在利润和新制度安排的"发明者"，这个发明者就是所谓的"初级行动团体"（有的译作"初次行动团体"），他是制度的"创新者"，类似于熊彼特式的"企业家"；其次，还要看制度环境和其他外部条件为新制度安排留下的空间和边界。即使制度变迁的预期收益大于预期成本，如果新的制度安排可能超过制度环境所允许的边界，那么新的制度安排就难以出现，这样的例子在历史上并不少见。

诱致性制度变迁的发生必须要有某些来自制度不均衡的获利机会。从初始制度均衡，到制度不均衡，再到制度均衡，周而复始，这个过程就是人类社会制度变迁的过程。

引起制度不均衡的原因很多，主要有四个因素（Lin, 1989）：①制度选择集合改变；②技术改变和社会生产力的发展；③要素和产品相对价格的长期变动；④其他制度安排改变。

林毅夫（Lin, 1989）指出，一项制度安排是按照生产和交易费用两个标准从一个可供选择的制度安排集合中挑选出来的。最有效的制度安排是一种函数，尤其是制度结构中其他制度安排的函数。制度选择集合确定了制度选择的范围或空间，但是制度选择集合并不是固定不变的。影响制度选择集合的因素主要有以下几个：第一，社会科学方面的知识。对经济学和其他社会科学方面的知识需求，其最初的诱因就是制度变迁以及对制度执行所实现的改进。第二，制度引进可以扩大制度选择集合。通过借用其他社会制度安排来完成本社会制度变迁的可能性，极大地降低了在基础社会科学研究方面的投资费用，但是制度引进可能比技术引进更加困难，他国的制度可能并不适用于本国的具体实际，因为一个制度安排的效率极大地依赖于其他有关制度安排的存在。在用制度引进扩大制度选择集合时一定要有制约因素。第三，制度选择集合还可能因政府政策的改变而扩大或缩小。政府可能从自身目的和利益出发，将某些制度安排从制度选择集合中剔除出去，或者将某些过去排除在外的制度安排纳入制度选择集合中，较近的一个例子是中国政府在农村地区实行的农业作业制度改革（Lin，1987）。

技术变化除了在制度结构方面起决定性作用之外，它还能改变特定制度安排的相对效率并使某些其他的制度安排不再起作用。技术变化的影响可以从它对生产和交易的作用来进行分析。从生产方面看，新的制度安排往往需要利用新的潜在外部效果，或者需要修改要素所有者和经济部门之间新收入流的分割。另外，技术的变化也可能影响交易费用并使得原先不起作用的某些制度安排起作用。

要素和产品相对价格的长期变动，是历史上多次产权制度安排变迁的主要原因之一（Field，1981）。某种要素相对价格的上升，会使这种要素的所有者比其他要素的所有者获得更多的利益；某种产品价格的上升，也会导致对这种产品生产要素的独占性使用更具吸引力。

其他制度安排变迁的影响。由于某个制度结构中制度安排的实施是彼此依存的，某个特定的制度安排的变迁，就可能引起对其他制度安排的服务需求。

诱致性制度变迁是否发生，主要取决于个别创新者的预期收益和预期成本的比较。对于创新者而言，不同制度安排的预期收益和预期成本是不同的。如前所述，制度安排分为正式制度安排和非正式制度安排（即正式约束和非正式约束），这两种制度安排对创新者的成本与收益的影响有很大的差异。

首先，正式的制度安排变迁，需要创新者花费时间和精力去组织、谈判并得到制度变迁的主体——一群人或一个团体的一致性意见。这就涉及组织成本和谈判成本。其次，正式制度变迁中一个突出问题是外部性和“搭便车”现象。外部性产生的原因是因为制度安排并不能获得专利，“搭便车”现象可能会因为制度安排是一种公共品而产生。外部性和“搭便车”现象的后果是，人们可以简单地模仿由他人创造的合约方式或制度安排，而无须任何成本。这样，进行制度创新的人缺少激励，创新者的报酬将少于作为整体的社会报酬（即私人收益率低于社会收益率）。此外，外部性和“搭便车”现象的存在，使正式制度安排创新的密度和频率将少于作为整体的社会最佳值，可能会导致制度不均衡或者制度短缺。

非正式制度变迁是指规则的变动和修改，纯粹由个人完成，用不着也不可能由群体行动来完成（Lin，1989）。价值观、道德和习惯等都属于此种情况。由于非正式制度安排不包括群体行动，尽管它也有外部性，但却没有"搭便车"的现象。对新规则的接受完全取决于创新所带来的效益和成本的大小。

比较而言，非正式制度安排显示出一种比正式制度安排更难以变迁的趋势。即使有政府行动，发生非正式制度变迁也不容易。

总之，诱致性制度变迁的特点可以概括为：①赢利性。当制度变迁的预期收益大于预期成本时，相关群体才会推进制度变迁。②自发性。诱致性制度变迁是有关群体（初级行动团体）对制度不均衡的一种自发性反应，其诱因是外在利润的存在。③渐进性。诱致性制度变迁是一种自上而下、从局部到整体的制度变迁过程。

（二）强制性制度变迁

强制性制度变迁由政府命令和法律引入和实现。与诱致性制度变迁不同，强制性制度变迁可以纯粹因在不同选民集团之间对现有收入进行再分配而发生。

强制性制度变迁的主体是国家，国家的基本功能是提供法律和秩序，并保护产权以换取税收。根据新制度经济学的分析，国家在使用强制力时有很大的规模经济。除了规模经济之外，国家在制度实施及其组织成本方面也有优势。

国家推进强制性制度变迁的原因主要有以下几点：

第一，制度供给是国家的基本功能之一。国家至少要提供一套旨在促进生产和贸易的产权和一套执行合约的执行程序。

第二，制度安排是一种公共品，而公共品一般都是由国家"生产"的，按照经济学的分析，政府生产公共品比私人生产公共品更加有效，在制度这个公共品上更是如此。在制度变迁的过程中，即使某一群体发现了制度不均衡以及外在利润，也尽量要求政府提供相应的制度安排。因此，人们要求政府提供制度这个公共品的需求是长期存在的。

第三，弥补制度供给不足。如前所述，诱致性制度变迁会遇到外部性和"搭便车"等问题。由此使制度安排创新的密度和频率少于作为整体的社会最佳值，即制度供给不足。值得指出的是，在社会经济发展过程中，尽管出现了制度不均衡、外部性，以及制度变迁的预期收益大于预期的成本等诸多有利于制度变迁的条件，但如果此时存在比较严重的"搭便车"现象，那么初级行动团体可能并不会进行诱致性制度变迁，因为政府可以凭借其强制力、意识形态等优势来减少或者遏制"搭便车"现象，从而降低制度变迁的成本。

理性的统治者在矫正制度安排供给不足时也必须遵循经济原则，国家必须对自己的所有行为从总体上进行成本与收益比较。只要预期收益高于强制推行制度变迁的预期成本，强制性制度变迁就会发生，国家将采取行动和措施来消除制度不均衡。

由于在国家的预期效用函数中除了经济因素之外，还有非经济因素，国家的成本－收益计算比个人的成本－收益计算更加复杂。因此，我们要对国家的强制性制度变迁的诱因进行修正：用税后净收入、政治支持以及其他进入统治者效用函数的商品来衡量，强制推行一种新制度安排的预期边际收益要等于统治者预期的边际费用。在这种情况下，统治者的效用最大化与作为整体的社会财富最大化目标可能并不一致，这也是新制度经济学的一个基本命题。

更深入的问题是，国家能建立符合社会需要的制度安排吗？或者说，国家的强制性制度变迁能提供有效的制度供给吗？这也是新制度经济学需要解决的一个关键命题。新制度经济学认为，强制性制度变迁的有效性受许多因素的制约，其中主要有统治者的偏好和有效理性、意识形态刚性、官僚政治、集团利益冲突和社会科学知识的局限性、国家的生存危机等。国家通过努力可能降低一些不利因素对制度变迁的影响，但是并不能克服其他不利因素对制度变迁的约束。

此外，强制性制度变迁的局限性还表现在尽管强制性制度变迁可以降低组织成本和实施成本，但它可能违背一致性同意原则。一致性同意原则不仅仅是政治范畴，还是一个经济范畴。在某种意义上讲一致性同意原则是经济效率的基础。例如，某一种制度安排尽管可以由国家强制执行，但是有可能违背某些人的利益而被这些人抵制，从而使该种制度安排缺乏应有的效率。例如，中国近年来的改革进程已经使中央与地方的利益矛盾由隐蔽转向公开化，此时就容易发生中央的强制性制度变迁与地方利益相"抵触"和"冲突"的现象。李凤圣（2000）对中国1956~1989年的制度变迁过程进行了博弈分析。

（三）诱致性制度变迁与强制性制度变迁模型的比较

在实际的社会生活中，诱致性制度变迁与强制性制度变迁很难区分，二者相互联系、相互制约，共同推动社会的制度变迁。

由上两节的分析可知，诱致性制度变迁与强制性制度变迁是相互补充的。当诱致性制度变迁无法满足社会对制度的需求时，由国家实施的强制性制度变迁就可以弥补制度的供给不足。另外，作为"公共品"的制度也并不是无差异的，制度有层次性、差异性及其特殊性，某些制度供给（如法律秩序等）及其制度变迁只能由国家来执行和实施，而另外一些制度供给及其变迁也可能由于特定的适用范围而只能由相关的团体（或群体）来完成。

诱致性制度变迁与强制性制度变迁有许多共同点，如二者都是对制度不均衡的反应，二者都遵循成本－收益比较的基本原则等。此外，这两种制度变迁模型又存在一些差别，首先，制度变迁的主体不同。诱致性制度变迁的主体是个人或一群人、一个团体，而强制性制度变迁的主体是国家或政府。这两类制度变迁的主体存在"质"的差别。诱致性制度变迁主体集合的形成主要是依据共同的利益和经济原则，而国家这个制度变迁主体进行制度变迁的诱因比竞争性组织（或团体）更加复杂。其次，两类制度变迁的优势不同。诱致性制度变迁主要是依据一致性同意原则和经济原则。如果能克服外部性和"搭便车"的现象，诱致性制度变迁是最有效率的制度变迁模式。强制性制度变迁的优势在于，国家或政府能在最短的时间里用最快的速度推荐制度变迁，它能以自己的强制力降低制度变迁的成本。这两种制度变迁模式都有其比较优势，二者是互补关系而非替代关系。

诱致性制度变迁和强制性制度变迁是新制度经济学关于制度变迁的两个最有代表性的模型。目前关于制度变迁和制度创新的经验研究都是建立在这两种模型基础上的。

四、新制度经济学方法论

新制度经济学围绕着各种交易及其成本发展了一系列紧密相连的概念，同时，相关的经验检验与应用研究以一种经济学上少见的速度在迅速增加。和任何创新性研究领域一样，新制度经济学有其本身的缺陷和不足。已有的大部分批评都集中在方法论问题上。非主流经济学家们主要攻击新制度经济学的假设，尤其是关于经济人理性的观点——尽管由于假定他们只具有有限理性，以及新制度经济学寻找成本最小化的解决方案的观点。主流经济学家们主要批评新制度经济学缺少数理模型来支持推理和得到可检验的预测假说。然而，近年来在新制度经济学领域发表的数量众多的经验研究论文却是毋庸置疑的事实。

制度变迁是一个多维度、多层次的复杂过程，经验研究不可能反映过程的全部复杂性。因此，经验研究以各种方法对这些现象进行简化。首先，选择制度分析的范围，研究可能仅仅集中于经济制度变迁而忽略政治等其他领域的制度变迁，或者从经济与其他领域之间相互作用的角度分析。其次，制度变迁的经验研究通常以一个或者几个中心理论的概念来表达，而不能包括全部概念。最后，数据结构，或者借助横截面数据在同一时刻比较不同国家或地区制度变迁的差异性，或者使用时间序列数据比较制度变迁的相对过程。

经验研究通常包括三个部分：①理论分析。提出问题并探索问题的各种概念。②建立模型。从理论出发，提出相关模型。③实证检验。搜集数据、设计制度变量并进行相应的计量分析，以确定事实是否与预测相一致。

（一）理论分析

新制度经济学的核心特征是以少数几个逻辑上密切相关的概念为基础，运用各种方法来描述需要加以解释的问题，对一系列众多事实及其之间的相互关系进行详细说明。建立理论的关键在于提出相关问题并为解决这些问题提供各种资源组合。

围绕交易及其成本这一核心特征，新制度经济学产生了治理结构经济学（Williamson，1985）、制度和制度变迁经济学（North，1990）、产权（Alchian，1977；Demsetz，1988）等主要流派。科斯（Coase，1999）睿智地强调了各种交易的重要性，以及交易在新制度经济学领域中的核心地位。没有各种交易以及与此相关的各种组织，人们就无法获得劳动分工或技术进步带来的好处。在这个意义上说，与生产条件相比，交易更加重要。该理论的第二个关键特征是：交易会发生成本。在一个存在交易成本的世界里，资源配置和新技术的研发取决于主导性的治理结构，即组织交易的模式，并且取决于使用者的各种权利，尤其是产权的特征。因此，要将交易成本纳入到理论分析中就必然要涉及制度（Coase，1991），由此改变了对经济学相关问题的认定和对主要因果关系的理解。这可能是交易成本经济学（新制度经济学的另一个称谓）往往被认为是一种不同的理论的原因所在。

Menard（2001）认为已有的新制度经济学理论至少存在两个主要的不足：第一个不足是如何将交易成本分析与创新的动态演化联系起来。毫无疑问，交易的发展和扩展无疑是促进寻求新资源和新技术的关键因素。但是，哪一类交易，尤其是哪一种组织交易的模式——包括微观分析层面和制度环境层面——对于能力的发展和创新的演进是最为有益的呢？对于新制度经济学家和其他经济学家，甚至其他的社会科学家而言，创新是一个常常被忽略的问题。第二个不足与制度环境和治理结构的相互关系有关。由于 Coase、North 和许多其他学者的贡献，人们对制度有了越来越准确的认识，而制度对于交易的发展至关重要（如产权制度与合同法）。但是，这些制度所执行的规则是如何扩散到治理结构，以及这些规则如何导致了交易被组织的形式，对于它们背后所依托的机制人们知之甚少。因此，对于不同制度安排的比较成本（例如，采用不同类型的司法制度来执行合同法所产生的成本）也缺乏足够的认识。随着时间的推移，这些问题的重要性日益突出，需要经济学家与法律制度学者和其他社会科学家的通力合作才能加以解决。

（二）建立模型

如前所述，主流经济学家对新制度经济学的批评主要在于新制度经济学缺乏足够的数理模型。虽然最近十多年来在那些与传统理论相重叠的领域（如在有限理性的前提下对不完备合同的分析和对企业内部结构的分析等）已经取得了很大的进展，新制度经济学的核心领域仍然缺乏足够多的模型。

模型是必不可少的，模型能把具有高度抽象性，并且适用于纷繁复杂的各类现象的核心概念转换成对于更有限的一系列特定现象具有预测能力的解释。也就是说，模型是纯理论研究和运用理论分析经验事实这两者之间必不可少的桥梁。模型具有两个重要特征：根据模型所得结论的预测能力；这些预测所适用的经验事实范围。

模型可以用数学的形式来表示，也可以纯粹用通用语言进行表达。新制度经济学中的绝大部分数学模型都是存在于微观分析的分支之中。比如，对治理结构的研究，虽然这些模型看起来相当简单。在对治理交易的组织背后所隐含的全球规则进行分析时，虽然有非常严格的分析框架，在分析的基础上可以进行预测并为分析提供测算，但是却几乎找不到数学模型。

因此，新制度经济学需要优先考虑发展更多的模型：一方面，可以尝试通过修改主流经济学（尤其是微观经济学）已有的模型来概述治理结构分析的基本思想；另一方面，这些经济学模型的一些基本的前提条件（如选择者的理性、组织交易的可能性集合的连续性或隐含的决定论等）与治理结构或经济行为的可观察特征并不相符。如果要进行制度分析，情况将更加复杂。

青木昌彦（Aoki，2005）运用博弈论框架定义和理解制度，但是其解释仍显简化且缺乏技术性。同时，绝大部分新制度经济学家对博弈论可能取得的进展并不感到乐观。一个受到关注的问题是萨登（Sugden，1991）所界定的"理性假设的困难"。他将最初为了分析人与自然的博弈而形成的假设转而用来分析会采取策略性行动的经济行为人之间的博弈，而新制度经济学正好主要是讨论后一种情形。

可以预见，在传统的微观经济学的基础上，通过与博弈论、计量经济学等其他研究方法的结合，新制度经济学领域的模型将不断增多。但是，博弈论、计量经济学等研究方法的适用性还需要证明。在新制度经济学建模上要想取得进展，必须将新制度经济学与微观经济学有机结合，这一课题目前尚未得到很好的解决。为促进这方面理论的发展而进行应用计量模型的研究，是新制度经济学和经济学研究者正在进行的工作。

（三）实证检验

虽然在最近的20年里已经出现了数百篇对交易成本经济学进行检验的论文，但是所使用的模型数量并不多。大概是因为表达理论的都是一些简单的模型，因此有许多检验工作可以做。在早期研究中最大的问题是相关数据的收集。新理论的发展需要收集新的数据，需要足够多的新数据来进行新的检验，这些数据在原有的理论环境下一般无法获得，新制度经济学也不例外。随着理论的发展与传播，研究者可以获得越来越多的数据，尽管收集足够多的信息对于新制度经济学研究领域的许多方面（比如，关于组织的内部结构的研究、运行不同类型制度的成本的研究）来说仍然是一个充满挑战的课题。

从已有的文献来看，最常用的实证检验方法遵循的是经济学中的标准程序：统计检验（如 North，Wallis，1986：95 ~ 161）和计量经济分析 [参见 Klein 和 Shelanski（1995）的综述]。在实证研究中存在两个问题：一是数据收集方面的，对微观层面和制度环境层面的数据需求都非常大；二是需要提出更加精练的概念，以便于可能收集到相关的数据。例如，为了分析合同，或者为了测算与交易相关的资产专用性的程度，或者为了确定围绕一个或一系列交易的不确定性程度等而提出各种更具体的、定义更明确的概念，进而选择和设计更好的代表性指标体系。

在新制度经济学的经验研究中，案例研究和构建相关的"程式化事实"（stylized facts）是主要的研究方法。案例研究大致分为两类：一类与程式化事实的构造有关，而且试图对特定问题和相关的解释性概念提供一种有深度的分析；另外一类是进行比较案例研究，这在新制度经济学的研究中尤其有用，因为无论是在微观层面还是在体现社会特征的制度环境层面，都需要讨论组织交易的数量有限的离散模式。无论是在分析不同治理结构之间的利弊权衡方面，还是在检验和解释不同制度环境对被选择的交易组织模式的影响方面，目前有越来越多的经验研究运用了比较案例的研究方法（Levy，Spiller，1994）。

第三章

制度变迁对经济增长的贡献
——基于索洛余值法的计量经济分析

一、制度变迁对经济增长的贡献

在过去的二三十年中，经济学家大致达成了一个共识：对于理解不同国家迥然不同的经济绩效来说，"制度是重要的"。如前所述，制度变迁是指制度的替代、转换与交易过程（North，Thomas，1973），在制度的变迁过程中包括了制度创新与管理创新。

制度创新一般是指制度主体通过建立新的制度构建以获得追加利益的活动（李京文，2001），它包括三个方面：第一，反映特定组织行为的变化；第二，这种组织与其环境之间相互关系的变化；第三，一种组织的环境支配行为与相互关系规则的变化。

管理创新是指企业家通过引入一种新的更加有效的管理方式和方法，改变该企业原有的生产函数，从而使该企业在要素不变的情况下提高产出水平，或者以较少的要素投入实现原有的产出水平。管理创新是一种动态的行为，通过这一行为而形成的有效的科学管理方式已不仅仅是与技术、资本、劳动力一样相对独立的生产力要素，更是凌驾于其他要素之上，起着重要运筹作用的关键要素。

制度创新与管理创新的关系十分密切，一方面，制度创新本身就包含着管理创新，因此制度创新直接影响着管理创新；另一方面，管理创新会促进或阻碍制度创新的实现。

生产函数法常被用来对经济系统的投入产出关系进行分析，美国经济学界公认最先提出全要素生产率问题的是首届诺贝尔经济学奖获得者丁伯根（汪同三等，2001），但是他在1942年提出的模型中只包括了劳动与资本要素。随后，戴维斯、法布里坎、肯德里克逐渐丰富和完善了全要素生产率的概念，美国著名经济学家索洛和丹尼森在1957年提出了定量估计技术进步对经济增长贡献的计量经济模型——技术进步对经济增长的贡献是扣除资本和劳动的贡献后的剩余。

扣除劳动和资本之外的所有影响经济增长的因素构成了所谓的广义的技术进步，而广义的技术进步可以分为科学技术的进步和资源配置效率的提高两个方面，它们分别是技术创新和制度与管理创新的结果（这些因素之间的关系参见图3.1）。可见，经济增长中扣除资本和劳动的贡献后的剩余是广义技术进步对经济增长的贡献，而制度与管理创新对经济增长的贡献是广义技术进步总贡献扣除技术创新贡献后的剩余。

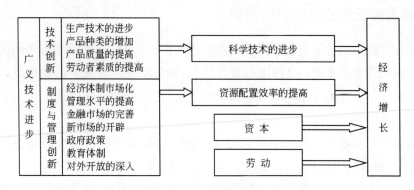

图3.1　经济增长中诸因素的关系图

在已有的基于索洛余值法的实证研究中，马健（1999）、刘元春（2003）等将余值部分定义为制度创新对经济增长的贡献，而李子奈等（2002）、冯英浚等（2003）则将余值部分定义为管理创新对经济增长的贡献。这两类做法实际上是从不同的研究角度来分析经济制度的变革。

二、测度制度变迁贡献的计量模型

（一）经济增长中要素贡献的测度模型

在经济增长理论中有很多测度贡献的模型和方法，传统的方法（汪同三等，2001）是从美国经济学家索洛（Solow，1957）的方法——索洛余值法——演化而来的一系列模型。其主要思路如下。

假定生产函数所表示技术的变化只通过时间因素 t 表现出来，而不影响到要素投入，亦即所谓的"技术中性"，这样可以从生产函数 $Y = F(K, L, t)$ 中将时间因素 t 独立出来得到

$$\frac{\Delta Y}{Y} = \frac{\Delta A}{A} + \alpha_K \frac{\Delta K}{K} + \alpha_L \frac{\Delta L}{L} \qquad 式(3.1)$$

产出的增长率 $\Delta Y/Y$ 由广义技术进步的贡献 $\Delta A/A$、资本增长的贡献 $\alpha_K \cdot \Delta K/K$ 和劳动力的贡献 $\alpha_L \cdot \Delta L/L$ 构成，从国民核算中可以直接得到 $\Delta Y/Y$、$\Delta K/K$、$\Delta L/L$。假设生产函数是 1 阶齐次的（规模报酬不变），即有 $\alpha_K + \alpha_L = 1$，这样就可以用反算法求出 $\Delta A/A$。

由于模型使用了"技术中性"假设，所估计的是中性技术进步，即在技术进步作用下，资本存量和劳动力投入的生产能力都按同一比例得到提高，其本身并不体现技术进步，技术进步对其生产能力的影响完全是通过全要素生产率的变化实现的。按这种方式估计的技术进步可以称之为"非体现型技术进步"。

此后索洛和费尔普斯（Phelps）于 1952 年和 1962 年相继提出了对资本体现型技术进步率 λ 和非体现型技术进步率 μ 估计的模型，1964 年索洛和纳尔逊（Nelson）从柯布-道格拉斯生产函数模型出发，提出了包含体现型技术进步的索洛－纳尔逊同期模型：

将柯布-道格拉斯生产函数改变为

$$Y_t = A'_t J_t^{\alpha} L_t^{\beta} \qquad 式(3.2)$$

其中，J_t 为以质量加权的资本数量，即有效资本；A'_t 为除了体现为资本质量提高以外的技术进步效率系数。式（3.2）为包含资本体现型技术进步的生产函数模型，但是，在实际应用中，通常采用的是另外一种近似形式，假设第 t 年资本的平均寿命为 $\bar{a}_t$，则有效资本的增长率可以近似表示为

$$\Delta J/J = \Delta K/K + \lambda - \lambda \Delta \bar{a} \qquad 式(3.3)$$

其中，$\Delta \bar{a}$ 为资本平均寿命的变化；$\Delta K/K$ 为实际资本数量的变化率；调整量 $\lambda \Delta \bar{a}$ 反映了资本平均寿命变化的作用，将体现资本质量提高的部分和反映资本平均寿命变化的部分分离出来。于是可以将总量增长方程（3.2）整理为

$$\frac{\Delta Y}{Y} = \frac{\Delta A'}{A'} + \alpha \left(\lambda - \lambda \Delta \bar{a} + \frac{\Delta K}{K} \right) + \beta \frac{\Delta L}{L} \qquad 式(3.4)$$

利用式（3.4）就可以定量估计在产出增长 $\Delta Y/Y$ 时，非体现型技术进步的贡献为 $\Delta A'/A'$，资本体现型技术进步的贡献为 $\alpha\lambda - \alpha\lambda\Delta\bar{a}$，总投入增长的贡献为 $\alpha \cdot \Delta K/K + \beta \cdot \Delta L/L$。

（二）经济增长中制度变迁贡献的量化测度模型

Intriligator 等（1996）认为随着科学技术的发展，劳动力质量也在不断提高，同一单位劳动力投入的生产率也是逐年提高的，然而在索洛和费尔普斯的模型以及同期模型中都没有考虑这种可能性，科学技术对经济增长的贡献主要体现在资本和劳动的生产效率提高上，科学技术的总贡献是资本体现型技术进步和劳动体现型技术进步的贡献之和。

在科技进步速度加快的情况下，资本表现为折旧率加大、平均使用寿命缩短。而劳动者如果无法适应不断提高的工作要求就会导致失业，由于目前社会保障体系的不健全，出于生活的需要，或者寻找与现有素质相当但待遇降低的工作，或者继续学习新知识和新技能，提高自己的素质以寻找新的工作机会。李子奈等（2002）按照这个思路扩展了下式：

$$\frac{\Delta Y}{Y} = \frac{\Delta A''}{A''} + \alpha(\lambda - \lambda\Delta\bar{a} + \frac{\Delta K}{K}) + \beta(\delta - \delta\Delta\bar{b} + \frac{\Delta L}{L}) \qquad \text{式(3.5)}$$

其中，$\Delta Y/Y$ 为经济产出的增长率；$\Delta A''/A''$ 为由于资源配置效率的提高对产出增长的贡献；α 和 β 为资本和劳动的产出弹性；λ 为由于资本质量的提高带来的资本使用效率年提高速度；$\Delta\bar{a}$ 为资本平均使用寿命的变化；$\Delta K/K$ 为实际资本数量的变化率；δ 为由于劳动者平均受教育水平的提高而带来的劳动生产率年提高速度；$\Delta\bar{b}$ 为劳动者平均工作年龄的变化；$\Delta L/L$ 为实际劳动数量的变化率。

结合图 3.1 和式（3.5），在经济增长中，资本体现型技术进步的贡献为 $\alpha\lambda - \alpha\lambda\Delta\bar{a}$，劳动体现型技术进步的贡献为 $\beta\delta - \beta\delta\Delta\bar{b}$，科学技术进步的总贡献为 $\alpha\lambda - \alpha\lambda\Delta\bar{a} + \beta\delta - \beta\delta\Delta\bar{b}$。所以，技术创新在经济增长中的贡献率为 $(\alpha\lambda - \alpha\lambda\Delta\bar{a} + \beta\delta - \beta\delta\Delta\bar{b})$ / $(\Delta Y/Y)$，制度变迁在经济增长中的贡献率为 $(\Delta A''/A'')$ / $(\Delta Y/Y)$。

三、测度中国转型期（1978～2003年）制度变迁对经济增长贡献的实证研究

比较马健（1999）、李子奈等（2002）和冯英浚等（2003）的研究，本书采用李子奈等（2002）使用的模型（3.5）对中国改革开放以来经济制度变迁对经济增长的贡献进行了实证研究。在李子奈等（2002）研究的基础上，本书对数据进行了进一步的修正，并对差分模型进行了进一步的计量经济学方法处理。

（一）数据的收集及处理

本书选用国内生产总值（GDP）（中华人民共和国国家统计局，2004）作为经济产出指标，并用国内生产总值指数（中华人民共和国国家统计局，2004）进行价格调整。劳动量采用按三次产业分的年底就业人员数（中华人民共和国国家统计局，2004）。资本的使用量无法直接从年鉴中获得，没有现成的数据可用，必须在广泛搜集有关数据的基础上进行估算。

由于中国采用的是固定利率制度，而中国利率的变化由中国人民银行统一进行调整，因此利率不能真实反映资本市场的供求关系。同时，流动资本受资金流动速度影响很大，也难以找到具体的数据。由于流动资金与当年固定资产使用量基本保持一定的比例关系，本书采用全社会固定资产总值作为资本使用量的测度指标，使用永续盘存法进行计算，即：全社会固定资产总值 = 上一年固定资产净值 + 当年固定资产投资额 – 当年固定资产折旧额。

由于模型使用的是存量指标，首先必须进行固定资产存量的估算。本书参考邹至庄（Chow，1993）的估算方法对固定资产存量进行估算。邹至庄认为中国在1952～1978年，投资品的价格基本保持不变，因此用现价计算的积累量不需进行价格处理。他估算中国1952年的资本存量为2213亿元，中国1978年末的资本存量为14 112亿元（1978年当年价）。本书以此数据作为1978年的初始存量。由于邹至庄的方法（Chow，1993）求出的是资本总存量，包括了流动资金，为统一起见，本书按照惯例假定流动资金占总资本存量的30%，这样得到1978年的固定资产净值为9878.4亿元（1978年当年价）。

从《中国统计年鉴》（中华人民共和国国家统计局，2003；2004）可以得到

1980~2003 年的当年固定资产投资额数据，《新中国五十年统计资料汇编》（中华人民共和国国家统计局，1999）提供了其余年份的全国全社会固定资产投资数据。

　　在资本存量估算中另外一个问题是折旧，由于国家统计局未公布全国固定资产折旧序列，只能通过间接的方法进行计算。Perkins（1988）、王小鲁和樊纲等（2000）、Wang（2003）等的研究是在固定资本形成的基础上，对于 1952 年以来的折旧均使用 5% 的折旧率来进行估算，而宋海岩等（2003）假设资本的物理折旧程度与经济增长率成正比，在官方公布的名义折旧率 3.6% 的基础上加上经济增长率作为实际折旧率。

　　本书的处理方法是：在 1994 年国民收入核算体系修改以前，可以根据以下公式："GDP－折旧＝国内生产净值"、"国内生产净值＝国民收入－补贴＋间接税"，得到"折旧＝GDP－国民收入＋补贴－间接税"（李子奈等，2002）。以上指标均可以从各年度的《中国统计年鉴》得到，从而计算出 1978~1993 年的折旧数据。由于统计体系的转变，从 1993 年起的各年度《中国统计年鉴》提供了各个省份的折旧，将其加总可以得到全国的总折旧额。对于 1993 年存在两个折旧数据的情况，由于后一种方法是直接估计的，而且后来估计时利用的信息较多，本书使用体系修改后的各省份加总数据；对于 1995 年数据缺失的情况，本书将换算出 1994 年和 1996 年的折旧率求平均值后作为 1995 年的折旧值。

　　由于中国国家统计局仅仅公布了 1991 年以来的全国固定资产投资价格指数，因而以往的估算方法最主要的争议问题是如何将资本的当年价格折算成实际值（不变价格）。贺菊煌（1992）使用积累指数避开了此问题，但是由于 1993 年以后新的统计体系不再公布积累数据，此方法不再可行；王小鲁和樊纲（2000）、李子奈等（2002）则都是采用 GDP 核算指数来计算缩减因子；宋海岩等（2003）使用邹至庄（Chow，1993）估计的积累的隐含平减指数平减 1958~1977 年的投资序列，对于 1978~1990 年的投资序列使用全国建筑材料价格指数平减。值得注意的是，在此问题上较新的进展有李治国和唐国兴（2003），以及张军和章元（2003）的研究，二者均是从《上海统计年鉴 2001》公布的上海市的固定资本形成总额及其指数入手。前者用 1991~2001 年全国固定资产投资价格指数与上海市固定资产投资指数进行线性回归，从而拟合出全部年份的中国固定资产投资价格指数序列，而后者是直接用上海市的固定资产投资价格指数来代替全国固定资产投资价格指数，笔者以为这二者的方法均有待商榷。

在实行经济体制改革之前的 1952~1977 年，中国使用的是适合计划体制的"物质产品核算体系"（material product balances，MPS），从 1992 年开始，国家统计局开始使用"国民经济账户体系"（the united nations system of national accounts，SNA）。在中国国家统计局的协助下，Hsueh 和 Li（1996）成功地估算出了服务部门的附加值，从而将基于 MPS 体系的历史数据统一到 SNA 体系。根据国家统计局提供的历史统计数据，他们计算出了 1952~1995 年的全国固定资本形成总额指数。本书使用 *China's National Income* 1952~1995 年提供的 1978~1990 年的固定资产投资总额和固定资产投资指数与《中国统计年鉴 2004》（中华人民共和国国家统计局，2004）提供的 1991~2003 年的固定资产投资总额和固定资产投资指数来构建 1978~2003 年数据集。

使用得到的全国固定资产投资价格指数对科研投入、资本形成总额、资本存量进行价格调整，经过处理后的数据见表 3.1。

表 3.1　处理后中国有关数据（1978 年不变价格）

年份	资本形成总额/亿元	科技支出/亿元	GDP/亿元	资本使用量/亿元	从业人员数/万人
1978	1 377.90	52.89	3 624.10	9 878.40	40 152
1979	1 442.60	60.95	3 899.53	10 097.45	41 024
1980	1 509.85	61.33	4 203.96	10 280.36	42 361
1981	1 454.43	56.65	4 425.03	10 402.53	43 725
1982	1 583.01	58.72	4 823.68	10 791.89	45 295
1983	1 759.80	69.43	5 349.17	11 214.24	46 436
1984	2 081.75	79.88	6 160.97	11 624.62	48 197
1985	2 663.56	80.70	6 990.89	12 133.49	49 873
1986	2 842.19	83.19	7 610.61	12 783.34	51 282
1987	3 035.62	79.92	8 491.27	13 745.71	52 783
1988	3 401.30	74.97	9 448.03	13 901.06	54 334
1989	3 477.72	72.96	9 832.18	14 095.59	55 329
1990	3 486.12	75.26	10 209.09	14 441.37	64 749

年份	资本形成总额/亿元	科技支出/亿元	GDP/亿元	资本使用量/亿元	从业人员数/万人
1991	3 766.42	80.51	11 147.73	14 541.98	65 491
1992	3 854.38	75.70	12 735.09	13 390.02	66 152
1993	4 694.51	70.62	14 452.91	13 321.15	66 808
1994	5 105.34	71.10	16 283.08	14 364.90	67 455
1995	5 705.64	72.25	17 993.66	16 058.35	68 065
1996	5 833.62	75.70	19 718.73	17 659.69	68 950
1997	5 773.12	82.94	21 461.92	19 432.23	69 820
1998	5 252.22	77.97	23 139.93	19 947.46	70 637
1999	5 172.09	91.62	24 792.33	21 706.56	71 394
2000	5 049.98	89.44	26 774.85	22 809.85	72 085
2001	5 169.51	97.05	28 782.60	23 077.37	73 025
2002	5 004.29	96.55	31 170.88	22 739.81	73 740
2003	4 862.89	92.33	34 070.16	21 412.54	74 432

关于人力资本的度量，目前有三种方法（沈利生等，1999）：第一种方法是根据劳动者的学历（接受教育的年数）给具有不同文化程度的劳动者不同的权重来确定其人力资本数；第二种方法是根据劳动者的收入作为其人力资本的权重，收入高的人具有的人力资本就多（前提是不存在脑体倒挂现象）；第三种方法是根据不同文化程度的劳动者在不同学习阶段的教育费用来度量其人力资本。后两种方法还不适用于目前阶段的中国国情。本书参考 Tallman（1994）的方法采取如下加权方案：扫盲班为 1.1，小学文化程度为 1.3，初中文化程度为 1.5，高中（含中专）文化程度为 1.7，大专和大学本科文化程度为 2.0。对中国 18～65 岁劳动者的加权数量 LL 和变量 "$t = 65 -$ 年龄"，用最小二乘法（OLS）回归结果如下：

$$LL = 1.365\ 773 + 0.004\ 229t$$

$$(258.228)^{***}\ (21.810)^{***} \qquad 式(3.6)$$

样本数：48，$R^2 = 91.2\%$；修正的 $R^2 = 91.0\%$，$F = 475.69^{***}$（括号中数字为 t 统计量，上标 $*$、$**$、$***$ 分别表示 10%、5%、1% 的显著性水平，以下同）。所使用的数据是《中国 2000 年人口普查资料》（国家统计局人口和社会科技统计司，2002）中提供的 2000 年第五次人口普查的截面数据，从截面数据可以反映人口素质的提高状况。结果表明，随着 t 的增加即年龄的降低，劳动者的生产率按照 0.004 229 的速度增加，故取 $\delta = 0.004\ 229$[①]。

资本体现型技术进步率是指当年用同一可比货币量购置的资本物品的生产能力比上一年购置的资本物品的生产能力提高的一个固定速度 λ。由于前几年的科研投入提高了当年购置的资本物品的生产能力，鉴于数据的可比性，将当年购置的资本物品生产能力的提高归功于上一年的科研投入。因此，资本体现型技术进步率应该等于科研投资量相对于资本形成总额的变化程度。本书采用 1978～2003 年中国资本形成总额的数据和国家财政用于科学研究的支出（中华人民共和国国家统计局，2004），使用 GAUSS- GPE2 软件包进行回归分析，假定满足所有的 OLS 假设，得到科研投入 RE 与资本形成总额 GCF 的回归方程：

$$RE = 57.619 + 0.005\ 06GCF$$

$$(12.606)^{***}\ (4.4009)^{***} \qquad\qquad 式(3.7)$$

样本数：26，$R^2 = 44.66\%$；修正的 $R^2 = 42.35\%$，$F = 19.368^{***}$，$D - W\ d = 0.415$。对于 26 个样本数和 1 个解释变量，5% D－W 表给出 $d_L = 1.302$ 和 $d_U = 1.461$，而 d 的估计值低于临界下限，可知回归式（3.7）受到序列相关的困扰，使用 Prais-Winsten 修正的建立在最小二乘法标准上的 Cochrane-Orcutt 迭代方法来估计和修正 1 阶自回归误差结构。与 AR（1）的误差结构相一致，该方法对第一个观测值采用了一个标量数据变换 $\sqrt{1 - \rho^2}$，结果如下：

$$RE^* = 56.447 + 0.005\ 342\ 8GCF^*$$

$$(6.12)^{***} \qquad (2.34)^{**} \qquad\qquad 式(3.8)$$

$R^2 = 78.21\%$，修正的 $R^2 = 77.30\%$，$F = 84.807^{***}$，$D - W\ d = 1.60$，已经修正了自相关现象。这个结果和式（3.7）是可比的。由此可知，我国的科研投入相对于资本形成总额的变化速度为 0.005 34，故取 $\lambda = 0.005\ 34$。

对于资本平均使用寿命的变化，本书参照李子奈等（2002）的方法使用资本折旧率，中国的固定资产折旧率从 1978 年的 1.36% 左右变化到 2003 年的 9.52% 左右。因此，计算平均折旧率的变化率得到固定资产平均寿命变化率约为

---

① 李子奈等（2002）使用的是《中国统计年鉴 1999》的数据进行计算的，本书使用《中国 2000 年人口普查资料》（2002）进行计算，后者提供的数据较前者详尽。

-0.0794，故取 $\Delta\bar{a} = -0.0794$。对于劳动者平均年龄的变化，考虑目前情况下的中国国情，劳动者在65岁以前都不会放弃工作机会，所以 $\Delta\bar{b} = 0$。也就是说，在目前情况下，式（3.5）中 $-\delta\Delta\bar{b}$ 项可以忽略不计。

（二）中国转型期（1978~2003年）制度变迁对经济增长贡献的实证研究结果

使用上节的数据，采用最小二乘法，GAUSS-GPE2 软件包估计的方程（3.5）为

$$\frac{\Delta Y}{Y} = 0.0610 + 0.4065 \times (0.005\,767 + \frac{\Delta K}{K}) + 0.5935 \times (0.004\,23 + \frac{\Delta L}{L})$$

$$(10.377)^{***} \qquad (3.8845)^{***} \qquad (5.6717)^{***} \qquad 式(3.9)$$

样本数：25，$R^2 = 79.95\%$；修正的 $R^2 = 78.12\%$，$F = 8.075^{***}$，$D-W\ d = 1.245$。由于5%的 $D-W\ d$ 表的临界下限 $d_L = 1.206$，临界上限 $d_U = 1.550$，因为 $1.206 < D-W\ d < 1.550$，无法判断是否存在自相关的情况。在此情况下使用 Breusch-Godfrey LM 检验，较 Durbin-Watson 检验 Breusch-Godfrey LM 检验要更为宽容：可以包含滞后因变量，并且可以用来检测高阶自相关。使用 GAUSS-GPE2 软件给出的 Breusch-Godfrey LM 检验结果见表 3.2。

表 3.2　Breusch-Godfrey LM 检验结果

	χ^2	DF	Prob $> \chi^2$
AR（1）	16.738	1	0.000 043
AR（2）	17.101	2	0.000 193
AR（3）	17.126	3	0.000 666
AR（4）	17.673	4	0.001 430

Breusch-Godfrey LM 检验与具有自相关阶数的卡方（χ^2）分布的临界值进行比较，程序给出的每1阶检验的 P 值简化了分析。显然，从第一阶开始，自相关就一直存在。正如 Durbin-Watson 检验所建议的，由于1阶展示了序列相关的问题，所有对高阶的 LM 检验肯定也将被确认为自相关。对于自相关的修正，本书使用 Prais-Winsten 修正的 Cochrane-Orcutt 迭代方法，得到的 AR（1）模型仍然存在自相关的问题。对于高阶自相关的情况，通过舍弃不能使用的初始观察值的样

本，仍然使用 Cochrane-Orcutt 迭代方法来估计和修正 2 阶自回归误差结构如下：

$$\frac{\Delta Y}{Y} = 0.0604 + 0.5127 \times (0.005\,767 + \frac{\Delta K}{K}) + 0.4873 \times (0.004\,23 + \frac{\Delta L}{L})$$

$$(11.575)^{***} \quad (6.716)^{***} \qquad\qquad (6.384)^{***} \qquad\qquad 式(3.10)$$

$R^2 = 70.2\%$，修正的 $R^2 = 67.06\%$，$F = 10.768^{***}$，$D - W\ d = 1.826$。消除了序列相关的式（3.10）和式（3.9）是可比的，所以根据以上结果可以得到中国在 1978~2003 年资本的产出弹性为 0.5127，劳动的产出弹性为 0.4873。

根据经济增长贡献的计算方法，可以计算出中国在 1978~2003 年国民生产总值、资本和劳动的年平均增长速度为

$$y = (\sqrt[25]{\frac{34\,070.16}{3624.1}} - 1) \cdot 100\% = 9.377\%$$

$$k = (\sqrt[25]{\frac{21\,412.54}{9878.4}} - 1) \cdot 100\% = 3.143\%$$

$$l = (\sqrt[25]{\frac{74\,432}{40\,152}} - 1) \cdot 100\% = 2.50\%$$

技术进步对中国经济增长的总贡献为

$$a = y - \alpha k - \beta l = 6.548\%$$

技术进步、资本和劳动对中国经济增长的贡献率为

$$E_a = a/y = 69.827\%$$

$$E_k = \alpha k/y = 17.183\% , \quad E_l = \beta l/y = 12.990\%$$

资本、劳动体现型技术进步贡献率为

$$E_{kk} = \frac{\alpha(\lambda - \lambda\overline{\Delta a})}{y} = 3.153\% , \quad E_{ll} = \frac{\beta(\delta - \delta\overline{\Delta b})}{y} = 2.198\%$$

因此，技术创新对中国经济增长的贡献率为

$$E_T = E_{kk} + E_{ll} = 5.351\%$$

制度变迁对中国经济增长的贡献率为

$$E_I = E_a - E_T = 64.476\%$$

（三）结论

通过对中国转型期（1978~2003 年）制度变迁在经济增长中贡献的实证分

析，可以得到以下结论：

（1）中国在转型期（1978~2003年）经济增长中资本要素的贡献（17.183%）大于劳动要素的贡献（12.99%），这个结论是符合中国目前的现实情况的。

（2）中国经济增长中广义技术进步的贡献在增加，就总体平均而言，中国广义技术进步的贡献占经济增长的69.827%，与经济发达国家的差距在减小。1956年美国经济学家索洛（Solow，1956）用"余值法"计算的结果表明美国经济增长中广义技术进步的贡献达到80%，日本在20世纪70年代广义技术进步的贡献超过了60%，德国的广义技术进步的贡献也在60%以上（李子奈等，2002）。

（3）在中国1978~2003年的经济增长中，制度变迁对经济增长的贡献占广义技术进步贡献的92%左右，而技术创新的贡献仅占8%，这个结论与现实情况也是一致的。中国自从1978年开始进行市场化为主要特征的经济体制改革以来，在经济体制、经济政策和企业制度方面进行了大量的改革，国有企业一直在进行体制上的改革调整，合资、独资企业、私营企业出现而且数量逐渐增多，宏观经济环境在不断变化，经济结构也在不断调整，包括制度变迁在经济增长中的作用是非常重要的，因此其贡献度较大。

（4）中国经济增长过程中，技术创新的成果体现在资本质量的提高和劳动生产率的提高上，体现在资本质量提高上的技术创新的贡献为3.153%，体现在劳动生产率提高上的技术创新的贡献为2.198%。改革开放以来，中国从国外不断引进先进的生产工艺和生产设备，中国制造的生产资料的质量也越来越高。另外，随着科学技术和教育投入的加大，劳动者的素质也有很大的提高，随着先进的管理手段、管理方法的引进和推广，劳动者的劳动生产率也有较大的提高。

四、测度制度变迁贡献的实证研究——以重庆市为例[①]

在上一节，本书使用"余值法"对中国转型期（1978~2003年）的制度变迁对经济增长的贡献进行了量化分析。1997年重庆建立直辖市，1978~1990年的宏观统计数据无法从统计年鉴中直接获得，给基于省级数据的研究带来了很大

---

① 本节原文发表在《财经科学》2006年第7期，第57~63页。

的不便，目前已发表的基于省级数据研究的文献都将重庆市排除在外，所以本书以为有必要对重庆市的数据进行挖掘整理。本部分对重庆市的宏观统计历史数据进行了必要的数据挖掘，在此基础上使用余值法对改革开放以来重庆市国民经济增长中制度变迁的贡献作了实证分析。

（一）数据的收集及处理

对于重庆市制度变迁对经济增长贡献的实证研究同样采用上一节的模型和指标。由于重庆市统计数据的特殊性，必须对直辖市设立以前的统计数据进行数据处理。

研究选用国内生产总值作为经济产出指标，重庆市 1950~2003 年的 GDP 数据来自《重庆统计历史资料（1949~1996）》（重庆市统计局，1998）和各年度《重庆统计年鉴》。

劳动量指标采用年末从业人员总计，由于重庆市 1997 年直辖之前一直属于四川省，本书从 *China's Provincial Statistics*（1949~1989）（Hsueh et al.，1990）中得到包括重庆市在内的 1950~1989 年四川省从业人员数量；从《新中国五十年统计资料汇编》（国家统计局国民经济综合统计司，1999）中得到重新统计的不包括重庆市的四川省从业人员数量，从而计算得到重庆市 1950~1989 年的年末从业人员数量。1990 年以后重庆市各年的从业人员数量可以从各年度《重庆统计年鉴》中直接获得。

资本形成总额也采用同样的方法，使用从 *China's National Income*（1952~1995）（Hsueh，Li，1996）中得到包括重庆市的四川省资本形成总额和从《新中国五十年统计资料汇编》（国家统计局国民经济综合统计司，1999）中得到的重新统计的不包括重庆市的四川省资本形成总额数据，计算得到重庆市 1978~1995 年资本形成总额。其余年份数据可以从以后各年的《重庆统计年鉴》中直接获得。

资本的使用量没有现成的数据可用，根据上一节的分析，本书采用全社会固定资产总值作为资本使用量的测度指标。对于固定资产存量的计算，同样参考邹至庄（Chow，1993）的估算方法。邹至庄认为中国在 1952~1978 年，投资品的价格基本保持不变，因此用现价计算的积累量不需进行价格处理。他估算中国 1952 年的资本存量为 2213 亿元，计算方式为：1952 年国民收入为 589 亿元，用

资本产出比率 2.97 确定农业资本和土地的价值以及非农业资本的价值之和为
1750 亿元，乘以 1.264 57 （积累率之积）得到 2213 亿元。重庆市 1952 年国民收
入为 112 200 万元。本书采用邹至庄的方法，即采用资本产出比率 2.97，据此估
计重庆市 1952 年的固定资产存量为 421 398 万元。由于邹至庄的方法求出的是资
本总存量，包括了流动资金，本书按照惯例假定流动资金占总资本存量的 30%，
这样，重庆市 1952 年的固定资产净值为 294 978.6 万元。

对于折旧量的估计，由《重庆统计年鉴 1990》可以得到 1953～1988 年各年
度固定资产基本折旧率，《重庆统计历史资料（1949～1996）》（重庆市统计局，
1998）提供了 1949～1996 年的全社会固定资产投资数据，其余年度折旧量和全
社会固定资产投资数据由各年度《重庆统计年鉴》提供。所以，当年资本使用
量＝全社会固定资产总值＝上一年末固定资产净值＋当年固定资本总投资量－当
年折旧额。

本书使用重庆市科委历年安排科学技术经费数据（1997～2003）作为科研投
入，相对于财政支出中的科技拨款，科委安排的科技经费考虑的因素更多一些。

本书由国内生产总值的变化速度与国内生产总值指数的比值推算通货膨胀系
数，对资本形成总额、科技投入、GDP 和资本使用量进行价格调整，表 3.3 为整
理后得出的重庆市有关数据。

表 3.3　处理后重庆市有关数据（1978 年不变价格）

年份	资本形成总额/万元	科研投入/万元	GDP/万元	资本使用量/万元	劳动投入/万人
1978	374 900	449.80	673 200	792 948	1 208.88
1979	402 330	871.50	746 579	824 430	1 310.96
1980	367 026	401.89	802 454	888 011	1 314.82
1981	288 371	334.32	850 925	946 189	1 390.79
1982	312 101	405.85	924 977	1 031 354	1 402.90
1983	296 744	834.32	1 017 878	1 141 377	1 414.11
1984	395 998	1 252.05	1 178 100	1 310 113	1 473.09
1985	493 498	913.33	1 277 060	1 555 981	1 432.03
1986	423 055	1 083.25	1 384 099	1 822 645	1 469.13
1987	499 143	3 315.59	1 454 785	2 103 355	1 507.33
1988	586 270	2 691.17	1 590 098	2 369 481	1 512.49

续表

年份	资本形成总额/万元	科研投入/万元	GDP/万元	资本使用量/万元	劳动投入/万人
1989	331 560	2 472.07	1 664 824	2 532 379	1 540.03
1990	465 974	4 825.28	1 777 921	2 717 437	1 569.34
1991	668 006	8 161.29	1 938 143	2 931 420	1 620.67
1992	718 285	12 272.48	2 251 854	3 151 671	1 662.58
1993	1 337 819	9 875.78	2 596 532	3 620 863	1 658.95
1994	1 372 273	9 860.90	2 941 884	4 030 361	1 729.55
1995	1 367 072	7 081.88	3 298 007	4 385 436	1 709.26
1996	1 292 985	9 780.44	3 667 594	4 884 826	1 687.46
1997	1 617 692	8 028.31	4 070 840	5 565 129	1 689.89
1998	1 849 592	5 877.69	4 412 826	6 296 190	1 686.71
1999	1 901 465	7 251.55	4 748 080	7 139 327	1 693.73
2000	2 238 582	13 319.53	5 152 000	8 091 033	1 695.00
2001	2 628 813	15 743.22	5 615 834	9 421 004	1 697.00
2002	3 110 544	15 985.82	6 193 440	11 069 788	1 710.50
2003	4 032 531	16 175.54	6 905 686	13 211 333	1 726.36

资本体现型技术进步率是指当年用同一可比货币量购置的资本物品的生产能力比上一年购置的资本物品的生产能力提高的一个固定速度 λ。由于前几年的科研投入提高了当年购置的资本物品的生产能力，以及数据的可比性，将当年购置的资本物品生产能力的提高归功于上一年的科研投入。因此，资本体现型技术进步率应该等于科研投资量相对于资本形成总额的变化程度。本书采用 1978~2003 年重庆市资本形成总额的数据和重庆市科委历年安排科学技术经费数据[①]，换算成 1978 年不变价格，使用 GAUSS-GPE2 软件包进行回归分析，假定满足所有的 OLS 假设，得到科研投入（RE）与资本形成总额（GCF）的回归方程：

$$RE = 819.46 + 0.004\ 697 GCF$$

$$(0.98)\quad(8.42)^{***} \qquad\qquad 式(3.11)$$

样本数：26，$R^2 = 74.72\%$；修正的 $R^2 = 73.67\%$，$F = 70.94^{***}$，$D-W\ d =$

---

① 数据来源：《重庆市科学技术要览》，重庆市科学技术委员会（1997，2001）。

0.76。对于 26 个样本数和 1 个解释变量，5% D – W 表给出 $d_L = 1.302$ 和 $d_U = 1.461$，而 d 的估计值低于临界下限，可知回归式（3.11）受到序列相关的困扰，使用 Prais-Winsten 修正的建立在最小二乘法标准上的 Cochrane-Orcutt 迭代方法来估计和修正 1 阶自回归误差结构。与 AR（1）的误差结构相一致，该方法对第一个观测值采用了一个标量数据变换 $\sqrt{1 - \rho^2}$，结果如下：

$$RE^* = 2139.4 + 0.003\ 328GCF^*$$

$$(1.178)\quad(3.574)^{***} \qquad\qquad 式（3.12）$$

$R^2 = 85.15\%$，修正的 $R^2 = 84.53\%$，$F = 135.8^{***}$，D – W $d = 1.69$，已经修正了自相关现象。这个结果和式（3.11）是可比的。由此可知，重庆市科委历年安排的科学技术经费相对于资本形成总额的变化速度为 0.003 328，故取 $\lambda = 0.003\ 328$。

对于资本平均使用寿命的变化，本书考虑资本折旧率，重庆市的固定资产折旧率从 1978 年的 3.7% 变化到 2003 年的 15.84%，因此，计算平均折旧率的变化率得到固定资产平均寿命变化率为 – 0.0752，故取 $\Delta \bar{a} = -0.0752$。对于劳动者平均年龄的变化，考虑目前情况下中国国情，劳动者在 65 岁以前都不会放弃工作机会，所以 $\Delta \bar{b} = 0$。也就是说，在目前情况下，式（3.5）中 $-\delta \Delta \bar{b}$ 项可以忽略不计。

同样，对重庆市 18~65 岁劳动者的加权数量 LL 和变量 "$t = 65 -$ 年龄" 用最小二乘法（OLS）回归结果如下：

$$LL = 1.263\ 61 + 0.006\ 281\ 8t$$

$$(161.33)^{***}(22.11)^{***} \qquad\qquad 式（3.13）$$

样本数：48，$R^2 = 91.6\%$；修正的 $R^2 = 91.4\%$，$F = 488.85^{***}$。所使用的数据是《重庆市 2000 年人口普查资料》中 2000 年第五次人口普查的截面数据（重庆市统计局，2002：227~232），结果表明随着 t 的增加即年龄的降低，劳动者的生产率按照 0.006 28 的速度增加，故取 $\delta = 0.006\ 28$。

（二）重庆市制度变迁对经济增长贡献的实证研究结果

使用上节的数据，采用最小二乘法，GAUSS- GPE2 软件包估计的方程（3.5）为

$$\frac{\Delta Y}{Y} = 0.0410 + 0.3523 \times (0.003\ 578 + \frac{\Delta K}{K}) + 0.6478 \times (0.006\ 282 + \frac{\Delta L}{L})$$

$$(3.160)^{***} \qquad\qquad (3.185)^{***} \qquad\qquad (5.858)^{***} \qquad\qquad 式(3.14)$$

样本数：25，$R^2 = 25.8\%$；修正的 $R^2 = 19.1\%$，$F = 5.411^{**}$，$D - W\ d = 1.008$。由于 d 值低于 5% 的临界下限 1.206，回归式（3.14）仍然受到序列相关的困扰，使用 Prais-Winsten 修正的 Cochrane-Orcutt 迭代方法来估计和修正 1 阶自回归误差结构如下：

$$\frac{\Delta Y}{Y} = 0.031\ 95 + 0.4381 \times (0.003\ 578 + \frac{\Delta K}{K}) + 0.562 \times (0.006\ 28 + \frac{\Delta L}{L})$$

$$(2.04)^{*} \qquad\qquad (3.9493)^{***} \qquad\qquad (5.0663)^{***} \qquad\qquad 式(3.15)$$

$R^2 = 55.44\%$，修正的 $R^2 = 51.39\%$，$F = 15.877^{***}$，$D - W\ d = 1.9751$。消除了序列相关的式（3.15）和式（3.14）是可比的，所以根据以上结果可以得到重庆市在 1978～2003 年资本的产出弹性为 0.4381，劳动的产出弹性为 0.562。[①]

重庆市 1978～2003 年国民生产总值、资本和劳动的年平均增长速度为

$$y = (\sqrt[24]{\frac{6\ 905\ 685.6}{673200}} - 1) \cdot 100\% = 9.76\%$$

$$k = (\sqrt[24]{\frac{13\ 211\ 333.084}{792\ 947.77}} - 1) \cdot 100\% = 11.91\%$$

$$l = (\sqrt[24]{\frac{1726.36}{1208.88}} - 1) \cdot 100\% = 1.4436\%$$

技术进步对重庆市经济增长的总贡献为

$$a = y - \alpha k - \beta l = 3.734\%$$

技术进步、资本和劳动对重庆市经济增长的贡献率为

$$E_a = a/y = 38.279\%$$

$$E_k = \alpha k/y = 53.456\%, \quad E_l = \beta l/y = 8.265\%$$

资本、劳动体现型技术进步贡献率为

---

① 关于 R^2 偏小的原因，本书认为除了数据本身的原因以外，与缩减因子的使用、规模报酬不变假设等有关，在此不进行深入讨论。

$$E_{kk} = \frac{\alpha(\lambda - \lambda\Delta\bar{a})}{y} = 1.606\%, \quad E_{ll} = \frac{\beta(\delta - \delta\Delta\bar{b})}{y} = 3.617\%$$

因此，技术创新对重庆市经济增长的贡献率为

$$E_T = E_{kk} + E_{ll} = 5.223\%$$

制度变迁对重庆市经济增长的贡献率为

$$E_G = E_a - E_T = 33.056\%$$

（三）结论

通过对计量经济学方程（3.5）的回归估计以及增长要素贡献率的计算，得出以下结论：

（1）重庆市在 1978~2003 年经济转型期间经济增长中资本的贡献较大，劳动的贡献较小。这与重庆市和全国目前的现实是相符的。然而，重庆市资本对经济增长的贡献率（53.46%）远远大于劳动的贡献率（8.27%），远比全国水平高。

（2）重庆市经济增长中广义技术进步的贡献率占 38.28%，低于全国水平 67%，与美国、日本、德国等经济发达国家相比差距较大。

（3）重庆市的经济增长中，制度变迁的贡献占广义技术进步总贡献的 86.36%（全国约占 92%），而技术创新的贡献仅占 13.65%（全国约占 8%），这与重庆市的经济现实是相符的。改革开放以来，中国在经济体制和企业制度方面进行了大量的改革，经济结构在不断调整，经济环境也在不断变化，重庆市是全国改革试点城市、计划单列城市，1997 年成为中国第四个直辖市。重庆市 GDP 中公有制经济、非公有制经济的比例由 1996 年的 75.1∶24.9 变为 2002 年的 57.70∶42.30，从以国有企业为主的公有制经济转变为以公有制经济为主体，多种经济成分共同发展的新格局，非公有制经济已经成为经济增长中最有力的支撑力量。一系列的制度变迁与体制变化使制度变迁的贡献远大于技术进步。另外，也说明重庆企业技术进步缓慢，未来重庆应大力发展高新技术，同时注重用高新技术来改造传统产业。

综上所述，通过对重庆市经济增长中制度变迁贡献的定量分析，可以得到以下一些基本结论：1978~2003 年，广义技术进步在重庆市经济增长中总的贡献为 38.28%，其中制度变迁的贡献占广义技术进步贡献的 86.36%，而技术创新的贡

献仅占 13.65% ；技术创新的贡献体现在资本使用效率提高上的部分为 1.61% ，体现在劳动生产率提高上的部分为 3.62% 。

五、本章小结

本书使用"余值法"对制度变迁中对经济增长的贡献进行了模型分析和实证研究。"余值法"模型是从索洛余值法演化而来的，经济增长中扣除资本和劳动的贡献后的剩余是广义技术进步对经济增长的贡献，利用柯布–道格拉斯生产函数进行全要素生产率（TFP）计量，然后对全要素生产率与相应的制度变量进行进一步的计量分析——制度变迁对经济增长的贡献是广义技术进步总贡献扣除技术创新贡献后的剩余。

本章以中国整体和重庆市为对象进行了实证研究，主要的贡献和创新如下：

（1）运用计量经济学模型对中国的经济制度变迁进行了较为深入的实证研究。在数据方面，本书对统计数据在时间长度上进行了补充整理，同时在人力资本等宏观国民经济核算数据的挖掘和使用上有所创新。在计量模型方面，已有的研究虽然使用了差分形式的方程，避免了直接对非平稳变量进行回归可能导致的伪回归（spurious regression）效应的影响（Granger，Newbold，1974），但是以往的研究多忽略了事实上存在的自相关残差的影响，从而影响了实证结果的可靠性。本书使用 Cochrane-Orcutt 迭代方法对自相关进行修正，在计量模型的处理上更加完善和可靠，实证结果具有较强的解释力。

（2）对于重庆市这个中国最年轻的直辖市的宏观统计数据进行了数据挖掘和整理，并且运用"余值法"建立的计量经济模型进行实证研究。不仅为补充以往基于省级数据研究中重庆市的数据空白做了有益的工作，而且其对重庆市制度变迁在经济增长中贡献的量化测度，为政府决策机关判断重庆经济体制改革的进程，制定相应的改革政策提供了实证依据。

需要指出的是，使用"余值法"对经济增长中制度变迁贡献的测度存在一些不足之处：一是该方法将"余值"定义为制度变迁的贡献，这是一种间接的测算方法；二是"余值法"测算的制度变迁包括了最广泛意义的"制度"变迁，如政治、法律、经济、文化制度的变革。如何使用直接的方法量化测度经济体制改革对增长的影响是本书后面章节的主要内容。

第四章

政府行为方式市场化进程与经济增长

　　本章所要研究的问题是，中国从 1978 年开始以经济体制市场化改革为核心内容的经济转型（经济体制改革）以来政府行为方式各方面适应市场化转变的程度，分析政府行为方式各方面适应市场化转变进程与经济增长的相互关系，从政府与市场关系的角度来反映中国经济制度的变革。

一、中国转型期（1978～2003 年）政府经济管理系统改革进程

　　中国政府行为方式向适应市场化方向的变革过程，是在对传统的经济管理系统进行改革的过程中逐步实现的。自 1978 年以来，中国政府经济管理系统的改革大体沿着以下三条线索进行：① 实行简政放权，扩大企业自主权，以期实现政企分离。这既包括中央向各部门和地方，以及中心城市、特区及沿海开放城市下放经济决策权，形成中央和地方分级管理的宏观经济调控格局；也包括直接向企业放权，扩大企业自主权，转变政府经济职能，使各级政府逐步从企业的微观经营活动中退出。② 改变政府管理经济的方式，从过去用行政命令直接控制转变到运用经济杠杆调节经济。这主要包括对计划体制、价格管理体制、劳动人事制度和工资分配制度、商业物资体制、外贸管理体制、财政金融体制，以及投资管理体制等方面的改革。③ 政府机构改革，既包括中央政府和地方政府的机构改革，也包括基层政府和事业基层单位的机构改革。

　　从改革进程上来划分，政府经济管理系统的改革大体可以分为三个不同的发展阶段（陈宗胜，1999b）：

　　1978～1986 年为第一阶段。这一阶段是政府改革的起步阶段，也是一个以破

坏旧体制为主要特征的阶段。尽管当时的改革对于政府行为方式的转变来说还只是初步的,但是改革几乎在政府管理经济的所有主要方面都已展开。

1986~1991 年为第二阶段。这一阶段是政府改革稳定发展和深化的阶段,最突出的特征是在理论认识上突出了政府职能的转变,并且以职能转变为中心开展政府经济管理系统各方面的改革。

1992 年至今为第三阶段。这是按照社会主义市场经济模式建立政府宏观经济调控体系的阶段。这一阶段在政府经济管理系统改革的举措中,最突出的有以下四个方面:一是实行现代企业制度和成立专门的国有资产管理机构,在政企分离的方向上迈出了重要的一步;二是在企业中推行全员劳动合同制,在政府机关中实行国家公务员制度,使城市就业完全由国家包揽的劳动人事制度发生了根本性的变化;三是实行分税制改革,使中央与地方和国家与企业的利益分配关系向市场经济的规范靠近了一步;四是加快了金融体制和外贸体制的改革步伐,分设了政策性银行和国家商业银行,开放了证券交易市场和期货市场,使要素市场开始迅速发育,实行汇率并轨,将国内市场和国际市场衔接起来。

政府行为对国家的经济增长无疑有着巨大的影响力。政府直接通过投资影响资源配置,通过产业政策影响地区经济结构,通过财政、行政和法律手段调控贸易政策,进而影响经济主体的决策。此外,政府还直接或间接影响价格水平。考察政府行为与经济增长关系的角度很多。20 世纪 80 年代以来,国外有较多的文献对政府公共开支的增长和波动、政府规模与经济增长关系进行了研究。例如,Barro (1990)、Fischer (1993) 等学者将政府总的开支分成公共消费性开支和公共投资性开支,研究了政府总的公共开支对经济增长和生产率的影响。Bertola、Drazen (1993)、Gali (1994) 研究了政府公共开支的波动对宏观经济的影响。Ramey 等 (1995) 研究了政府公共开支的波动对增长和投资的影响。在总结前人的研究成果的基础上,龚六堂和邹恒甫 (2001) 建立了一个理论模型来讨论政府公共开支的增长和波动对经济增长的影响,从理论上说明了政府公共开支的波动对经济的影响取决于消费间的跨时替代弹性。通过计量经济分析,他们认为政府的资本性开支的增长对经济增长没有统计上的影响,而经常项目的开支可以刺激经济增长。同时,这两种政府开支的波动都对经济增长有负面影响。和已有的研究成果相比,他们的结论有很大的不同,对此情况需要进一步进行研究。

一直以来，关于市场经济中政府的作用，以及政府经济规模（政府收支占GDP 的比重）的研究都是转轨国家和发展中国家的热点问题，在政府支出规模与经济增长的关系问题上，实证研究的结果得到了不一致的结论。

第一种观点是政府规模与经济增长负相关。Grier 和 Tullock（1989）利用 24 个经济合作与发展组织（Organization for Economic Co-operation and Development, OECD）国家 1951～1980 年和其他 89 个国家 1961～1980 年的 5 年期平均数据进行回归分析，发现 OECD 国家、非洲和拉丁美洲国家实际 GDP 的增长与政府消费占 GDP 比例的增长显著负相关，但亚洲国家则是正相关关系。Crain 和 Lee（1999）利用美国 48 个州 1977～1992 年的数据分析了各州经济增长回归的敏感性。结果证实，除人均财政支出与人均实际个人收入的相关性在一定的控制变量下变弱外，其他财政政策指标都很强，但财政支出占州个人收入（或总产出）比重变量的系数为负。

第二种观点是政府规模与经济增长没有显著关系。Conte 和 Darrat（1988）利用 Granger 因果关系法分析了 22 个 OECD 国家 1960～1984 年实际 GDP 增长和政府总支出占 GDP 比重的关系，总体上拒绝了 OECD 国家经济增长下降是由公共部门扩张造成的假说。此外，他们还发现有 9 个国家存在从经济增长到公共部门规模的反馈效应，认为这种反馈解释了以往研究中公共部门规模系数的显著性，说明以往的研究得出公共部门规模扩大阻碍经济增长的结论是错误的。Nelson 和 Singh（1994）利用 1970～1979 年和 1980～1989 年近 70 个欠发达国家资料进行回归分析发现，中央政府收入占 GDP 比重对欠发达国家经济增长在 20 世纪 70 年代具有负面影响，在 80 年代影响不显著；Evans（1997）利用一个简单的随机增长模型和 92 个国家 1960～1989 年的数据显示，人均产出的增长与政府消费比重的相关性不显著。

第三种观点是政府规模与经济增长正相关。Devarajan、Swaroop 和 Zou（1996）利用 43 个发展中国家 1970～1990 年的数据，检验了各种政府支出与经济增长的关系，结果显示，中央政府总支出占 GDP 的比例对人均实际 GDP 的 5 年移动平均增长率具有正面影响，经常性支出占总支出的份额也具有正的且统计显著的增长效应。Miller 和 Russek（1997）利用 39 个国家 1975～1984 年的数据回归分析，发现全部样本国家政府支出的经济增长效应取决于资金来源：通过税收增加财政支出能刺激经济增长，而通过国债增加财政支出则会阻碍经济增长。这也大体上表明政府规模具有正的增长效应，毕竟政府扩大规模的正常和最终渠道是征税。

以上三种结论的不一致，固然与其采用的样本数量和区间不同，以及在模型中包括的其他经济变量和实际估计中使用的方法不同有关。政府规模与经济增长的单向关系，取决于政府规模对总产出的边际生产力，各国政府实际规模的边际产出才是潜在的决定因素。而政府的边际产出受财政支出规模的影响，政府的实际支出规模决定着其边际生产力和增长效应。按照 Barro（1990）、Barro 和 Salai-martin（1992a）等的理论，只有政府规模的边际产出大于1，扩大政府规模才能够促进经济增长；政府规模的边际产出小于1，说明政府规模过大，对经济增长有消极影响；政府规模的边际产出等于1，对经济增长的影响最大化。

政府作为国家经济的总代表，处于经济决策者的位置。政府是国有企业财产的代表者和所有者。本书研究的政府行为方式的转变包括政府职能、管理范围和调节方式的转变，核心内容是政府作为宏观经济的管理者，从直接生产经营领域退出，即使仍需政府干预的领域也应改变调节手段。相对于计划经济条件下的政府作用而言，可以说政府管理范围和决策内容的逐步缩减是市场化程度的提高（此外，还有调节方式的改变），以及政府行为方式适应市场化程度的提高。这同企业决策权力的增加和独立性的提高在一定程度上是相互对应的。

中国传统的行政计划经济体制，在组织结构上政企合一，在经济运行中决策权高度集中于中央政府。对于经济体制市场化改革来说，政府（主要是中央政府）既是改革的第一推动集团（发动者），又是改革的对象。随着改革的深化和经济体制市场化的发展，政府行为方式会发生一定的变化，这是必然的。但是，政府行为方式变化的方向并不是必然的和确定无疑的，从理论上说，政府行为方式的变化存在着向两种截然相反的方向，以及在两种方向之间反复变化的各种可能性。那么，中国政府在经济体制改革过程中，其行为方式究竟是否是朝着适应和促进经济体制市场化的方向转变，以及在多大程度上朝着市场化方向转变，这是需要通过实证研究加以揭示的。本章的研究，只是客观地描述中国政府行为方式适应市场化变化的这一历史进程，找出反映政府行为方式适应市场化转变进程的指标，通过计量分析方法和量化模型，确定这些指标与经济增长的关系，为构造反映中国经济制度变迁的市场化指数作准备。

为了使研究能够长期、连续地进行，就必须使所使用的资料及数据具有可比性，并且能在一个较长的历史时期内发挥同样的作用。因此只能从公开的官方统计资料中获取数据，而无法依靠调查资料。因为反映政府行为方式变化的经济变量必然在市场和计划等不同经济体制中共同存在，同时，在不同体制中又存在量的差异，而不是那些只在某一特定体制中或某一体制的某一特定时期内存在的经济变量。

政府的活动在经济领域集中体现为财政收支，政府行为方式的变化必然会在财政收支内容上反映出来。因此，我国政府行为方式的转变（从适应计划经济的行为方式转变为适应市场经济的政府行为方式），可以通过对财政收支内容的变化的研究来体现。至于政府作为制度供给者在市场化进程中的作用，因其作用广泛，且多是无形的，难以具体直接测定，故本书对此不作分析。

政府行为包括中央政府行为和地方政府行为。在中国经济转型过程中，地方政府发挥了重要作用，但是，地方政府作为中央政府的下属机构，是在中央政府对其分权和授权范围以内才能独立行动的。因此，其行为方式的转变和推动经济体制市场化进程的作用都不可能超越中央政府允许的限度。在向市场化方向转变的过程中，起主导作用的是中央政府。从宏观角度总体上把握中国经济体制市场化的进程，首先需要考察中央政府行为方式转变的程度。为了使研究简化，本章仅限于对中央政府行为方式适应市场化转变程度的测度研究。

二、政府行为方式市场化进程的内涵及理论边界

市场化是从计划经济向市场经济的转化过程，所谓市场经济是指由市场调节配置资源的社会经济，因此，市场化是反映市场发育水平和程度的一个动态概念。

中国在目前的经济转型和发展过程中，同时包含着两种性质的市场化：一是作为发展中国家从自然经济向市场经济的发展；二是作为社会主义国家对传统的计划经济体制的改革。这是两种性质和内容均不相同的市场化进程。

前一种含义的市场化更多的是一种自发的和自然的过程，虽然政府行为可以影响这一进程，但却不能包办和代替这一过程。同时，它在我国现阶段的市场化过程中处于次要的从属地位。后一种含义的市场化，对于社会主义国家来说，主要靠政府行为来推动，并且在很大程度上就是政府行为方式转变的问题。因此，

本书所考察的重点是后一种含义上的市场化，即我国经济体制从传统的计划经济向市场经济转型过程中政府行为方式的转变及其程度的测度问题。

社会主义计划经济中政府的一个重要的属性特征是，它是全民所有制经济的所有者，这是它与其他任何类型的政府最本质的区别。因此，计划经济中的政府除了执行一般政府的社会经济管理职能之外，同时还执行着全民所有制经济所有者的职能。其行为方式是集社会经济管理者职能与所有者职能于一身，将两者合二为一，不加区别。传统的计划经济包括社会所有方面的经济活动，政府作为经济的所有者，并不是像市场经济中的财产所有者那样进行资本经营并获取收益，而是像自然经济中的财产所有者那样，主要从事自给自足的生产。因此，政府作为所有者同时也是生产者，执行着生产经营者的职能。

在市场经济中，政府主要执行三种经济职能，即：①市场经济规则的制定者和监护者职能。政府要运用其独特的地位，制定和维护市场规则，保护各参与者的合法权益，打击非法行为，保证市场经济的顺利运行。②市场经济的调节者职能。政府为保持宏观经济的稳定，并在此基础上促进经济的发展，经常运用各种经济杠杆调节供求关系，以形成一个稳定的经济环境。③以市场行为主体身份参与市场，作为消费者进行采购和作为投资者进行生产。

在由传统计划经济向现代市场经济转型的过程中，政府行为方式适应市场化转变的进程主要体现在以下三个方面：

第一，从所有者身份与社会管理者身份的二者合一到二者分离，并且主要以社会管理者身份活动。政府逐步在经济意义上划清其所有者与社会管理者的身份和职能，形成互相制约、互相服务的执行机制。这种分离的着眼点在于：使两种职能更好地相互协作，寻求最有效率的组合点。在这一组合点上，不仅所有者职能能够得到实现，以保证国有资产的保值与增值，同时政府的社会管理职能也能得到有效的行使。

第二，由直接参与微观经济活动向以宏观调控为主转变。在传统计划经济中，政府直接参与各个微观经济组织的活动，但是，市场经济下的企业制度和市场环境与计划经济有着根本性的不同，与市场机制的作用和企业独立的经济地位相适应，政府的调控对象从企业转向市场，以间接调控总量指标的手段来调节经济活动，通过对市场调节来引导企业的目标使其与国家目标相一致。

第三，从对经济进行直接行政控制转变为间接调控。与直接干预微观企业运行相适应，在传统计划经济条件下，政府在调控手段上主要采用直接的行政干预。在市场经济条件下，企业是独立的行为主体，而不是政府主管部门的下属单位，它有自己独立的利益目标，不会完全听命于政府的指示，企业的行为主要是根据市场信息来进行调整。一个有效的市场体系是经济健康发展的基本保证。为了使市场机制能够正常运转，政府就要尽量避免对市场的直接干预，而主要是通过财政政策和货币政策进行间接调控。

三、测度政府行为方式市场化进程的指标体系

选择测度政府行为方式适应市场化转变进程的指标主要考虑两个基本原则：一是，由于一个指标只能从某一特定角度反映政府行为方式适应市场化转变的程度，本书选择两个以上的指标从不同角度进行度量。所选择的每个指标至少在一定程度上能近似地反映政府行为方式市场化进程的某一方面最主要的基本特征。如果指标受到其他无关因素的影响，要尽可能使用一定的技术手段将这些影响因素剔除。二是，所选择的指标都是可以度量的，而且可以实际取得数据。有些指标虽然理论上可行，但是缺乏数据来源，或者所取得的数据可信程度较低，则宁可暂缺，尽量避免以主观判断代替客观度量。根据前面的理论分析，本书使用如下几个指标来测度政府行为方式的市场化进程。

（一）市场分配经济资源的比重

从计划经济转向市场经济的改革，一个最重要的方面就是从主要由政府通过计划方式分配经济资源，逐步转向主要由市场分配经济资源。本书借鉴樊纲等（2003，2004）的研究，首先考虑的一个指标是政府的财政支出占 GDP 的比重。改革前，政府财政是分配经济资源的主渠道，企业利润几乎全部纳入财政分配，社会投资资金的大部分通过财政分配。改革以来，我国政府财政支出在国内生产总值中所占比重由 1978 年的 31% 下降到 2003 年的 21%。这大体上反映了经济体制的市场化进程在经济资源分配方面带来的变化。从国际经验来看，除少数国家外，大体上存在着这样一种关系，即市场化发展程度较高的国家，政府分配资源的程度也相对较低。因此，本书采用了政府财政预算分配的部分在 GDP 中所

占比重作为一个负相关指标来近似地反映资源分配方面的市场化进展程度。如果政府财政支出比重较低，说明由市场分配资源的比重相对较高，在一定情况下反映出较高的市场化程度。

需要指出，政府财政支出比重与市场化程度之间的关系并不是简单的线性负相关关系。从政府财政支出比重数值的变化情况来看，我国政府财政支出比重在1995年达到最小值11.67%，之后逐渐增加。因而，不能离开特定的历史条件和市场化发展阶段，简单地根据财政收支比重越低，得到市场化程度越高的判断结果。如果政府收支比重低到不能维持其必要的公共职能（包括公共基础设施建设、社会保障、教育、国防、执行和维护法律等），市场体系的正常运转当然也会受到影响。2003年我国财政收入占GDP的比重为18.5%，或许还存在着"过低"的可能。但是，樊纲等（2003，2004）的研究表明至少在目前的改革阶段上，仍可以采用这样的假定，即市场化程度较高的地区，政府财政收支比重相对较低。因此，在目前阶段采用财政支出比重（A1）作为一个近似指标反映市场化程度还是可行的。具体计算公式为

$$A1 = -\frac{财政支出}{GDP} \times 100\% \qquad 式(4.1)$$

（二）政府职能身份转变指标

一般来说，政府作为社会经济管理者，其自身的利益表现为税收；而作为所有者，其经济利益的实现方式则是租金和利息收入，生产经营者的利益是利润（如果生产者以自有资本从事经营，则利息和利润合并表现为利润）。在计划经济中政府是所有者、管理者和直接经营的生产者合于一身，但在市场经济中政府主要是宏观管理者。我国政府财政收入主要包括税收、企业收入（利润）和企业亏损补贴（负的利润）。税收是政府作为社会管理者职能的反映，而企业收入和企业亏损补贴则是所有者职能的体现。因此，政府职能身份的转变（A2）可以从两者比例关系中反映出来，可用财政收入的构成来度量政府职能适应市场经济的转化程度。具体计算公式为

$$A2 = \frac{税收 - （企业收入 - 企业亏损补贴）}{财政总收入} \times 100\% \qquad 式(4.2)$$

式（4.2）中企业收入与企业亏损补贴都代表了所有者权益，前者为正收益，

后者为负收益，两者符号相反，其绝对值之和表明政府作为所有者活动的规模。

（三）政府退出微观经济活动指标

计划经济中政府直接参与微观经济活动，表现为下达指令性计划、分配生产要素、对企业的各项经济指标直接考核、任命企业管理者、决定企业投资与收入分配等经济活动。为适应市场经济的要求，政府必须从这些微观经济活动中退出，放松甚至放弃对企业微观经济活动的管制。参照陈宗胜等（1999b）的研究，本书选择经济建设费占财政总支出的比重（$A3_a$）和国家预算内投资占全社会固定资产投资的比重（$A3_b$）两个指标。这两个指标不同程度地反映了政府参与微观经济活动的程度，其绝对值越大，说明政府参与微观经济活动的程度越高；反之，其绝对值越小，说明政府参与微观经济活动的程度就越小。具体计算公式如下：

$$A3_a = -\frac{经济建设费}{财政总支出} \times 100\% ; \quad A3_b = -\frac{国家预算内投资}{全社会固定资产投资} \times 100\%$$

$$A3 = \frac{1}{2}(A3_a + A3_b) \qquad\qquad 式(4.3)$$

指标 $A3_a$、$A3_b$ 都是负指标，这两项指标从不同的侧面共同反映政府退出微观经济活动的程度。前者从政府支出构成反映政府行为方式的变化，后者从全社会角度考察政府退出微观经济活动的程度，两者变化的方向相同，本书使用算术平均值作为政府退出微观经济活动的指标 $A3$。

四、中国转型期（1978～2003年）政府行为方式市场化与经济增长关系的实证研究

（一）数据与变量

本书分析所使用的样本取自 1978～2003 年的年度数据，数据来源于《中国统计年鉴2004》（中华人民共和国国家统计局，2004），用市场分配经济资源的比重（$A1$）、政府职能身份转变指标（$A2$）、政府退出微观经济活动指标（$A3$）来反映政府行为方式市场化的进程，通过宏观经济总量指标国内生产总值（GDP）反映经济增长。反映政府行为方式市场化进程的三个指标均为比重形式，无须进行不变价格处理；使用 GDP 平减指数对 GDP 时间序列进行不变价格处理

（1990 年不变价）。同时，对 GDP 时间序列进行自然对数变换，以期使其趋势线性化和消除时间序列中存在的异方差现象[①]。

（二）时间序列的平稳性检验

在对衡量政府行为方式市场化进程的三个指标（A1、A2、A3）与 lnGDP 进行协整分析之前，首先采用扩展的 ADF 检验和 PP 单位根检验方法来检验各时间序列的平稳性，再使用 Johansen 方法检验其协整关系。

使用最小信息准则——Schwarz 贝叶斯信息准则（SIC）选取 ADF 检验滞后阶，根据 Newey-West 建议值选取 PP 检验滞后阶，根据图 4.1 各变量曲线图形选

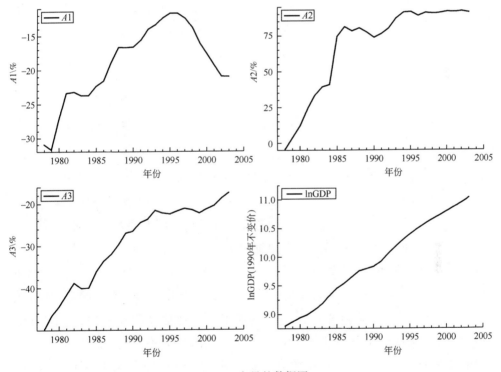

图 4.1 变量的数据图

[①] 程序在对变量取自然对数变换时，将在变量名前加 L。例如，LGDP 即为 lnGDP，本书中未作特别说明时，图例中这二者等价。

择单位根检验形式，单位根检验结果（表4.1）证实各时间序列变量都是1阶单整变量 I（1）。

表4.1　ADF 和 PP 单位根检验结果

变量	水平值检验结果				1 阶差分值检验结果			
	检验形式	ADF	检验形式	PP	检验形式	ADF	检验形式	PP
A1	$(0,0,1)$	− 1.501 2	$(0,0,1)$	− 1.496 5	$(0,0,0)$	− 2.528 7**	$(0,0,2)$	− 2.614 2**
A2	$(C,T,0)$	− 1.583	$(C,T,4)$	− 1.527	$(C,0,0)$	− 3.707 3**	$(C,0,1)$	− 3.701 4**
A3	$(C,T,0)$	− 1.680 8	$(C,T,2)$	− 1.688 8	$(C,0,0)$	− 3.801 8***	$(C,0,3)$	− 3.754 8***
lnGDP	$(C,T,3)$	− 3.135 6	$(C,T,2)$	− 2.088 3	$(C,0,3)$	− 2.977 6*	$(C,0,1)$	− 2.793 4*

注：①使用 EViews 5.1 软件包处理；②ADF 和 PP 检验值的上标 ***、**、* 分别表示显著性水平为 1%、5% 和 10%；③检验形式（C、T、L）中，C、T、L 分别代表常数项、时间趋势和滞后阶数。

（三）协整检验

虽然各个时间序列均为1阶单整序列，但是变量之间可能存在某种平稳的、不具有随机趋势的线性组合，这个线性组合被称为协整方程，表示一种长期的均衡关系。本书使用 Johansen（1996）多变量系统极大似然估计法对多变量时间序列进行协整检验。由于 Johansen 方法是基于向量自回归模型（the vector autoregressive model approach，VAR）的检验方法，首先必须确定 VAR 模型的结构。

建立 VAR 模型除了要满足平稳性条件外，还应该正确确定滞后期 k。如果滞后期太少，误差项的自相关会很严重，并导致参数的非一致性估计。在 VAR 模型中适当加大 k 值（增加滞后变量个数），可以消除误差项中存在的自相关，但是过大的 k 值会导致自由度减小，直接影响模型参数估计量的有效性。本书选择最大滞后阶数 lag = 4，从 4 阶依次降至 1 阶来选择 VAR 模型的最优滞后阶。使用赤池信息准则（AIC）、施瓦茨准则（SC）和 LR（似然比）统计量作为选择最优滞后阶的检验标准，并用 Q 统计量检验残差序列的自相关性，怀特（White）检验其异方差性，JB（Jarque-Bera）检验其正态性。结果表明，滞后阶数为 3 的 VAR 模型对模型的各个方程拟合优度都很好，残差序列具有平稳性。通过对 VAR（3）的回归残差序列的随机性检验表明在 5% 的显著性水平上均满足正态

性，无自相关和异方差，进一步验证了 VAR（3）为最优模型。由于基于 VAR
模型的协整检验是对无约束 VAR 模型进行协整约束后得到的 VAR 模型，其滞后
期是无约束 VAR 模型 1 阶差分变量的滞后期，协整检验的 VAR 模型滞后期确定
为 2。

通过模型选择的联合检验，确定协整方程有截距项和线性趋势项的模型为适
合的协整检验模型。表 4.2 为 lnGDP、A1、A2、A3 变量的 Johansen 协整检验
结果。

表 4.2　Johansen 协整检验结果

零假设	备择假设	特征值	λ-trace	5% 临界值	Prob.	λ-max	5% 临界值	Prob.
$K=0$	$K=1$	0.977 5	143.011 9	55.245 8	0.000 0	87.291 4	30.815 1	0.000 0
$K\leq1$	$K=2$	0.755 6	55.720 6	35.010 9	0.000 1	32.406 4	24.252 0	0.003 4
$K\leq2$	$K=3$	0.555 7	23.314 2	18.397 7	0.009 4	18.660 2	17.147 7	0.030 0
$K\leq3$	$K=4$	0.183 2	4.654 0	3.841 5	0.031 0	4.654 0	3.841 5	0.031 0

迹检验和最大特征根检验的结果均表明 lnGDP、A1、A2 和 A3 在 5% 的显著
性水平下的协整个数均为 $k=4$。

估计出的协整关系式为

$$EC_t = \ln GDP_{t-1} - 0.0148A1_{t-1} - 0.0018A2_{t-1} + 0.0233A3_{t-1} - 0.1079t - 7.9338$$
$$(-31.6261)\quad(-29.4930)\quad(42.8077)\qquad 式(4.4)$$

式（4.1）中协整系数下面括号内为 t-检验值。对协整式（4.4）中的 EC 进
行单位根检验的结果表明 EC 序列已是平稳序列，协整式（4.4）反映了经济增
长与政府行为方式市场化三个指标时间序列之间的某种长期均衡关系。

（四）　向量误差修正模型的确定

协整式（4.4）反映了 lnGDP 与政府行为方式市场化三个变量（A1、A2、
A3）时间序列之间存在长期稳定的均衡关系，在对这种均衡关系进行 Granger 因
果关系检验之前，首先须确定向量误差修正模型（VECM）的形式。

由于 VECM 的滞后期是无约束 VAR 模型 1 阶差分变量的滞后期，可以确定

VECM 的最优滞后期均为 2。

用 lnGDP 和 $A1$、$A2$、$A3$ 构造的 VECM：

$$\Delta \text{lnGDP}_t = -0.1848 \text{EC}_{t-1} + \begin{bmatrix} 0.8663 \\ -0.0027 \\ 0.0002 \\ -0.0024 \end{bmatrix} \begin{bmatrix} \Delta \text{lnGDP} & \Delta A1 & \Delta A2 & \Delta A3 \end{bmatrix}_{t-1}$$

$$+ \begin{bmatrix} -0.5326 \\ 0.0031 \\ 0.0013 \\ 0.0020 \end{bmatrix} \begin{bmatrix} \Delta \text{lnGDP} & \Delta A1 & \Delta A2 & \Delta A3 \end{bmatrix}_{t-2} + 0.0486 + 0.0004t$$

式(4.5)

$$\Delta A1_t = 27.6597 \text{EC}_{t-1} + \begin{bmatrix} 3.9755 \\ 0.3623 \\ -0.0092 \\ -0.0566 \end{bmatrix} \begin{bmatrix} \Delta \text{lnGDP} & \Delta A1 & \Delta A2 & \Delta A3 \end{bmatrix}_{t-1}$$

$$+ \begin{bmatrix} -13.8602 \\ -0.3782 \\ 0.0684 \\ -0.0950 \end{bmatrix} \begin{bmatrix} \Delta \text{lnGDP} & \Delta A1 & \Delta A2 & \Delta A3 \end{bmatrix}_{t-2} + 2.7399 - 0.1159t$$

式(4.6)

$$\Delta A2_t = -3.0501 \text{EC}_{t-1} + \begin{bmatrix} 76.0586 \\ 0.2382 \\ -0.1619 \\ 0.0227 \end{bmatrix} \begin{bmatrix} \Delta \text{lnGDP} & \Delta A1 & \Delta A2 & \Delta A3 \end{bmatrix}_{t-1}$$

$$+ \begin{bmatrix} -68.636 \\ -1.2514 \\ 0.1071 \\ -3.4621 \end{bmatrix} \begin{bmatrix} \Delta \text{lnGDP} & \Delta A1 & \Delta A2 & \Delta A3 \end{bmatrix}_{t-2} + 22.7542 - 1.0649t$$

式(4.7)

$$\Delta A3_t = -66.9716 \mathrm{EC}_{t-1} + \begin{bmatrix} 13.1993 \\ 0.6725 \\ -0.1891 \\ 1.2402 \end{bmatrix} \begin{bmatrix} \Delta\ln\mathrm{GDP} & \Delta A1 & \Delta A2 & \Delta A3 \end{bmatrix}_{t-1}$$

$$+ \begin{bmatrix} 48.6173 \\ -0.7146 \\ -0.0771 \\ 0.2845 \end{bmatrix} \begin{bmatrix} \Delta\ln\mathrm{GDP} & \Delta A1 & \Delta A2 & \Delta A3 \end{bmatrix}_{t-2} - 4.6198 - 0.0396t$$

式(4.8)

方程（4.5）~方程（4.8）中的 EC_{t-1} 即为方程（4.4）中的 EC_t。

表 4.3 为 VECM 的稳定性检验结果，稳定性检验结果表明，有 3 个根为 1，落在单位圆上，其他的根均在单位圆内，因此 VECM 的稳定性条件得以满足；LM 自相关检验结果显示，$\mathrm{LM}_1 = 21.0716$（$p = 0.1758$），$\mathrm{LM}_2 = 10.7827$（$p = 0.8227$），不存在自相关；White 异方差（无交叉项）检验结果显示，$\chi^2 = 209.2384$（$p = 0.3127$），不存在异方差；联合正态性检验结果显示：Jarque-Bera 值 $=41.21$（$p = 0.9160$），符合正态分布。

表 4.3　VECM 的稳定性检验结果

根	模
1	1
1	1
1	1
$0.6536 - 0.5977i$	0.8857
$0.6536 + 0.5977i$	0.8857
$-0.2232 - 0.8015i$	0.8320
$-0.2232 + 0.8015i$	0.8320
-0.7874	0.7874
$0.3161 - 0.6361i$	0.7103
$0.3161 + 0.6361i$	0.7103
$0.2269 - 0.2049i$	0.3057
$0.2269 + 0.2049i$	0.3057

因此，VECM 稳定而且不存在设定偏差，验证了 VECM 的有效性，根据 VECM 得出的因果关系、方差分解、脉冲响应是稳健和可靠的。

（五）因果关系检验结果

协整式（4.4）反映了 lnGDP 与政府行为方式市场化的 3 个变量（$A1$、$A2$、$A3$）时间序列之间存在长期稳定的均衡关系，但是这种均衡关系是否构成因果关系，还需要进一步验证。本书利用 Engle 和 Granger（1987）提出的误差修正模型（VECM）对模型中指标的时间序列进行长期、短期的 Granger 因果关系检验。

由于修正模型的各方程（4.2）~（4.5）的随机扰动项都具有独立同分布的白噪声性质，可以使用 Wald 检验对 VECM 各个方程系数的显著性进行联合检验，以此来判别各变量因果关系的方向。

表 4.4 给出了基于 VECM 的 Granger 因果关系检验结果。对右方 4 个变量各自的 Wald $-F$ 检验结果可以表明该变量的变化是否在短期影响左侧变量的增长，而 Wald $-F$ 联合检验结果可以证实右方 4 个变量是否共同构成了左侧变量的短期 Granger 原因。误差修正项的 t 检验表明右方 4 个变量与左侧变量之间是否存在长期的因果关系。

表 4.4 基于 VECM 的 Granger 因果关系检验结果

Granger 结果 \ Granger 原因		ΔlnGDP	$\Delta A1$	$\Delta A2$	$\Delta A3$	联合检验	误差修正项 t-检验
ΔlnGDP	H_0		$\theta_{1i}=0$	$\gamma_{1i}=0$	$\delta_{1i}=0$	全为 0	$\lambda_1=0$
	F		0.712 8	1.853 4	0.365 6	5.329 91	-0.184 8
$\Delta A1$	H_0	$\alpha_{2i}=0$		$\gamma_{2i}=0$	$\delta_{2i}=0$	全为 0	$\lambda_2=0$
	F	1.541 9		5.329 9 *	0.178 2	7.149 3	27.659 7 ***
$\Delta A2$	H_0	$\alpha_{3i}=0$	$\theta_{3i}=0$		$\delta_{3i}=0$	全为 0	$\lambda_3=0$
	F	1.930 3	1.186 8		5.484 8 *	14.942 5 **	-3.050 7
$\Delta A3$	H_0	$\alpha_{4i}=0$	$\theta_{4i}=0$	$\gamma_{4i}=0$		全为 0	$\lambda_4=0$
	F	8.394 8 **	20.197 1 ***	9.676 2 ***		22.280 6 ***	-66.971 6 ***

注：F 检验值的上标 * * *、* *、*分别表示显著水平为 1%、5% 和 10%。

对中国 lnGDP 与政府行为方式市场化 3 个变量（*A*1、*A*2、*A*3）时间序列的因果关系检验结果表明：在短期，政府职能身份转变指标（*A*2）增加是市场分配经济资源的比重（*A*1）增加的 Granger 原因，市场分配经济资源的比重（*A*1）增加是政府退出微观经济活动指标（*A*3）增加的 Granger 原因，GDP 增长是政府退出微观经济活动指标（*A*3）增加的 Granger 原因。另外，政府职能身份转变指标（*A*2）与政府退出微观经济活动指标（*A*3）之间存在双向因果关系；联合检验的结果表明，GDP 增长、市场分配经济资源的比重（*A*1）增加和政府退出微观经济活动指标（*A*3）增加构成了政府职能身份转变指标（*A*2）增加的短期 Granger 原因，GDP 增长、市场分配经济资源的比重（*A*1）增加和政府职能身份转变指标（*A*2）增加构成了政府退出微观经济活动指标（*A*3）增加的短期 Granger 原因。在长期，市场分配经济资源的比重（*A*1）和政府职能身份转变指标（*A*2）这两个变量的增加都是其他 3 个变量的 Granger 结果。

综合 Granger 因果检验的结果，无论长、短期，GDP 增长、市场分配经济资源的比重（*A*1）增加和政府职能身份转变指标（*A*2）增加都促进了政府退出微观经济活动指标（*A*3）的增加，并且这 3 个变量都是政府退出微观经济活动指标（*A*3）增加的 Granger 原因。在长期，GDP 增长、政府职能身份转变指标（*A*2）增加和政府退出微观经济活动指标（*A*3）增加可以促进市场分配经济资源的比重（*A*1）的增加；在短期，GDP 增长、市场分配经济资源的比重（*A*1）增加和政府退出微观经济活动指标（*A*3）增加可以促进政府职能身份转变指标（*A*2）的增加。

（六）脉冲响应函数

由于 Granger 因果检验证实了 lnGDP 和政府行为方式市场化 3 个变量（*A*1、*A*2、*A*3）之间存在因果关系，因此本书使用 Pesaran 等（1998）提出的广义（generalized）脉冲响应函数对具有因果关系的变量进行分析。该方法可以不考虑各变量的排序而得出唯一的脉冲响应函数曲线，防止因变量顺序变化给脉冲响应函数带来的敏感性。图 4.2 是基于 VECM 的广义脉冲响应函数曲线，横轴代表滞后年数，纵轴代表受各变量冲击的响应程度。

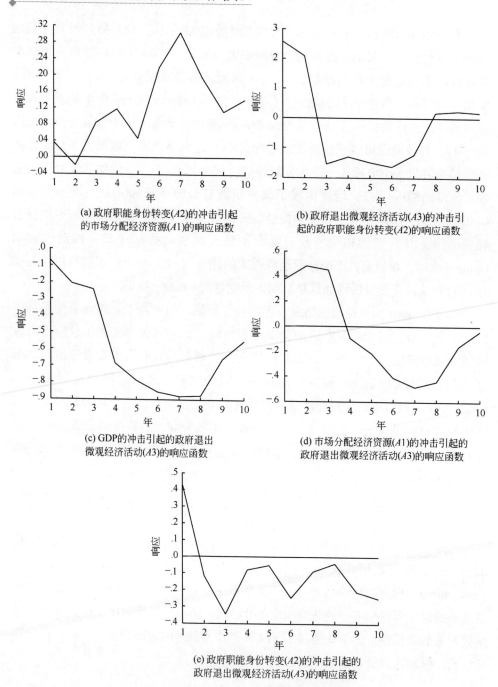

(a) 政府职能身份转变(A2)的冲击引起
的市场分配经济资源(A1)的响应函数

(b) 政府退出微观经济活动(A3)的冲击引
起的政府职能身份转变(A2)的响应函数

(c) GDP的冲击引起的政府退出
微观经济活动(A3)的响应函数

(d) 市场分配经济资源(A1)的冲击引起的
政府退出微观经济活动(A3)的响应函数

(e) 政府职能身份转变(A2)的冲击引起的
政府退出微观经济活动(A3)的响应函数

图4.2　广义脉冲响应函数曲线

根据图 4.2 的广义脉冲响应函数曲线可知各变量在受到相关变量一个单位正向标准差冲击后的动态反应。从中可以发现：①除第 2 年外，在滞后 1～10 年的时间内，政府职能身份转变指标（$A2$）的正向冲击会使市场分配经济资源的比重（$A1$）增加；②政府退出微观经济活动指标（$A3$）的正向冲击会使政府职能身份转变指标（$A2$）朝负向波动，从滞后 2 年开始，到滞后 3 年这种负面效应达到顶点，直到滞后 7 年才有所改善；③lnGDP 的正向冲击对政府退出微观经济活动指标（$A3$）的影响是负向的，目前阶段 lnGDP 的增长并不能促进政府从微观经济活动中退出，市场分配经济资源的比重（$A1$）和政府职能身份转变指标（$A2$）的正向冲击在短期对政府退出微观经济活动指标（$A3$）的影响为正，但是影响力逐渐减弱，分别从滞后 3 年、2 年后冲击效应为负。

（七）方差分解

Granger 因果关系检验结果仅能说明变量之间的因果关系，但不能说明变量之间因果关系的强度。本书使用方差分解将模型各个变量不同预测期限的预测误差的方差进行分解。其主要思路是将系统中每个内生变量（共 m 个）的波动（k 步预测均方误差）按其成因分解为各方程信息（随机误差项）相关联的 m 个组成部分，从而了解各信息对模型内生变量的相对重要性。方差分解不仅是样本期间以外的因果关系检验，而且将每个变量的单位增量分解为一定比例的自身原因和其他变量的贡献。

滞后 1～10 年的变量 lnGDP、$A1$、$A2$、$A3$ 的方差分解结果（图 4.3）表明：

（1）lnGDP 的预测误差主要受其自身因素影响，从第 5 年开始，市场分配经济资源的比重（$A1$）、政府职能身份转变指标（$A2$）的信息对 lnGDP 的预测误差的影响开始显著，二者各自占 lnGDP 预测误差的 10% 左右，而政府退出微观经济活动指标（$A3$）对经济增长的影响不显著。

（2）市场分配经济资源比重（$A1$）增加的预测误差主要受其自身和 lnGDP 的信息影响，其中，lnGDP 增长的信息对市场分配经济资源比重（$A1$）具有较强的影响力（占预测误差的 60% 左右）。而另外两个指标对市场分配经济资源比重（$A1$）的影响均不显著。

（3）政府职能身份转变指标（$A2$）的预测误差主要受其自身因素和市场分

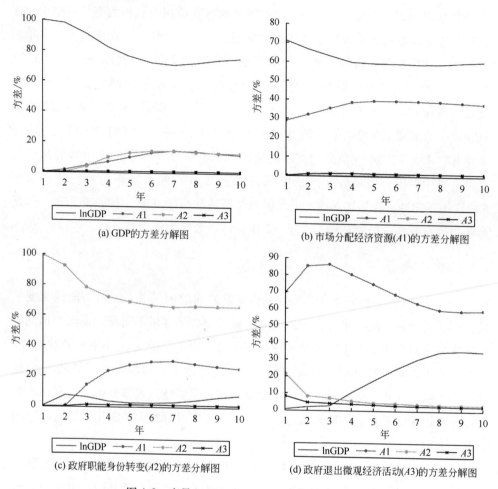

图 4.3 变量 lnGDP、A1、A2、A3 的方差分解图

配经济资源比重（A1）信息的影响，从滞后第 3 年开始市场分配经济资源比重（A1）的影响随预测步长的延长而逐渐增大，从第 3 年的 14.14% 到第 10 年的 25.42%；lnGDP 增长与政府退出微观经济活动指标（A3）的信息对政府职能身份转变指标（A2）的预测误差无显著作用。

（4）政府退出微观经济活动指标（A3）的预测误差主要受 lnGDP 增长和市场分配经济资源比重（A1）的信息影响，随预测步长的延长，lnGDP 增长的信息对政府退出微观经济活动指标（A3）的影响从第 4 年的 10.49% 逐渐增大到第 7

年以后的30%以上；市场分配经济资源比重（A1）信息的影响较大，短期的影响力略强于长期的影响力（第2年为85.33%，第7年前后为60%左右）；政府职能身份转变指标（A2）信息的影响不显著。

（八）结论

对测度政府行为方式市场化进程指标和经济增长关系的协整分析结果表明：

（1）反映政府行为方式市场化进程的3个指标，市场分配经济资源的比重（A1）、政府职能身份转变指标（A2）和政府退出微观经济活动指标（A3）与经济增长之间存在均衡关系：无论长、短期，GDP增长、市场分配经济资源的比重（A1）增加和政府职能身份转变指标（A2）增加都促进了政府退出微观经济活动指标（A3）的增加，并且这3个变量都是政府退出微观经济活动指标（A3）增加的Granger原因；在长期，GDP增长、政府职能身份转变指标（A2）增加和政府退出微观经济活动指标（A3）增加可以促进市场分配经济资源的比重（A1）的增加；在短期，GDP增长、市场分配经济资源的比重（A1）增加和政府退出微观经济活动指标（A3）增加可以促进政府职能身份转变指标（A2）的增加。

（2）在这些长、短期均衡关系中，3个指标未构成GDP增长的Granger原因。这个结果表明，在改革的现阶段（1978~2003年），政府行为方式市场化对经济增长的直接拉动作用并不显著，印证了民主与专制政府在经济增长上并无优劣之分。

（3）无论长、短期，GDP增长、市场分配经济资源的比重（A1）增加和政府职能身份转变指标（A2）增加都促进了政府退出微观经济活动指标（A3）的增加，并且这三个变量都是政府退出微观经济活动指标（A3）增加的Granger原因。这个结论表明随着市场化进程的深入，政府退出微观经济活动是必然的趋势。

（4）在长期，GDP增长、政府职能身份转变指标（A2）增加和政府退出微观经济活动指标（A3）增加可以促进市场分配经济资源的比重（A1）的增加，但是联合检验的结果表明短期中这种促进作用不存在。

（5）联合检验的结果表明，在长期，GDP增长、市场分配经济资源的比重（A1）增加和政府退出微观经济活动指标（A3）增加不是政府职能身份转变指标（A2）增加的Granger原因；但是在短期，这3个因素构成了政府职能身份转变指标（A2）增加的 Granger 原因。

五、本章小结

本章对中国自 1978 年开始经济体制改革以来，政府行为方式各个方面适应市场化转变的程度（即政府行为方式市场化进程）进行了研究，从政府行为方式转变的角度刻画了中国的经济制度变迁，运用协整理论对政府行为方式各方面市场化进程与经济增长的协整关系和因果关系进行了分析。

本章设计了市场分配经济资源的比重（A1）、政府职能身份转变指标（A2）和政府退出微观经济活动指标（A3）3 个指标来衡量政府行为方式的市场化进程，在改革开放初期，这 3 个指标增长迅速，在 1995 年前后增长到 70%~80% 的水平，但是随着时间的推移，3 个指标的增长速度趋于平缓甚至有下降的趋势。究其原因，可能是由于政府原有的行为方式在改革初期与市场经济不适应，因此任何向着市场经济方向发展的改革（哪怕是一些较小的举措），都会使政府行为方式适应市场化的程度有显著提高；随着经济体制改革的深化，在政府行为方式市场化的程度达到较高水平以后，只有那些能促使政府行为方式发生实质性变化的深层次的改革，才会推动其适应市场化的程度继续提高。

根据本章对政府行为方式市场化进程的研究，可以得到以下基本结论：

（1）自 1978 年以来，中国政府行为方式对经济市场化的适应程度几乎是持续提高的，这与我国经济市场化进程的总体趋势基本保持了一致；

（2）政府行为方式适应市场化的转变过程呈现出明显的阶段性特征；

（3）政府行为方式三个方面的市场化进程是不一致的，在各个方面的发展是不平衡的，主要与国家经济形势和政策有关；

（4）政府行为方式市场化进程的 3 个指标与经济增长之间存在协整关系和因果关系。

需要说明的是，本章所设计的政府行为方式市场化指标体系也存在一些目前无法解决的不足之处。例如，因为利改税的改革和财政收入科目的调整，中国财政收入 1986 年前后的数据不具有可比性。但是，仍然可以根据这一指标体系把握中国经济转型过程中政府行为方式转变的基本趋势和主要特征，可以用来考察转型过程中政府行为方式转变的相对程度。

第五章

企业的市场化进程与经济增长
——非国有经济的发展

　　积极推进企业市场化进程，建立现代企业制度是中国经济体制改革的主线和核心。在中国加入世界贸易组织（WTO）和全球经济趋于一体化的背景下，历经26年改革的中国企业市场化已达到何种程度，正越来越引起国际社会的关注和重视。因此，客观、公正地评价中国企业的市场化进程，对于深化企业改革无疑具有重大意义。

　　本章所要研究的问题是如何对中国自1978年改革开放以来企业的市场化进程进行量化测度，分析企业市场化进程的各个方面与经济增长的相互关系，以期从企业的市场化进程角度反映中国经济制度变迁。

一、中国转型期（1978~2003年）企业市场化进程

　　中国企业的市场化改革始于1978年，最初的目的是对毫无自主权的国有企业经营机制进行改革，提高国有企业运行效率。迄今为止，中国企业的市场化改革大体经历了以下三个阶段（陈宗胜，1999b）：

　　第一阶段（1978~1984年）是"放权让利"。1978年改革以前，中国企业的市场化程度几乎为零。高度集中的计划体制使企业几乎没有任何权利，其运转完全依靠政府的行政命令来推动，不存在任何竞争主体。企业既无内部利益刺激，又无外部市场竞争压力，因此企业的生产经营缺乏活力，长期处于低效率状态。基于这一实际情况，20世纪70年代末期提出了向企业"放权让利"的改革思路，通过扩大企业自主权和物质刺激来调动企业生产经营的积极性。

　　由于"放权让利"完全是一种政府行为，当"放权让利"超越政府的初衷

或违背政府的意志时，政府就会运用行政手段"收权减利"。因此，"一放就活，一活就乱，一乱就收，一收就死"的"怪圈"在行政性"放权让利"的"改革"中成为必然的结果，"放权让利"并没有创造出国有企业成长的市场空间。改革之初，全国改革的重心是农村，城市中的企业改革尚没有被提上议事日程，"放权让利"只是农村改革的"副产品"。但是，"放权让利"使得僵化的资源计划配置体制得以放松，从而使政府控制较少的非国有企业，特别是乡镇企业出现快速增长（林毅夫，李周，1995），这是政府所意想不到的。另外，作为重心的农村改革对非国有企业（主要是乡镇企业）的再生和发展也产生了较大的刺激。非国有企业的进入意味着已在中国沉寂多年的市场机制重新诞生并开始发育，因为非国有企业是市场的产物，它们必须从竞争性市场中获得生产要素，也必须在竞争性市场中出售其产品，因而具有硬预算约束，一开始就显示出比传统国有企业更高的活力和效率，并对国有企业产生了一定的压力。据世界银行提供的数据①，1980～1984 年，国有部门产出增长率和全要素生产率分别是 6.77% 和 1.8%，而集体部门（主要是乡镇企业）产出增长率和全要素生产率则分别是 14.03% 和 3.45%，远远高于前者。

可见，如果说在改革的第一阶段企业市场化有所进展的话，那几乎完全是非国有企业的贡献。但是不可否认的是，非国有企业在这一阶段相对于传统的国有企业还显得"势单力薄"，由非国有企业（主要是乡镇企业）所支撑的中国企业市场化还没有进入实质性阶段，仅仅是刚刚起步。1984 年，非国有工业企业总产值占工业总产值的比例仅为 30.9%，乡镇工业企业总产值占工业总产值的比例只有 16.3%。由于充斥国民经济各领域的产值占绝大部分比例的国有企业的一切权利仍基本掌握在政府手中，还没有任何独立的市场权利，而城市集体企业也几乎没有放开，因此，即使不考虑乡镇企业，其他非国有、非集体企业仍时常受到政府干预。显然，中国企业的市场化进程在改革初期是非常缓慢的。

第二阶段（1985～1992 年）是强化经营权试验。从 1984 年起，中国经济体制改革的重心从农村转移到城市，国有企业改革被明确为改革的中心环节，其核心内容是进行强化企业经营权的改革试验。

---

① http://www.worldbank.org/

由于第一阶段的"放权让利"完全是一种政府行为,政府干预的随意性使企业经营者因预期不稳定而产生短期行为,从而影响企业结构优化和效率提高,并导致1984年的投资消费双膨胀。于是开始试行旨在划清企业经营者权利和责任的经济责任制,其内容包括租赁制、承包制和资产经营责任制,通过重建微观利益机制和权利主体,使经营者对国有财产效率负起责任。

相对于第一阶段的"放权让利",经济责任制扩大了国有企业成长的市场空间,企业行为有所优化,企业效率稍有改进。但是,迄今为止一个无可争议的结论是,经济责任制根本不足以扭转国有企业效率低下的困境。究其原因,是因为经济责任制仍然囿于行政性分权的框架内,国有企业的市场化虽已起步,但步子不大。然而,非国有企业的市场化进程在第二阶段则实现了实质性突破。1985 ~ 1992年,国有工业企业产值年平均增长速度仅为8.3%,而非国有工业企业产值年平均增长速度则高达28%。1992年,非国有工业企业产值占工业总产值的比例首次超过国有工业产值所占比例,达到51.9%。这反映出市场化为非国有企业带来的效率远远高于主要是政府控制下的国有企业效率。相对于国有企业而言,非国有企业基本上是独立的产权主体,拥有较为独立的市场权利,追求较为独立的经济利益(追求利润最大化),其行为已具有典型的市场特征。

第三阶段(1993年至今)是引入现代企业制度。1992年党的"十四大"将社会主义市场经济新体制确定为中国经济改革的目标,这无疑是中国企业加速市场化的新契机。这一阶段的突出特征是国有企业引入现代企业制度,从而向市场化迈出了一大步。尽管国有企业引入现代企业制度尚处于探索阶段,但它对非国有企业的市场化却是更大的刺激。近几年中国企业的市场化速度加快已经较充分地说明了这一点。

二、企业市场化进程的内涵及基本理论

市场化通常是指资源配置从政府方式向市场方式的转化,它是一个动态概念。所谓政府方式是指按照国家计划和行政指令,由政府来统一配置资源。在这种方式中唱"主角"的是政府及其所属部门,政府享有配置资源的一切权利。所谓市场方式则是按照市场供求以及因供求变动而引起的价格变动来配置资源。在这种方式中唱"主角"的是企业及作为商品生产者和经营者的家庭和个人,

即企业、家庭和个人享有根据效率原则配置资源的一切市场权利。

企业市场化是指企业的任何一种资源配置行为都由政府支配转变为市场中的平等和自愿交易。这意味着企业任何一种产品或要素的交易行为都从政府管制（价格、产量、利润和进出自由等）转化为市场协调（盛洪，1992）。企业市场化的一个普遍共识是它能够带来企业效率的最大化增长。中国自1978年以来的企业市场化改革为此提供了强有力的证据。在26年的时间内，企业特别是非国有企业的市场化范围日益扩大，并取得了斐然的成绩。统计资料显示，1978～1995年，国有独立核算工业企业利润和税金总额平均年增长速度达9%左右，非国有独立核算工业企业利润和税金总额平均年增长速度达到20%左右。即使在市场制度已经相当发达的美国，也仍有人认为市场化程度还不够，因而主张推进市场化改革。例如，布坎南（1989）认为，政府在美国经济中所扮演的角色，已远远超出了恰当的范围。因此，在经济的许多领域中，用市场替代政府将会带来社会财富的增长。科斯（Coase，1991）也持同样的观点，他指出传统经济学和传统观念认为必须由政府执行的许多功能，其实由市场来完成也许更好。尽管布坎南和科斯所指并不是针对企业的，但显然包含着尚未市场化或市场化程度不足的企业应该加深市场化这样的观点。然而，企业市场化绝非纯粹的和绝对的。企业的资源配置行为不会是单一的市场交易行为，企业与政府之间的非市场交易行为在任何时候都是客观存在的。况且，企业对市场也存在替代问题，即企业内交易也是一种非市场交易，不过这种替代是以充分有效的市场存在为前提的，故不属本书的讨论范围。

企业的市场交易行为是建立在平等、自愿基础上的，交易的实现取决于交易双方的一致同意。一致同意意味着交易能为双方带来福利的增长或效率的提高。如果交易不能为双方或者仅仅为一方带来福利的增长或效率的提高，那么，就不可能形成一致同意的交易契约，该交易就不能实现，从而必须另外寻找交易伙伴。但是，企业达到一致同意的交易契约以及由此而发生的交易行为可能会产生"第三方效应"，也就是外部性，也称作外部效应。它既可能为第三方带来利益，也可能为第三方造成损失。当企业的市场交易行为存在外部性的时候，这种市场交易行为就不能保证能为企业带来最大效率。如果是外部正效应，那么企业市场交易的部分利益就被第三方所无偿占有；如果是外部负效应，那么企业交易的部分利益就是对第三方利益的无偿占有，或者说，这部分利益就是第三方的损失。需要强调的是，这里的"第三方"可以是单数，也可以是复数。它是指相对于特定市场交易双方的所有受该交易影响的企业和其他经济主体。简单地说，就是特定交易所波及的所有他方。在存在外部效应的情况下，企业市场交易或者因其部分利益被第三方无偿占有而失去激励，或者因无偿占有了第三方的部分利益而受到第三方的抵制。这两种情况都是侵权行为，在侵权得不到补偿或救济的情况下，企业市场交易肯定是缺乏效率的。

企业市场交易可能发生的第三方效应为政府参与企业交易活动提供了依据。但政府的参与不是大范围的，它只限于发生外部效应的时候和场合，而且在现代市场制度中，它是受到法律规范的。由于政府参与交易发生在存在外部效应的时候和场合，它所涉及的行为人不是政府和某一企业两个主体，而是三个主体以上，即政府和另外两个以上的经济主体。在交易中，包括政府在内的所有主体如同市场交易主体一样也是平等的，最终形成的交易契约也是以平等主体的同意为基础的。所不同的是，这种同意并非总是一致同意的，而是更多地表现为多数同意，并根据少数服从多数的原则形成交易契约，这种契约规定的行为主体的权利同样受到法律的认可和保护。实际上，企业等经济主体的市场交易在不受约束的条件下很难保证不发生外部效应，这是由经济主体的经济人本性决定的。于是，为维护市场的平等，保障市场交易主体的平等权利，便会形成相关的法律，以最大限度地限制企业市场交易的外部效应，使企业等经济主体始终保持最佳效率。另外，法律的建立和健全还会最大程度地减少政府经常性参与企业市场交易活动的交易成本。

然而，对于外部性较强和很强的经济活动，如公共产品和公共服务的生产和供应，将其付诸一般性企业进行市场交易，显然要付出高昂的成本，因为很难为它们确定一个明确的使用边界，从而适合于一般性企业的法律在这里却不能充分有效地发挥其功能。这样，政府就不得不经常性地参与这些领域的交易活动，或者说，这些领域的交易成为政府的专门化的经济行为。这种交易具有自然垄断性质，是一种非市场交易。不管人们同意还是不同意，享受其利益还是不享受其利益，政府都要垄断性地进行生产和供应，并为这种生产和供应而向企业等各类经济主体收取使用费，即征税，同时用法律保护政府的征税权利。

　　总之，在法律健全的现代市场制度中，政府参与的交易（或称政府交易）一般发生在外部性强的公共产品或服务的生产和经营领域。大量的一般性企业的交易都是市场交易，政府主要是通过制定法律和政策对企业的市场交易行为进行规范和引导。只有在一些特殊情况下，政府交易才能进入这些领域。有的学者这样概括市场交易与政府交易的联系与区别："市场交易和政府交易都是以平等人之间的同意为基础的。区别在于，市场交易在两人的交易不存在直接的外部性的情况下更有效率；而政府交易则在两人的交易存在直接的外部性的情况下更有效率。因此，市场与政府的边界就位于两人的交易与两人以上的交易之间。"（盛洪，1992）这种概括显然更具有理论性。

三、测度企业市场化进程的指标体系

　　根据企业市场化的内涵，企业市场化进程测度指标的选择必须反映企业的市场运作及其绩效情况。发达市场经济国家在评估和认定原"非市场经济"国家的"市场经济地位"时，都注重这一基本标准。

　　对于企业市场化进程的测度，已有文献都选择了非国有经济的发展作为测度指标。由于无法获得非国有经济在国内生产总值中所占比重的统计数据，已有的研究都用非国有经济在工业总产值中的比重、非国有经济在全社会固定资产总投资中所占比重、非国有经济就业人数占城镇总就业人数的比重这三个指标来替代（卢中原，胡鞍钢，1993；江晓薇，宋红旭，1995；国家计委市场与价格研究所课题组，1996；顾海兵，1997；陈宗胜等，1998，1999a，1999b；樊纲等，2001，2003，2004）。

　　高明华（2003）在前人研究的基础上考虑了三类企业的情况：非国有企业、国有企业和重点企业［包括国家重点企业，中央企业工作委员会管理的企业，各省、自治区、直辖市人民政府及主管部门确定的重点企业，国务院确定的建立现代企业制度原百户试点企业，各省、自治区、直辖市人民政府及主管部门确定的建立现代企业制度原试点企业，国家试点企业集团的母公司（核心企业）。这六类重点企业存在交叉］。高明华（2003）认为"重点企业在中国举足轻重，其中既有国有企业，也有非国有企业，而以大型企业和国有及国有控股企业为主，它们的现代企业制度改制反映了中国政府放松管制，使其按市场规范运作的情况"，但是"重点企业在中国企业数量中只占很小的比例，仅仅以其改制情况作为标准，无疑会低估中国企业的市场化进程，所以重点企业指标属于补充指标"。基于上述分析，高明华（2003）在沿用非国有经济固定资产投资占全社会固定资产投资比重、城镇非国有单位从业人员占城镇从业人员比重这两个指标的基础上，增加了 3 个指标：①非国有经济创造的税收占全社会税收的比重；②非国有经济进出口总额占全部进出口总额的比重；③工业中非国有经济所有者权益占全部国有及规模以上非国有工业所有者权益的比重。此外，该文还使用了"非国有经济创造的增加值占国内生产总值（GDP）的比重"这个指标，文中称该指标数据来自于《中国统计年鉴》，但是《中国统计年鉴》并未直接提供国内生产总值中非国有经济（或国有经济）创造的增加值的数据，对此该文并未加以说明和解释。此外，在高明华（2003）增加的 3 个指标中第二项指标在对外开放程度方面已经进行了测度。

陈宗胜（1999b）对于企业市场化进程的衡量设计了这样些指标：①企业制度自主选择度；②企业经营者的市场选择率；③企业经营自主权落实率；④利润最大化目标位居第一的企业比重；⑤企业产权主体到位率；⑥企业破产法制化程度；⑦履约率；⑧非公有企业综合比重。其中，指标①"企业制度自主选择度"即是使用"非国有经济在工业总产值中的比重"指标；指标②～④使用中国企业家调查系统提供的相关调查数据，该系统数据从 1993 年开始；指标⑤"企业产权主体到位率"使用"国有工业企业产值在整个工业总产值中的比重"来确定；余下三个指标是根据调查数据和年鉴数据汇总计算得到的，文中未给出详细说明。其指标体系主要存在的问题是除指标"企业制度自主选择度"之外的剩余指标数据均从 1993 年开始计算。

指标的选择要充分考虑到其准确性、全面性和数据的可获得性，根据上述分析，本书选择了下列指标建立企业市场化进程测度指标体系。

1. 非国有经济在工业总产值中的比重（$B1$）

改革以前，在各非农业经济部门中，国有企业占绝对统治地位，这是保证计划经济体制运行的一个必要条件。改革期间发生的一个最显著变化就是按照市场法则运作的非国有企业取得了重大发展。它们的迅速扩展使得市场调节在整个经济中的比重迅速提高，并且保证了经济的持续高速增长。与此同时，国有企业也在一定程度上进行了市场化改革，自主经营的程度上升了，一些企业进行了股份制、中外合资和其他形式的产权重组和改造。在工业中，全国非国有企业在工业总产值中的比重（不包括国有控股企业）由 1978 年的 22% 上升到 2003 年的 68%。这一变化反映了市场化进程的一个重要方面（当然，更全面的指标应当是非国有经济在 GDP 中的比重，但无法获得此统计数据）。应当说明，指标 $B1$ 只能在一定历史时期内反映企业市场化的进展状况，即使在一些发达的市场经济国家，在某些提供公共产品或存在经济外部性的部门，国有企业仍然占有一定的位置并有存在的必要。因此，这一比重并非越低越好，对指标的应用今后可能根据情况的变化进行调整。

2. 非国有经济在全社会固定资产总投资中所占比重（$B2$）

使用这一指标是为了弥补指标 $B1$ 的不足。由于指标 $B1$ 只反映了工业中非国有经济的发展情况，而我国目前还没有在国内生产总值中按不同经济类型的统计指标，本书采用非国有经济在全社会固定资产总投资中所占比重，从投入方面进行衡量。

3. 非国有经济在社会消费品零售总额中的比重（$B3$）

采用这一指标衡量从批发和零售业、餐饮业、新闻出版业、邮政业和其他服务业等售予城乡居民用于生活消费的商品和社会集团用于公共消费的商品总额中非国有经济的发展状况。

4. 非国有经济就业人数占城镇总就业人数的比例（$B4$）

采用这一指标从劳动力投入方面衡量包括非工业部门在内的各部门中非国有经济的发展状况。

四、中国转型期（1978～2003 年）企业市场化与经济增长关系的实证研究

（一）数据与变量

本书分析所使用的样本取自 1978～2003 年的年度数据，数据来源于《中国统计年鉴 2004》（中华人民共和国国家统计局，2004）和《新中国五十年统计资料汇编》（国家统计局国民经济综合统计司，1999），用非国有经济在工业总产

值中的比重（B1）、非国有经济在全社会固定资产总投资中所占比重（B2）、非国有经济在社会消费品零售总额中的比重（B3）、非国有经济就业人数占城镇总就业人数的比例（B4），使用 GDP 平减指数对 GDP 时间序列进行不变价格处理（1990 年不变价）。同时，对 GDP 时间序列进行自然对数变换，以期使其趋势线性化和消除时间序列中存在的异方差现象。图 5.1 是变量 B1、B2、B3、B4 的数据图。

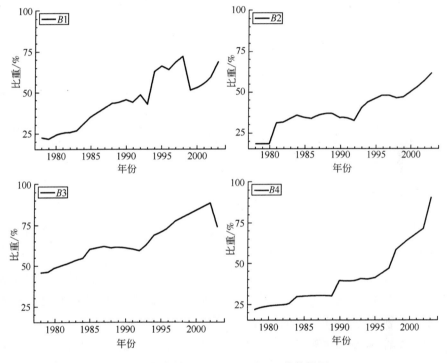

图 5.1 变量 B1、B2、B3 和 B4 的数据图

（二）时间序列的平稳性检验

在进行衡量企业市场化四个指标与 lnGDP 的协整分析之前，首先采用扩展的 ADF 检验和 PP 单位根检验方法来检验各时间序列的平稳性，再使用 Johansen 方法检验其协整关系。

使用最小信息准则——Akaike 信息准则（AIC）和 Schwarz 贝叶斯信息准则

（BIC）选取 ADF 检验滞后阶，根据 Newey-West 建议值选取 PP 检验滞后阶，水平值的检验形式为带有常数项和趋势项，1 阶差分值的检验形式为带有趋势项。时间序列的平稳性检验结果见表 5.1。单位根检验的结果证实各时间序列经过 1 阶差分平稳，所以都是 1 阶单整序列 I（1）。

表 5.1　ADF 和 PP 单位根检验结果

变量	水平值检验结果				1 阶差分值检验结果			
	检验形式	ADF	检验形式	PP	检验形式	ADF	检验形式	PP
$B1$	$(C, T, 1)$	-2.392 6	$(C, T, 0)$	-2.603 4	$(C, 0, 0)$	-5.416 1 ***	$(C, 0, 2)$	-5.449 2 ***
$B2$	$(C, T, 1)$	-2.509 4	$(C, T, 1)$	-2.075 7	$(C, 0, 0)$	-4.327 9 ***	$(C, 0, 0)$	-4.327 9 ***
$B3$	$(0, 0, 0)$	1.219 9	$(0, 0, 1)$	1.161 3	$(0, 0, 0)$	-1.701 7 *	$(0, 0, 0)$	-1.701 7 *
$B4$	$(C, T, 4)$	3.128 4	$(C, T, 4)$	2.944 1	$(C, T, 0)$	-3.573 6 *	$(C, T, 2)$	-3.390 8 *
lnGDP	$(C, T, 3)$	-3.135 6	$(C, T, 2)$	-2.088 3	$(C, 0, 3)$	-2.977 6 *	$(C, 0, 1)$	-2.793 4 *

注：①使用 EViews 5.1 软件包处理；②ADF 和 PP 检验值的上标 *** 、** 、* 分别表示显著性水平为 1%、5% 和 10%；③检验形式 (C, T, L) 中，C、T、L 分别代表常数项、时间趋势和滞后阶数。

（三）协整检验

虽然各个时间序列均为 1 阶单整序列，但是变量之间可能存在某种平稳的、不具有随机趋势的线性组合，这个线性组合被称为协整方程，表示一种长期的均衡关系。本书使用 Johansen（1996）多变量系统极大似然估计法对多变量时间序列进行协整检验。由于 Johansen 方法是基于向量自回归（VAR）模型的检验方法，首先必须确定 VAR 模型的结构。

建立 VAR 模型除了要满足平稳性条件外，还应该正确确定滞后期 k。如果滞后期太少，误差项的自相关会很严重，并导致参数的非一致性估计。在 VAR 模型中适当加大 k 值（增加滞后变量个数），可以消除误差项中存在的自相关，但是过大的 k 值会导致自由度减小，直接影响模型参数估计量的有效性。选择最大滞后阶数为 4，从 4 阶依次降至 1 阶来选择 VAR 模型的最优滞后阶。使用赤池信息准则（AIC）、施瓦茨准则（SC）和 LR（似然比）统计量作为选择最优滞后阶的检验标准，并用 Q 统计量检验残差序列的自相关性，怀特（White）检验其异方差性，JB（Jarque-Bera）检验其正态性。结果表明，滞后阶数为 3 的 VAR 模型对模型的各个方程拟合优度都很好，残差序列具有平稳性。通过对 VAR

（3）的回归残差序列的随机性检验表明在 5% 的显著性水平上均满足正态性、无自相关和异方差，进一步验证了 VAR（3）为最优模型。由于基于 VAR 模型的协整检验是对无约束 VAR 模型进行协整约束后得到的 VAR 模型，其滞后期是无约束 VAR 模型 1 阶差分变量的滞后期，协整检验的 VAR 模型滞后期确定为 2。

通过模型选择的联合检验，确定协整方程有截距项和线性趋势项的模型为适合的协整检验模型。表 5.2 为包含 lnGDP、$B1$、$B2$、$B3$、$B4$ 时间序列的 Johansen 协整检验结果。

表 5.2　Johansen 协整检验结果

零假设	备择假设	特征值	λ-trace	5%临界值	Prob.	λ-max	5%临界值	Prob.
$K=0$	$K=1$	0.935 3	172.608 7	79.341 5	0.000 0	62.988 4	37.163 6	0.000 0
$K \leq 1$	$K=2$	0.893 4	109.620 3	55.245 8	0.000 0	51.482 4	30.815 1	0.000 0
$K \leq 2$	$K=3$	0.832 2	58.137 9	35.010 9	0.000 0	41.051 8	24.252 0	0.000 1
$K \leq 3$	$K=4$	0.480 4	17.086 2	18.397 7	0.075 5	15.058 6	17.147 7	0.098 2
$K \leq 4$	$K=5$	0.084 4	2.027 6	3.841 5	0.154 5	2.027 6	3.841 5	0.154 5

迹检验和最大特征根检验的结果都表明 lnGDP、$B1$、$B2$、$B3$、$B4$ 在 5% 的显著性水平下的协整个数均为 $k=3$。

估计出的协整关系式为

$$EC_t = \ln GDP_{t-1} + 0.000\ 424\ B1_{t-1} - 0.002\ 283 B2_{t-1} - 0.008\ 153 B3_{t-1} + 0.011\ B4_{t-1}$$
$$(0.3480) \qquad (-1.4791) \qquad (-3.8791) \qquad (5.4740)$$
$$- 0.1008 t - 8.4032 \qquad\qquad\qquad\qquad 式(5.1)$$

式（5.1）中协整系数下面括号内为 t - 检验值。对协整式（5.1）中的 EC 进行单位根检验的结果表明 EC 序列已是平稳序列，协整式（5.1）反映了经济增长与产品市场发育程度三个指标时间序列之间的某种长期均衡关系。

（四）向量误差修正模型的确定

协整式（5.1）反映了 lnGDP 与企业市场化四个变量（$B1$、$B2$、$B3$、$B4$）时间序列之间存在长期稳定的均衡关系，在对这种均衡关系进行 Granger 因果关系检验之前，首先须确定 VECM 的形式。

由于 VECM 的滞后期是无约束 VAR 模型 1 阶差分变量的滞后期，可以确定 VECM 的最优滞后期均为 2。用 lnGDP 和 $B1$、$B2$、$B3$、$B4$ 构造的 VECM：

$$\Delta \text{lnGDP}_t = -0.4778 \text{EC}_{t-1} + \begin{bmatrix} 1.1167 \\ -2.4191 \times 10^{-4} \\ 7.0825 \times 10^{-4} \\ 0.0029 \\ 7.341 \times 10^{-4} \end{bmatrix} [\Delta \text{lnGDP} \quad \Delta B1 \quad \Delta B2 \quad \Delta B3 \quad \Delta B4]_{t-1}$$

$$+ \begin{bmatrix} -0.7923 \\ 2.9855 \times 10^{-4} \\ -0.0041 \\ 0.0039 \\ -9.6615 \times 10^{-4} \end{bmatrix} [\Delta \text{lnGDP} \quad \Delta B1 \quad \Delta B2 \quad \Delta B3 \quad \Delta B4]_{t-2} + 0.065 - 0.0007t$$

$$式(5.2)$$

$$\Delta B1_t = -54.6578 \text{EC}_{t-1} + \begin{bmatrix} 55.6243 \\ -0.3594 \\ 0.4371 \\ 1.7173 \\ -0.9141 \end{bmatrix} [\Delta \text{lnGDP} \quad \Delta B1 \quad \Delta B2 \quad \Delta B3 \quad \Delta B4]_{t-1}$$

$$+ \begin{bmatrix} -38.5335 \\ -0.0642 \\ -0.3086 \\ -1.2479 \\ -0.5311 \end{bmatrix} [\Delta \text{lnGDP} \quad \Delta B1 \quad \Delta B2 \quad \Delta B3 \quad \Delta B4]_{t-2} + 0.2115 + 0.187t$$

$$式(5.3)$$

$$\Delta B2_t = 106.8545 \text{EC}_{t-1} + \begin{bmatrix} -16.9106 \\ -0.1591 \\ -0.2298 \\ 1.1749 \\ -1.0886 \end{bmatrix} [\Delta \text{lnGDP} \quad \Delta B1 \quad \Delta B2 \quad \Delta B3 \quad \Delta B4]_{t-1}$$

$$+ \begin{bmatrix} -110.597 \\ 0.0628 \\ -0.0846 \\ 0.2736 \\ -1.0059 \end{bmatrix} \begin{bmatrix} \Delta\ln\text{GDP} & \Delta B1 & \Delta B2 & \Delta B3 & \Delta B4 \end{bmatrix}_{t-2} + 12.5066 + 0.2311t$$

式(5.4)

$$\Delta B3_t = 2.4116\text{EC}_{t-1} + \begin{bmatrix} 39.2931 \\ -0.2592 \\ -0.0571 \\ 0.0860 \\ 0.2760 \end{bmatrix} \begin{bmatrix} \Delta\ln\text{GDP} & \Delta B1 & \Delta B2 & \Delta B3 & \Delta B4 \end{bmatrix}_{t-1}$$

$$+ \begin{bmatrix} 39.1249 \\ -0.1687 \\ 0.0766 \\ 0.2455 \\ -0.2336 \end{bmatrix} \begin{bmatrix} \Delta\ln\text{GDP} & \Delta B1 & \Delta B2 & \Delta B3 & \Delta B4 \end{bmatrix}_{t-2} - 3.7361 - 0.1649t$$

式(5.5)

$$\Delta B4_t = -45.2179\text{EC}_{t-1} + \begin{bmatrix} -33.5059 \\ 0.0509 \\ -0.1603 \\ 0.7586 \\ -0.2024 \end{bmatrix} \begin{bmatrix} \Delta\ln\text{GDP} & \Delta B1 & \Delta B2 & \Delta B3 & \Delta B4 \end{bmatrix}_{t-1}$$

$$+ \begin{bmatrix} -28.0227 \\ 0.0699 \\ -0.1187 \\ -0.309 \\ -0.2181 \end{bmatrix} \begin{bmatrix} \Delta\ln\text{GDP} & \Delta B1 & \Delta B2 & \Delta B3 & \Delta B4 \end{bmatrix}_{t-2} + 3.4019 + 0.3798t$$

式(5.6)

方程（5.2)~(5.6）中的 EC_{t-1} 即为方程（5.1）中的 EC_t。

表 5.3 为 VECM 的稳定性检验结果，稳定性检验结果表明，有四个根为 1，落在单位圆上，其他的根均在单位圆内，因此 VECM 的稳定性条件得以满足；LM 自相关检验结果显示，$LM_1 = 33.5331$（$p = 0.1183$），$LM_2 = 26.0479$（$p = 0.4050$），不存在自相关；联合正态性检验结果显示，Jarque-Bera 值 $= 70.86$（$p = 0.9957$），符合正态分布。

表 5.3　VECM 的稳定性检验结果

根	模
1	1
1	1
1	1
1	1
$-0.1763 - 0.963513i$	0.9795
$-0.1763 + 0.963513i$	0.9795
0.9212	0.9212
-0.8806	0.8806
$0.4245 - 0.6343i$	0.7633
$0.4245 + 0.6343i$	0.7633
-0.6053	0.6053
$0.2402 - 0.5482i$	0.5985
$0.2402 + 0.5482i$	0.5985
$-0.1326 - 0.4925i$	0.5100
$-0.1326 + 0.4925i$	0.5100

因此，VECM 稳定而且不存在设定偏差，验证了 VECM 的有效性，根据 VECM 得出的因果关系、方差分解、脉冲响应是稳健和可靠的。

（五）因果关系检验结果

协整式（5.1）反映了 lnGDP 与企业市场化 4 个变量（$B1$、$B2$、$B3$、$B4$）时间序列之间存在长期稳定的均衡关系，但是这种均衡关系是否构成因果关系，还需要进一步验证。本书利用 Engle 和 Granger（1987）提出的误差修正模型对模型中指标的时间序列进行长、短期的 Granger 因果关系检验。

由于修正模型的各方程（5.2)~方程(5.6）的随机扰动项都具有独立同分布的白噪声性质，可以使用 Wald 检验对 VECM 各个方程系数的显著性进行联合检验，以此来判别各变量因果关系的方向。

表5.4 给出了基于 VECM 的 Granger 因果关系检验结果。对右方 5 个变量各自的 Wald-F 检验结果可以表明该变量的变化是否在短期影响左侧变量的增长，而 Wald-F 联合检验结果可以证实右方 5 个变量是否共同构成了左侧变量的短期 Granger 原因。误差修正项的 t 检验表明右方 5 个变量与左侧变量之间是否存在长期的因果关系。

表5.4 基于 VECM 的 Granger 因果关系检验结果

Granger结果 / Granger原因		ΔlnGDP	ΔB1	ΔB2	ΔB3	ΔB4	联合检验	误差修正项 t 检验
ΔlnGDP	H_0		$\theta_{1i}=0$	$\gamma_{1i}=0$	$\delta_{1i}=0$	$\varepsilon_{1i}=0$	全为0	$\lambda_1=0$
	F		0.250 5	4.875 7 *	1.587 4	0.400 2	6.577 5	−0.477 8 ***
ΔB1	H_0	$\alpha_{2i}=0$		$\gamma_{2i}=0$	$\delta_{2i}=0$	$\varepsilon_{2i}=0$	全为0	$\lambda_2=0$
	F	0.735 1		1.436 2	3.634 9	1.740 5	14.600 8 *	−54.657 8
ΔB2	H_0	$\alpha_{3i}=0$	$\theta_{3i}=0$		$\delta_{3i}=0$	$\varepsilon_{3i}=0$	全为0	$\lambda_3=0$
	F	19.801 7 ***	5.283 1 *		9.135 7 ***	28.491 1 ***	30.678 ***	106.854 5 ***
ΔB3	H_0	$\alpha_{4i}=0$	$\theta_{4i}=0$	$\gamma_{4i}=0$		$\varepsilon_{4i}=0$	全为0	$\lambda_4=0$
	F	1.440 3	1.671 1	0.071 *		0.812 7	2.974	2.411 6
ΔB4	H_0	$\alpha_{5i}=0$	$\theta_{5i}=0$	$\gamma_{5i}=0$	$\delta_{5i}=0$		全为0	$\lambda_5=0$
	F	0.804 9	0.133 9	0.180 3	0.684		1.158 8	−45.217 9

注：F 检验值的上标 ***、**、* 分别表示显著水平为 1%、5% 和 10%。

对中国 lnGDP 与企业市场化 4 个变量时间序列之间的 Granger 因果关系检验结果表明：在长期，非国有经济在工业总产值中的比重（$B1$）、非国有经济在全社会固定资产总投资中所占比重（$B2$）、非国有经济在社会消费品零售总额中的比重（$B3$）、非国有经济就业人数占城镇总就业人数的比例（$B4$）的增加是 GDP 增长的 Granger 原因，表明在长期，企业市场化可以促进 GDP 的增长，由于联合检验未证实短期因果关系的存在，表明短期内企业市场化尚未有效拉动 GDP 增长；GDP 增长、非国有经济在工业总产值中的比重（$B1$）、非国有经济在社会消费品零售总额中的比重（B3）、非国有经济就业人数占城镇总就业人数的比例（B4）的增加是非国有经济在全社会固定资产总投资中所占比重（B2）增加的Granger 原因，而且通过联合检验可以看出，在短期该因果关系仍然存在。此外，联合检验的结果表明短期内 GDP 增长、非国有经济在全社会固定资产总投资中所占比重（B2）、非国有经济在社会消费品零售总额中的比重（B3）、非国有经济就业人数占城镇总就业人数的比例（B4）的增加是非国有经济在工业总产值中的比重（B1）增加的 Granger 原因。

从短期看，非国有经济在工业总产值中的比重（B1）增加是非国有经济在全社会固定资产总投资中所占比重（B2）增加的 Granger 原因。此外，非国有经济在全社会固定资产总投资中所占比重（B2）增加与 GDP 的增长、非国有经济在社会消费品零售总额中的比重（B3）的增加之间存在双向因果关系。

（六）脉冲响应函数

由于 Granger 因果检验证实了 lnGDP 和企业市场化 4 个变量（B1、B2、B3、B4）之间存在因果关系，本书使用 Pesaran 等（1998）提出的广义脉冲响应函数对具有因果关系的变量进行分析，该方法可以不考虑各变量的排序而得出唯一的脉冲响应函数曲线，防止因变量顺序变化给脉冲响应函数带来的敏感性。图 5.2 是基于 VECM 的广义脉冲响应函数曲线，横轴代表滞后年数，纵轴代表受各变量冲击的响应程度。

根据图 5.2 的广义脉冲响应函数曲线可知各变量在受到相关变量一个单位正向标准差的冲击后的动态反应。从中可以发现：①非国有经济在全社会固定资产总投资中所占比重（B2）的正向冲击在滞后 2 年内对 lnGDP 的作用是正向的，从滞后第 3 年开始，非国有经济在全社会固定资产总投资中所占比重（B2）的增加将使 lnGDP 负增长；②lnGDP 的正向冲击将促进非国有经济在全社会固定资产总投资中所占比重（B2）增加；③非国有经济在工业总产值中的比重（B1）的正向冲击对非国有经济在全社会固定资产总投资中所占比重（B2）的作用是负向的（滞后第 3 年除外），从滞后第 4 年开始这种负面效应持续加强；④非国有经济在社会消费品零售总额中的比重（B3）的正向冲击将促进非国有经济在全社会固定资产总投资中所占比重（B2）增加；⑤非国有经济在全社会固定资

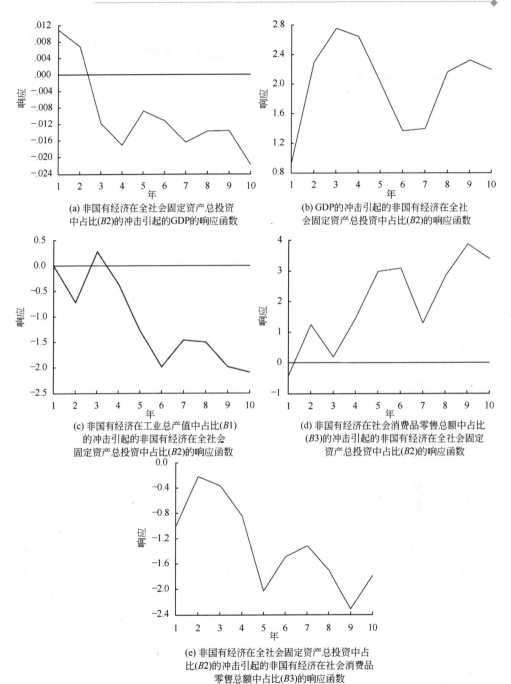

(a) 非国有经济在全社会固定资产总投资
中占比(B2)的冲击引起的GDP的响应函数

(b) GDP的冲击引起的非国有经济在全社
会固定资产总投资中占比(B2)的响应函数

(c) 非国有经济在工业总产值中占比(B1)
的冲击引起的非国有经济在全社会
固定资产总投资中占比(B2)的响应函数

(d) 非国有经济在社会消费品零售总额中占比
(B3)的冲击引起的非国有经济在全社会固定
资产总投资中占比(B2)的响应函数

(e) 非国有经济在全社会固定资产总投资中占
比(B2)的冲击引起的非国有经济在社会消费品
零售总额中占比(B3)的响应函数

图5.2　广义脉冲响应函数曲线

产总投资中所占比重（B2）的正向冲击对非国有经济在社会消费品零售总额中的比重（B3）的作用是负向的，在这两个变量的双向因果关系中比较，从 B2 到 B3 这个方向的作用较弱。

（七）方差分解

Granger 因果关系检验结果仅能说明变量之间的因果关系，但不能说明变量之间因果关系的程度。本书使用方差分解法将模型各个变量的不同预测期限的预测误差的方差进行分解。方差分解的主要思想是把系统中每个内生变量（共 m 个）的波动（k 步预测均方误差）按其成因分解为各方程信息（随机误差项）相关联的 m 个组成部分，从而了解各信息对模型内生变量的相对重要性。方差分解不仅是样本期间以外的因果关系检验，而且将每个变量的单位增量分解为一定比例自身原因和其他变量的贡献。

滞后 1~10 年的变量 lnGDP、B1、B2、B3 的方差分解结果（图 5.3）表明：

（1）lnGDP 的预测误差在滞后第 2 年受非国有经济在全社会固定资产总投资中所占比重（B2）信息的影响约为 8.39%，在滞后第 3 年达到最大（约为 15.47%），之后一直保持在 13% 左右。

（2）非国有经济在工业总产值中的比重（B1）的预测误差主要受 lnGDP、非国有经济在全社会固定资产总投资中所占比重（B2）、非国有经济在社会消费品零售总额中的比重（B3）这 3 个变量信息的影响，其中 B3 的影响力最大（从滞后第 2 年开始一直保持在 55% 左右），受其自身和非国有经济就业人数占城镇总就业人数的比例（B4）信息的影响较弱（均小于 10%）。

（3）非国有经济在全社会固定资产总投资中所占比重（B2）的预测误差主要受 lnGDP、非国有经济在工业总产值中的比重（B1）和非国有经济在社会消费品零售总额中的比重（B3）信息的影响，其中 lnGDP 信息的影响力较大，在滞后第 3 年达到最大值（68.24%），B1 和 B3 对 B2 预测误差的影响随滞后期增加而逐渐增大；短期内 B2 受其自身的影响较大（滞后第 1 年为 73.88%），但是滞后第 5 年以后影响力小于 10%；非国有经济就业人数占城镇总就业人数的比例（B4）的影响不显著。

（4）非国有经济在社会消费品零售总额中的比重（B3）的预测误差受非国

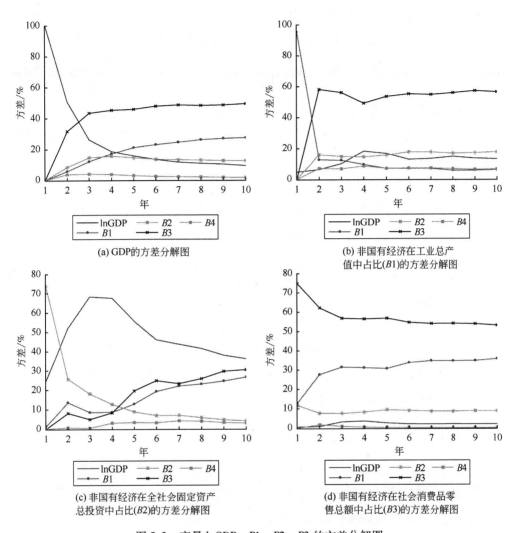

(a) GDP的方差分解图

(b) 非国有经济在工业总产
值中占比(B1)的方差分解图

(c) 非国有经济在全社会固定资产
总投资中占比(B2)的方差分解图

(d) 非国有经济在社会消费品零
售总额中占比(B3)的方差分解图

图 5.3　变量 lnGDP、B1、B2、B3 的方差分解图

有经济在全社会固定资产总投资中所占比重（B2）信息的影响比较稳定，一直保持在10%左右。

（八）结论

对测度企业市场化进程指标和经济增长关系的协整分析结果表明：

（1）反映企业市场化进程的 4 个指标，非国有经济在工业总产值中的比重

（$B1$）、非国有经济在全社会固定资产总投资中所占比重（$B2$）、非国有经济在社会消费品零售总额中的比重（$B3$）、非国有经济就业人数占城镇总就业人数的比例（$B4$）与经济增长之间存在长期稳定的动态均衡关系，在长期，这 4 个指标构成了 GDP 增长的 Granger 原因。但是联合检验的结果表明，在短期内，这 4 个指标却未构成 GDP 增长的 Granger 原因。这个结果表明，虽然从长期来看，衡量企业市场化进程的这 4 个指标变量确实能够拉动经济增长，但是在改革的现阶段，其作用并不特别显著。

（2）在长期，GDP 增长、非国有经济在工业总产值中的比重（$B1$）、非国有经济在社会消费品零售总额中的比重（$B3$）、非国有经济就业人数占城镇总就业人数的比例（$B4$）是非国有经济在全社会固定资产总投资中所占比重（$B2$）增加的 Granger 原因，而且通过联合检验可以看出，在短期该因果关系仍然存在。这个结论表明随着市场化进程的深入，非国有经济在全社会固定资产总投资中所占比重逐渐增加是必然的趋势。

（3）联合检验的结果表明短期内 GDP 增长、非国有经济在全社会固定资产总投资中所占比重（$B2$）、非国有经济在社会消费品零售总额中的比重（$B3$）、非国有经济就业人数占城镇总就业人数的比例（$B4$）的增加是非国有经济在工业总产值中的比重（$B1$）增加的 Granger 原因。

五、本章小结

本章对中国从 1978 年开始经济体制改革以来企业的市场化进程进行了研究，从企业制度改革的方面刻画了中国的经济制度变迁，运用协整理论对企业市场化进程各方面指标与经济增长的协整关系和因果关系进行了分析。

本章设计了非国有经济在工业总产值中的比重（$B1$）、非国有经济在全社会固定资产总投资中所占比重（$B2$）、非国有经济在社会消费品零售总额中的比重（$B3$）、非国有经济就业人数占城镇总就业人数的比例（$B4$）四个指标来衡量企业的市场化进程。

根据本章对企业市场化进程的研究，可以得到以下基本结论：

（1）自 1978 年以来，中国企业的市场化程度是持续提高的，这与我国经济体制市场化进程的总体趋势是一致的。但是，中国企业的市场化进程与政府行为方式的市场化进程相比,其增长速度较慢。本书认为这一现象与企业制度改革的政策实施的实际情况有关。此外,中国的社会制度也决定了中国的企业市场化无论如何不可能达到西方市场经济发达国家那样高的水平,经济制度的变迁在一定程度上还要受到政治、法律等制度变迁的影响和制约。

(2)企业的市场化变革过程呈现了明显的阶段性特征,这与企业制度改革的政策和国家经济形势有关。

(3)企业市场化进程的4个指标与经济增长之间存在长期稳定的动态均衡关系,这四个指标构成了 GDP 增长的长期 Granger 原因,变量之间存在因果关系。

根据本章的研究,可以根据所构造的这一指标体系把握在中国经济转型过程中企业市场化改革的基本趋势和主要特征,可以用来考察转型过程中企业制度变革的相对程度。

第六章

对外开放与经济增长[①]

对外开放是否促进了经济增长？对外开放与经济增长之间相互影响的机制是什么？对于第一个问题，基于时间序列数据（Edwards，1998）和面板数据（Harrison，1996）的实证研究结果都得出了贸易开放度与经济增长存在正相关关系的结论。对于第二个问题，经济学家们试图用经济理论加以解释，但未能得到较为满意的答案。

Romer（1986）、Lucas（1988）等认为贸易开放度主要通过加快本国技术进步、提高要素生产率来促进经济增长；Krugman 和 Helpman（1985）等认为贸易开放度促进经济增长的渠道主要来源于贸易带来的规模经济效应；Grossman 和 Helpman（1991）认为贸易开放度的提高能够优化国内资源在物质生产部门之间的优化配置，从而促进经济增长；Edwards（1992）等认为开放经济的国家有更强的吸收先进国家技术进步和新思想的能力。一些学者认为贸易开放度会通过提高国内的资源配置效率来实现经济增长（Krueger，1985），比如，贸易开放度能够加快国内投资率（Levine，Renelt，1992）、促进资本形成（Rodric，1988）等。已有文献中关于对外开放与经济增长影响机制的研究主要是在内生经济增长理论框架内进行的，而且缺乏实证研究的支持。比较接近的研究是 Quah 和 Rauch（1990）在 Lucas（1988）的模型基础上，建立了一个开放度与经济增长的模型，发现开放国家有着更高的产品替代弹性，使其不受投入品不足的困扰而专业于最终产品的生产，从而促进经济增长。

随着世界经济一体化进程的加快，一个国家的对外开放程度与其自身的经济社会发展的关系日趋密切，对外开放对经济增长和社会发展起到了不可或缺的作

---

① 本章修改稿发表在《数量经济技术经济研究》2007 年第 1 期，第 3~12 页。

用。然而，对于如何衡量一个经济体的开放程度则一直存在较大的争议。

中国的对外贸易自1978年改革开放以来飞速增长，其增长速度远高于国内生产总值的增长速度。在1978～2003年，我国对外贸易总额的年均名义增长率为16.0%，同期国内生产总值的年均名义增长率为14.9%，外贸依存度从1978年的9.8%增长为2003年的60.3%，远高于美国、日本、英国、法国、意大利等多数发达国家，学术界对此现象众说纷纭（李翀，1998；陈家勤，2002；沈利生，2003，2005）。作为传统的衡量一个经济体对外开放程度的主要指标，外贸依存度的定义本身存在不少争议，最主要的问题在于外贸依存度这一指标受经济体经济规模的影响较大，库兹涅茨在20世纪60年代就证实了随国民收入规模的减小，进出口总额对国民收入的比率趋于上升（库兹涅茨，1989）。此外，除国际贸易之外，引进外资和向海外投资也已经成为开放经济的主要特征，继续沿用单一的外贸依存度指标来衡量经济的开放程度是不科学和不合理的。

鉴于此，本书借鉴前人的研究成果构造了新的衡量对外开放程度的指标体系，以期全面、客观地评价我国经济对外开放的程度，并在此基础上，通过协整分析对贸易、投资和金融三个方面对外开放与中国经济增长之间的相互关系进行了研究，为相关政策的制定提供理论依据和实证支持。

一、中国转型期（1978～2003年）对外开放进程

中国转型期的对外开放进程包括贸易、金融和投资三个方面的对外开放进程。

外贸依存度的梯级增长是中国外向型贸易转移机制的外在表现，其深刻的内在动力则是中国对外贸易体制改革的阶段性推动。中国的对外贸易体制改革分为三个阶段（陈宗胜，1999b）：第一阶段从1978年到1987年，其主要特点是中央对外贸经营权和审批权的逐步放开；第二阶段从1988年到1992年，其主要特点是进一步放松计划控制，进行外贸企业改革，但在关税和非关税措施上不仅没减少，反而有所增加；第二阶段从1993年至今，则以降低关税与非关税措施，实施与国际规章接轨为主要特点。考虑改革存在的滞后效应，这三个阶段的改革与中国外贸依存度的发展基本一致，反映出制度转型在形成中国外向型贸易转移中的巨大推动作用。

金融开放是我国改革开放基本国策的重要组成部分，其具体进程主要取决于我国经济发展的需求、金融体制改革的深化、金融市场的发展和金融监管能力。

在 WTO 协议中，对银行业的承诺以及开放步骤，是与我国银行业现有的对外开放程度和承受能力相适应的。由于中美 WTO 谈判协议影响较广，也是我国加入 WTO 谈判的关键，因此，关于金融对外开放的阶段性进程主要以中美 WTO 谈判协议中银行业部分为主要内容。

在加入 WTO 的谈判协议中，我国对银行业主要有以下原则：一是对外资银行经营人民币业务的地域、客户仍要有限制，不能马上取消；二是将外资银行经营人民币业务的地域限制和客户限制分别实施，坚持人民币业务客户限制的开放服从于地域限制的开放；三是对外资银行跨地区经营人民币业务仍要实施限制，必须经过审批；四是在市场准入方面仍保留相应的限制，要经金融监管当局严格审批。

根据中美双边 WTO 协议有关内容，我国正式加入 WTO 后，将逐步取消目前对外资银行的下列限制：①正式加入时，取消外资银行办理外汇业务的地域和客户限制，外资银行可以对中资企业和中国居民开办外汇业务。②逐步取消外资银行经营人民币业务的地域限制。③逐步取消人民币业务客户对象限制。④加入时，已获准经营人民币业务的外资银行，经过审批可向其他已开放人民币业务的地区的客户办理人民币业务。⑤发放经营许可证应坚持审慎原则。加入后 5 年，取消所有现存的对外资银行所有权、经营和设立形式，包括对分支机构和许可证发放进行限制的非审慎性措施。⑥关于汽车消费信贷问题，协议规定，设立外资非银行金融机构提供消费信贷业务，可享受中资同类金融机构的同等待遇；外资银行可在加入后 5 年内向中国居民个人提供汽车信贷业务。

改革开放以来，按照循序渐进的原则，中国境内外资金融机构的数量在不断增加、业务范围在不断扩大，正在成为中国金融体系的重要组成部分。

1978 年以前，我国只是零星地少量利用外资，系统、全面、大规模地引进外资是在改革开放之后。从引进外资的总体思路和对外资作用的判断角度看，改革开放以后我国引进外资的过程可以分为两个明显的阶段。

第一阶段是 1978~1991 年。这一阶段的总体思路是通过引进外资弥补国内建设资金的不足以及提高我国的出口创汇能力，在地位上仅仅将外资视为国有经济的必要补充。具体做法是：随着国内改革的发展，有选择地逐步在部分行业或地区试探性地引入外资；主要方式是建立由中方主导或控股的中外合作和中外合资企业；投资规模比较小，科技含量低，以生产劳动密集型产品为主，酒店、房地产行业也占一定比重；比较有代表性的经营方式是"三来一补"，即来料加工、来件装配、来样加工和补偿贸易；外资来源主要是中国香港、中国台湾以及东南亚地区的华人资本，来自于国际知名的跨国公司的比较少。1979~1991年这13年累计实际利用外资233.48亿美元，平均每年17.96亿美元，不仅数额不大，对国家科技水平的提高和产业结构的调整作用也不大。

第二阶段是1992年至今。这一阶段的总体思路是通过引进外资提高中国经济的科技水平，加速产业结构调整，并最终实现国际竞争力的大幅度提升，在地位上把外资视为国民经济发展中一个具有战略意义的组成部分。在引进外资的主要政策目标上，由重在引进资金转向重在引进技术，外资的来源和结构发生了巨大变化，一大批世界知名跨国公司，特别是《财富》500强企业进入中国。外资进入的形式转变为以建立外商独资企业或外商主导的合资企业为主；投资规模大幅度提高，一大批跨国公司在中国建立主要生产基地；投资结构发生重大变化，高新科技产品比重不断上升。中国每年实际利用外资的数额从1992年的110.07亿美元逐步提升到2003年的535.05亿美元，12年间实际利用外商直接投资4764亿美元，平均每年397亿美元。

二、测度对外开放程度的指标体系

一个经济体的对外开放程度（openness）是指该经济体参与国际经济活动的程度。从这个定义出发，测度对外开放程度的指标可以分为两类：第一类指标通过刻画经济体制和贸易政策的开放情况来直接反映对外开放的程度，包括国内市场相对于国际市场的价格扭曲程度（Dollars，1992）、外汇的黑市交易费用（Levine，Renelt，1992）、平均关税率和非关税壁垒覆盖率（Thomas，Nash，1991）等指标，或者综合运用这些指标（Sachs，Warner，1995；Edwards，1998）；第二类指标通过度量经济体对外开放的结果来衡量对外开放程度，所使用的指标主要有对外贸易比率（即传统的外贸依存度）、对外投资比率等（Patrick et al.，1998；李翀，1998；谭影慧，2000；黄繁华，2001；许和连等，2003；

沈利生，2005）。

第一类指标着重考察经济体（主要是政府和企业）参与国际经济活动的意愿和行为，其测度结果能够直接反映经济的对外开放程度，然而由于某些指标本身定义模糊且测度困难，在实证研究中不得不用其他指标来替代，从而影响到测度结果的可信度（Harrison，1996）。此外，学者们对这类指标能否全面刻画对外开放程度也存在争议。Harrison（1996）和许和连等（2003）就认为 Dollars（1992）用于衡量贸易政策扭曲程度的价格扭曲指数中所反映的价格扭曲并不能剔除国内市场不完善等因素所引发的价格差异。此外，外汇的黑市交易费用还取决于通货膨胀、外债等因素，并非完全取决于贸易政策的开放程度。

对于第二类指标，来自数据方面的质疑较少。根据统计数据计算出的对外贸易比率等指标形式上简单、直观，所以一直为研究者广泛采用。但由于这类指标是从对外开放的结果来进行考察，并非直接进行测度，这种间接测度的方式容易招致对所选用的统计数据能否真实反映贸易政策开放程度的质疑。例如，Edwards（1998）曾经指出贸易政策扭曲严重的国家仍有可能具有很高的对外贸易比率。此外，指标所使用的统计数据可能与国家规模、外资流动等因素有较大的相关性，如大国的对外贸易比率通常较低（Harrison，1996）。第一个不足之处在第一类指标中同样存在，第二个不足之处对使用横截面数据进行跨国比较研究的影响较大，测度的结果并不能区分被测度对象是否为外向型经济，在相同或相近的数据背后可能是不同开放程度的经济体。

由于最初的国际经济活动形式主要表现为国家间的贸易往来，早期的研究主要采用对外贸易比率从考察贸易政策的开放情况来反映整个经济的对外开放程度（Quah，Rauch，1990）。为了消除国家规模和经济类型（外向型或非外向型）差异所带来的影响，Helliwell 和 Chung（1991）用对外贸易比率的当年变动额反映对外贸易程度；Edwards（1992，1998）采用实际贸易额，用 Leamer（1988）模型对贸易额的预测值的离差来修正 Quah 和 Rauch（1990）的指标。

近年来随着经济全球化的迅猛发展，国际金融和国际投资迅速增长并已成为国际经济活动的基本形式，因此金融与投资的对外开放也成为衡量一个经济体对外开放程度的重要内容。在这种情况下再简单地用单一的对外贸易比率来刻画对外开放程度显然是不合适的。基于这种考虑，李翀（1998）在沿用对外贸易比率来衡量贸易领域开放程度的同时，使用对外金融比率和对外投资比率来分别反映金融领域和投资领域的开放情况，这三个指标基本上反映了经济对外开放的主要方面，较完整地反映了一个经济体的对外开放情况。

黄繁华（2001）进一步细化了李翀（1998）的指标体系：用商品贸易开放度和服务贸易开放度分别反映实物贸易和服务贸易领域的开放度，用直接投资开放度和间接投资开放度来分别反映直接投资领域和证券投资领域的开放度。黄繁华的研究没有使用对外金融比率指标，他认为服务贸易项目下的金融服务和对外投资中的间接投资项目已经反映了金融领域的开放度。本书认为这种处理方式值得商榷，因为忽略了金融开放中两个主要参与者——金融主管当局（中央银行）和商业银行，金融领域的开放度就不能得到完整的反映。同时，忽略金融方面指标不仅使我们无法单独分析金融领域的开放情况，而且用这种方法计算出的贸易和投资开放度中包含了一定程度金融开放的影响，所以也无法准确地反映贸易和投资领域的开放情况。

此外，在权重的分配上，大部分学者都是按照主观的感觉来人为确定，缺乏客观性。例如，李翀（1998）依据主观判断分别给予贸易、金融和投资各自0.4、0.3和0.3的权重。为了克服主观分配的问题，谭影慧（2000）用某一指标当年发生额占全部指标当年国际收支总额的比重作为该指标的权重。然而考虑到包括我国在内的大多数发展中国家的实际情况——进出口贸易的发生额所占比重较大，其次是投资，最后才是金融，而开放程度较高的发达国家则更重视金融领域的开放，因此这种按发生额所占比重来确定权重的方法也不尽如人意。黄繁华（2001）文中则未提及指标权重的分配，直接将各指标值加总得到总对外开放度指数。

因此，简单地用单一的对外贸易比率衡量一个经济体的对外开放程度是不全面的和不科学的，已有的文献在度量方法、指标选择和权重分配等方面均存在一定的问题和不足之处。在以往的研究中，不论是进出口总额还是本国对外投资或接受外来直接投资的总额，所采用的数据均是该项目当期以美元统计的实际发生额，GDP 的数据是用以本币统计的当年 GDP 值除以当期汇率计算得到（李翀，1998；黄繁华，2001 等）。因此，汇率政策的扭曲会直接影响计算结果，用该方法得到的对外贸易比率和对外投资比率在很大程度上隐含了金融开放的影响，这就给分析贸易、金融和投资三个方面开放程度的变化情况带来了困难。

此外，已有的研究不同程度地存在流量指标和存量指标混用的情况。一般在计算对外贸易比率和对外投资比率时，进出口总额和投资额均使用当年发生额，属于流量指标；在计算对外金融比率时，李翀（1998）等使用了金融主管当局（中央银行）和银行机构（商业银行）的对外资产和负债总额，属于存量指标，由此得到的三个指标的性质是不一样的，因此将这三方面指标进行加总得到对外开放比率的做法是不妥当的。本书认为使用金融主管当局（中央银行）和银行机构（商业银行）对外资产和负债的当年变动额作为衡量金融开放度指标更为准确和合理。

黄繁华（2001）进一步细化了对外贸易比率指标，将其分为商品贸易开放度和服务贸易开放度两个分指标。但该文没有设置对外金融比率的做法值得商榷，因为间接投资项目反映的是一个经济体在间接融资领域的开放情况，应划归金融领域，黄繁华（2001）文中也承认这一点。而且，间接投资项目本身就是在国际收支平衡表的资本项目下用来反映资本的流动状况的。因此，本书认为对金融领域开放情况的分析是很有必要具体化的。

根据上述分析，本书从贸易、金融和投资三个方面，以八个指标为基础构造了衡量对外开放程度的变量——对外开放度指数（图6.1）[①]，具体说明如下。

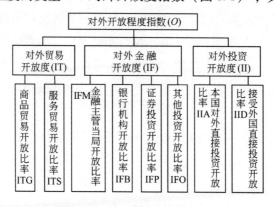

图6.1　对外开放度指数指标集

---

① 对外贸易开放度、对外金融开放度、对外投资开放度三个二级指数的形成方法、计算公式和权重分配与本书构建的市场化指数的形成方法、计算公式和权重分配方法相同。

在贸易方面，本书从商品贸易和服务贸易两个方面来考察，包括商品贸易开放比率和服务贸易开放比率两个分指标：商品贸易开放比率（ITG）＝当年商品贸易进出口总额/（GDP×第一、二产业 GDP 比重）；服务贸易开放比率（ITS）＝当年服务贸易进出口总额/（GDP×第三产业 GDP 比重）。首先，公式中使用以购买力平价（PPP）测算的 GDP 值，目的在于剔除由于汇率扭曲造成的影响，因此在整个指标体系中本书统一采用按 PPP 计算的 GDP 值；其次，本书考虑了 GDP 的产业构成，在计算商品贸易开放比率时采用第一、二产业的 GDP 值做基数，相应地在计算服务贸易开放比率时采用第三产业的 GDP 值，这样做的目的是为了剔除经济快速发展过程中产业结构自身变化对计算结果的影响。从理论上看，只有用某一项目的进出口额占相应产业总产出的比重才能反映该领域的对外开放程度。

在金融方面，除采用传统的金融主管当局对外开放比率（IFM）和银行机构对外开放比率（IFB）两个指标来分别反映金融主管当局和银行机构融入国际经济的程度之外，本书还依据国际收支平衡表中"金融项目"下的"证券投资"和"其他投资"两项构建了证券投资对外开放比率（IFP）和其他投资对外开放比率（IFO）两个指标，这两个项目反映了一个经济体在融资领域的开放情况，也应被纳入衡量金融开放的指标之中。由于金融主管当局和银行机构的对外资产和负债的统计数据均是累计值而非当年变动值，因此本书在计算时使用相应项目的当年值减去上年值，将金融主管当局开放比率和银行机构开放比率这两个指标换算成流量指标。

投资领域的开放也由两个指标合成得到，分别是本国对外直接投资开放比率（IIA）和接受外国直接投资开放比率（IID）。前者反映了本国资本参与国际竞争的状况，后者反映了本国市场对外来直接投资的开放程度。

三、中国转型期（1978～2003 年）对外开放程度与经济增长关系的实证研究

（一）数据与变量

本书分析所使用的样本取自 1978～2003 年的年度数据，数据来源于 IMF

（International Financial Statistics，2005）。用商品进出口总额（*C1A*）、服务贸易借贷额（*C1B*）指标来反映贸易的对外开放程度，用金融主管当局对外资产和债务总额（*C2A*）、银行机构对外资产和债务总额（*C2B*）、证券投资资产和债务总额（*C2C*）、其他投资资产和债务总额（*C2D*）这四个指标来反映金融的对外开放程度，用本国对外投资总额（*C3A*）和外商直接投资总额（*C3B*）来反映投资的对外开放程度。

采用以 PPP 测算的 GDP 值，数据来源于 World Resources Institute（http://earthtrends. wri. org）。之所以使用 PPP，是因为前文提到的由于汇率扭曲的影响，采用名义汇率来折算本币统计的 GDP 值，必然造成计算的贸易或投资指标含有金融开放的影响，而用 PPP 计算的 GDP 值能够很好地剔除这种影响，因此在整个指标体系中本章统一采用 PPP 计算的 GDP 值。

本书使用 GDP 平减指数来对各个指标变量的当年价进行不变价格处理，统一为 1990 年的不变价格。由于数据的自然对数变换不会改变原有的协整关系，并能使其趋势线性化，消除时间序列中存在的异方差现象，所以对各个指标变量进行自然对数变换（本节图中使用 LGDP、LC1A、LC1B、LC2A、LC2B、LC2C、LC2D、LC3A 和 LC3B 来表示 GDP 和各个对外开放程度指标的自然对数值）。

（二）时间序列的平稳性检验

在进行对外开放的贸易、金融和投资三方面变量与 GDP 的协整性分析之前，首先采用扩展的 ADF 单位根检验和 PP 单位根检验方法来检验时间序列的平稳性，再使用 Johansen 方法检验其协整关系。

使用最小信息准则——Akaike 信息准则（AIC）和 Schwarz 贝叶斯信息准则（BIC）选取 ADF 检验滞后阶，根据 Newey-West 建议值选取 PP 检验滞后阶，水平值的检验形式为带有常数项和趋势项，1 阶差分值的检验形式为带有趋势项。时间序列的平稳性检验结果见表 6.1。单位根检验结果证实各时间序列经过 1 阶差分平稳，所以都是 1 阶单整序列 *I*（1）。

表6.1 ADF 和 PP 单位根检验结果

变量	水平值检验结果				1 阶差分值检验结果			
	检验形式	ADF	检验形式	PP	检验形式	ADF	检验形式	PP
$\ln C1A$	$(C, T, 2)$	1.954 6	$(C, T, 2)$	0.706 4	$(C, 0, 1)$	$-3.042\ 2^{**}$	$(C, 0, 1)$	$-3.599\ 9^{**}$
$\ln C1B$	$(C, T, 0)$	$-1.661\ 8$	$(C, T, 1)$	$-1.489\ 8$	$(C, 0, 0)$	$-6.075\ 4^{***}$	$(C, 0, 2)$	$-5.983\ 4^{***}$
$\ln C2A$	$(0, 0, 1)$	0.718 8	$(0, 0, 7)$	1.395 6	$(0, 0, 0)$	$-7.473\ 7^{***}$	$(0, 0, 6)$	$-9.565\ 8^{***}$
$\ln C2B$	$(0, 0, 2)$	0.648 7	$(0, 0, 3)$	0.327 2	$(0, 0, 0)$	$-6.154\ 2^{***}$	$(0, 0, 2)$	$-7.197\ 2^{***}$
$\ln C2C$	$(C, T, 1)$	$-2.240\ 3$	$(C, T, 2)$	$-2.775\ 5$	$(C, 0, 1)$	$-3.105\ 4^{***}$	$(C, 0, 2)$	$-3.047\ 0^{***}$
$\ln C2D$	$(0, 0, 5)$	1.052 2	$(0, 0, 4)$	0.177 2	$(0, 0, 0)$	$-6.539\ 4^{***}$	$(0, 0, 3)$	$-7.017\ 1^{***}$
$\ln C3A$	$(C, T, 2)$	$-0.968\ 0$	$(C, T, 4)$	0.289 0	$(C, 0, 1)$	$-3.442\ 4^{**}$	$(C, 0, 3)$	$-3.020\ 2^{**}$
$\ln C3B$	$(C, T, 1)$	$-2.038\ 3$	$(C, T, 0)$	$-1.164\ 6$	$(C, 0, 1)$	$-2.998\ 0^{***}$	$(C, 0, 1)$	$-2.120\ 9^{***}$
$\ln GDP$	$(C, T, 3)$	$-3.135\ 6$	$(C, T, 2)$	$-2.088\ 3$	$(C, 0, 3)$	$-2.977\ 6^{*}$	$(C, 0, 1)$	$-2.793\ 4^{*}$

注：①使用 EViews 5.1 软件包处理；②ADF 和 PP 检验值的上标 ***、**、* 分别表示显著性水平为 1%、5% 和 10%；③检验形式 (C, T, L) 中，C、T、L 分别代表常数项、时间趋势和滞后阶数。

（三）协整检验

本书从贸易、金融和投资 3 个方面选择了 8 个衡量对外开放程度的变量，同时包含 lnGDP 和这 8 个变量的 VAR 模型需要较多的自由度。此外，从经济意义上看，按照这 3 个方面来分别建立与 lnGDP 的 VAR 模型有其合理性，故下文分别就这 3 个 VAR 模型展开讨论。

本书使用 Johansen（1996）多变量系统极大似然估计法对多变量时间序列进行协整检验，考察变量之间的长期均衡关系。首先需要确定 VAR 模型的结构。建立 VAR 模型除了要满足平稳性条件外，还应该正确确定滞后期 k。具体做法为：选择最大滞后阶数为 3，从 3 阶依次降至 1 阶来选择 VAR 模型的最优滞后阶。使用赤池信息准则（AIC）、施瓦茨准则（SC）和 LR（似然比）统计量作为选择最优滞后阶的检验标准，并用 Q 统计量检验残差序列的自相关性，怀特（White）检验其异方差性，JB（Jarque-Bera）检验其正态性。结果表明，滞后阶数为 3 的 VAR 模型对 3 个方面建立的模型的各个方程拟合优度都很好，残差序列具有平稳性。对 3 个方面建立的模型，对 VAR(3) 的回归残差序列的随机性检验表明在 5% 的显著性水平上均满足正态性、无自相关和异方差，进一步验证了 VAR(3) 为最优模型。由于基于 VAR 模型的协整检验是对无约束 VAR 模型进行协整约束后得到的 VAR 模型，其滞后期是无约束 VAR 模型 1 阶差分变量的滞后期，所以协整检验的 VAR 模型滞后期确定为 2。

通过模型选择的联合检验，确定协整方程中无截距和趋势的模型为适合贸易变量组的协整检验模型，协整方程中有截距和趋势——VAR 中有线性趋势的模型为适合金融和投资变量组的协整检验模型。表 6.2、表 6.3 和表 6.4 分别为贸易、金融和投资时间序列的 Johansen 协整检验结果。

表 6.2 对 lnGDP、lnC1A、lnC1B 序列的 Johansen 协整检验结果

零假设	备择假设	特征值	λ-trace	5% 临界值	Prob.	λ-max	5% 临界值	Prob.
$K=0$	$K=1$	0.567 5	30.873 6	24.276 0	0.006 4	19.277 5	17.797 3	0.029 7
$K\leqslant1$	$K=2$	0.265 7	11.596 1	12.320 9	0.065 9	7.102 5	11.224 8	0.240 7
$K\leqslant2$	$K=3$	0.177 5	4.493 5	4.129 9	0.040 4	4.493 5	4.129 9	0.040 4

表 6.3 对 lnGDP、lnC2A、lnC2B、lnC2C、lnC2D 序列的 Johansen 协整检验结果

零假设	备择假设	特征值	λ-trace	5% 临界值	Prob.	λ-max	5% 临界值	Prob.
$K=0$	$K=1$	0.983 1	191.929 3	79.341 5	0.000 0	93.808 7	37.163 6	0.000 0
$K\leqslant1$	$K=2$	0.912 5	98.120 6	55.245 8	0.000 0	56.038 1	30.815 1	0.000 0
$K\leqslant2$	$K=3$	0.689 2	42.082 6	35.010 9	0.007 5	26.874 8	24.252 0	0.022 0
$K\leqslant3$	$K=4$	0.344 5	15.207 6	18.397 7	0.132 2	9.712 6	17.147 7	0.424 4
$K\leqslant4$	$K=5$	0.212 5	5.495 1	3.841 5	0.019 1	5.495 1	3.841 5	0.019 1

表 6.4 对 lnGDP、lnC3A、lnC3B 序列的 Johansen 协整检验结果

零假设	备择假设	特征值	λ-trace	5% 临界值	Prob.	λ-max	5% 临界值	Prob.
$K=0$	$K=1$	0.699 4	36.960 3	35.010 9	0.030 5	27.647 5	24.252 0	0.017 1
$K\leqslant1$	$K=2$	0.226 3	9.312 8	18.397 7	0.548 3	5.900 4	17.147 7	0.826 1
$K\leqslant2$	$K=3$	0.137 9	3.412 4	3.841 5	0.064 7	3.412 4	3.841 5	0.064 7

迹检验和最大特征根检验的结果都表明 lnGDP、lnC1A 和 lnC1B 在 5% 的显著性水平下的协整个数 $k=1$，lnGDP、lnC2A、lnC2B、lnC2C、lnC2D 在 5% 的显著性水平下的协整个数 $k=3$，lnGDP、lnC3A 和 lnC3B 在 5% 的显著性水平下的协

整个数 $k = 1$。

估计出的协整关系式为

$$\text{EC}_t = \ln\text{GDP}_{t-1} - 6.7840\ln C1A_{t-1} + 8.4322\ln C1B_{t-1}$$

$$(-2.0824) \qquad (2.1458) \qquad\qquad \text{式 (6.1)}$$

$$\text{EC}_t = \ln\text{GDP}_{t-1} - 0.7616\ln C2A_{t-1} - 0.3393\ln C2B_{t-1} - 0.5775\ln C2C_{t-1}$$

$$(-23.4108) \qquad (-6.9248) \qquad (-10.1592)$$

$$- 0.3246\ln C2D_{t-1} + 0.1587t + 5.0138$$

$$(-13.8299) \qquad\qquad\qquad\qquad \text{式 (6.2)}$$

$$\text{EC}_t = \ln\text{GDP}_{t-1} + 0.0211\ln C3A_{t-1} - 0.1146\ln C3B_{t-1} - 0.0733t - 8.0946$$

$$(2.3846) \qquad (-4.5841) \qquad\qquad\qquad \text{式 (6.3)}$$

式 (6.1)、式 (6.2) 和式 (6.3) 中协整系数下面括号内为 t-检验值。对三个协整式中的 EC 进行单位根检验的结果表明 EC 序列已是平稳序列,这三个协整式反映了贸易、金融和投资这三个方面时间序列之间的长期均衡关系。

(四) 向量误差修正模型的确定

协整式 (6.1)、式 (6.2) 和式 (6.3) 反映了贸易、金融和投资这三个方面时间序列之间存在长期稳定的均衡关系,在对这种均衡关系进行 Granger 因果关系检验之前,首先须确定 VECM 的形式。

由于 ECM 的滞后期是无约束 VAR 模型一阶差分变量的滞后期,可以确定 ECM 的最优滞后期均为 2。

用 lnGDP 和商品进出口总额、服务贸易借贷额构建的 VECM:

$$\Delta\ln\text{GDP}_t = 0.0038\text{EC}_{t-1} + \begin{bmatrix} 1.0533 \\ -0.0803 \\ -0.0484 \end{bmatrix} [\Delta\ln\text{GDP} \quad \Delta\ln C1A \quad \Delta\ln C1B]_{t-1}$$

$$+ \begin{bmatrix} -0.3436 \\ -0.0851 \\ -0.0452 \end{bmatrix} [\Delta\ln\text{GDP} \quad \Delta\ln C1A \quad \Delta\ln C1B]_{t-2} \qquad \text{式(6.4)}$$

$$\Delta\ln C1A_t = -0.7413\text{EC}_{t-1} + \begin{bmatrix} 1.6749 \\ -0.2864 \\ -0.1636 \end{bmatrix} [\Delta\ln\text{GDP} \quad \Delta\ln C1A \quad \Delta\ln C1B]_{t-1}$$

$$+ \begin{bmatrix} -0.4008 \\ -0.3402 \\ -0.3209 \end{bmatrix} \begin{bmatrix} \Delta \ln GDP & \Delta \ln C1A & \Delta \ln C1B \end{bmatrix}_{t-2} - 0.1197 + 0.0124t$$

式(6.5)

$$\Delta \ln C1B_t = -1.7311 EC_{t-1} + \begin{bmatrix} 2.0272 \\ -0.4363 \\ -0.5508 \end{bmatrix} \begin{bmatrix} \Delta \ln GDP & \Delta \ln C1A & \Delta \ln C1B \end{bmatrix}_{t-1}$$

$$+ \begin{bmatrix} 0.2845 \\ -0.5248 \\ 0.0178 \end{bmatrix} \begin{bmatrix} \Delta \ln GDP & \Delta \ln C1A & \Delta \ln C1B \end{bmatrix}_{t-2} - 0.2043 + 0.0139t$$

式(6.6)

[方程（6.4）、方程（6.5）和方程（6.6）中的 EC_{t-1} 即为方程（6.1）中的 EC_t]。

根据表 6.5 的稳定性检验，有 3 个根为 1，落在单位圆上，其他的根均在单位圆内，因此 VECM 的稳定性条件得以满足；LM 自相关检验结果显示，$LM_1 = 7.3183$（$p = 0.6040$），$LM_2 = 9.6421$（$p = 0.3802$），不存在自相关；White 异方差（无交叉项）检验结果显示，$\chi^2 = 92.5320$（$p = 0.2456$），不存在异方差；联合正态性检验结果显示，Jarque-Bera 值 $= 7.7285$（$p = 0.2587$），符合正态分布。

表 6.5 贸易变量组 VECM 的稳定性检验结果

根	模
1	1
1	1
1	1
0.837 6	0.837 6
0.110 8 - 0.702 4i	0.711 1
0.110 8 - 0.702 5i	0.711 1
-0.612 9	0.612 9
0.472 7	0.472 7
-0.388 1	0.388 1

因此，VECM 稳定而且不存在设定偏差，验证了贸易变量组 VECM 的有效性，根据 VECM 得出的因果关系、方差分解、脉冲响应是稳健、可靠的。

同理，用 lnGDP 和金融主管当局资产负债、银行机构资产负债、证券投资资产负债和其他投资资产负债变量构建的 VECM 为

$$
\Delta \ln GDP_t = \begin{bmatrix} 1.1324 \\ 0.0132 \\ 0.0011 \\ -0.0134 \\ -0.0027 \end{bmatrix} \begin{bmatrix} \Delta \ln GDP & \Delta \ln C2A & \Delta \ln C2B & \Delta \ln C2C & \Delta \ln C2D \end{bmatrix}_{t-1}
$$

$$
+ \begin{bmatrix} -0.8929 \\ 0.0052 \\ -0.0097 \\ 0.0084 \\ -0.0027 \end{bmatrix} \begin{bmatrix} \Delta \ln GDP & \Delta \ln C2A & \Delta \ln C2B & \Delta \ln C2C & \Delta \ln C2D \end{bmatrix}_{t-2}
$$

$$
- 0.0147 EC_{t-1} + 0.079 - 8.3734 \times 10^{-4} t \qquad \text{式}(6.7)
$$

$$
\Delta \ln C2A_t = \begin{bmatrix} 16.9463 \\ 1.7627 \\ 0.6585 \\ 0.5657 \\ 0.5904 \end{bmatrix} \begin{bmatrix} \Delta \ln GDP & \Delta \ln C2A & \Delta \ln C2B & \Delta \ln C2C & \Delta \ln C2D \end{bmatrix}_{t-1}
$$

$$
+ \begin{bmatrix} 10.1574 \\ 1.1643 \\ -0.5721 \\ 1.2257 \\ 1.0649 \end{bmatrix} \begin{bmatrix} \Delta \ln GDP & \Delta \ln C2A & \Delta \ln C2B & \Delta \ln C2C & \Delta \ln C2D \end{bmatrix}_{t-2}
$$

$$
+ 3.1065 EC_{t-1} - 3.4928 + 0.0239 t \qquad \text{式}(6.8)
$$

$$\Delta \ln C2B_t = \begin{bmatrix} 29.7849 \\ 1.6485 \\ -0.4968 \\ -0.4310 \\ 0.8964 \end{bmatrix} \begin{bmatrix} \Delta \ln \text{GDP} & \Delta \ln C2A & \Delta \ln C2B & \Delta \ln C2C & \Delta \ln C2D \end{bmatrix}_{t-1}$$

$$+ \begin{bmatrix} -27.3035 \\ 0.3972 \\ -1.0081 \\ 1.1926 \\ 1.0043 \end{bmatrix} \begin{bmatrix} \Delta \ln \text{GDP} & \Delta \ln C2A & \Delta \ln C2B & \Delta \ln C2C & \Delta \ln C2D \end{bmatrix}_{t-2}$$

$$+ 2.0363 \text{EC}_{t-1} - 0.8288 + 0.0164t \qquad \qquad \text{式}(6.9)$$

$$\Delta \ln C2C_t = \begin{bmatrix} 8.0829 \\ 0.3774 \\ -0.1123 \\ 0.2551 \\ 0.1661 \end{bmatrix} \begin{bmatrix} \Delta \ln \text{GDP} & \Delta \ln C2A & \Delta \ln C2B & \Delta \ln C2C & \Delta \ln C2D \end{bmatrix}_{t-1}$$

$$+ \begin{bmatrix} -13.8085 \\ 0.1800 \\ -0.1329 \\ 0.0974 \\ 0.2921 \end{bmatrix} \begin{bmatrix} \Delta \ln \text{GDP} & \Delta \ln C2A & \Delta \ln C2B & \Delta \ln C2C & \Delta \ln C2D \end{bmatrix}_{t-2}$$

$$+ 0.3557 \text{EC}_{t-1} + 0.8685 - 0.0212t \qquad \qquad \text{式}(6.10)$$

$$\Delta \ln C2D_t = \begin{bmatrix} 18.0487 \\ -1.6290 \\ -0.3404 \\ -0.3882 \\ -1.2980 \end{bmatrix} \begin{bmatrix} \Delta \ln \text{GDP} & \Delta \ln C2A & \Delta \ln C2B & \Delta \ln C2C & \Delta \ln C2D \end{bmatrix}_{t-1}$$

$$+ \begin{bmatrix} -33.0641 \\ -0.9264 \\ -0.5553 \\ 0.9619 \\ -0.9117 \end{bmatrix} \begin{bmatrix} \Delta\ln GDP & \Delta\ln C2A & \Delta\ln C2B & \Delta\ln C2C & \Delta\ln C2D \end{bmatrix}_{t-2}$$

$$-2.4557 EC_{t-1} + 2.1538 + 0.0049t \qquad\qquad 式(6.11)$$

方程（6.7）~方程（6.11）中的 EC_{t-1} 即为方程（6.2）中的 EC_t。

根据表 6.6 的稳定性检验，有 4 个根为 1，落在单位圆上，其他的根均在单位圆内，因此 VECM 的稳定性条件得以满足；LM 自相关检验结果显示，$LM_1 = 31.6348$（$p = 0.1689$），$LM_2 = 29.6402$（$p = 0.2380$），不存在自相关；联合正态性检验结果显示，Jarque-Bera 值 $= 72.6452$（$p = 0.9932$），符合正态分布。

表 6.6　金融变量组 VECM 的稳定性检验结果

根	模
1	1
1	1
1	1
1	1
-0.915 737	0.915 7
-0.392 8 - 0.734 9i	0.833 3
-0.392 8 + 0.734 9i	0.833 3
-0.000 2 - 0.813 7i	0.813 7
-0.000 2 + 0.813 7i	0.813 7
0.632 0 - 0.445 7i	0.773 4
0.632 0 + 0.445 7i	0.773 4
-0.254 2 - 0.715 7i	0.759 5
-0.254 2 + 0.715 7i	0.759 5
0.411 0 - 0.612 3i	0.737 5
0.411 0 + 0.612 3i	0.737 5

因此，VECM 稳定而且不存在设定偏差，验证了金融变量组 VECM 的有效

性，根据 VECM 得出的因果关系、方差分解、脉冲响应是稳健的和可靠的。各误差修正模型中方程（6.8）~ 方程（6.10）中的误差修正项（EC_{t-1}）均显著为正，均为正反馈；方程（6.7）和方程（6.11）中的误差修正项（EC_{t-1}）均显著为负，均为负反馈。

同样，用 lnGDP 和本国对外投资、外国直接投资变量构建的 VECM 为

$$\Delta \ln GDP_t = -0.6840 EC_{t-1} + \begin{bmatrix} 0.6063 \\ 0.0115 \\ -0.0383 \end{bmatrix} \begin{bmatrix} \Delta \ln GDP & \Delta \ln C3A & \Delta \ln C3B \end{bmatrix}_{t-1}$$

$$+ \begin{bmatrix} -0.2679 \\ 0.0124 \\ -0.0329 \end{bmatrix} \begin{bmatrix} \Delta \ln GDP & \Delta \ln C3A & \Delta \ln C3B \end{bmatrix}_{t-2} + 0.0895 - 0.111t$$

式(6.12)

$$\Delta \ln C3A_t = -7.3732 EC_{t-1} + \begin{bmatrix} 4.4098 \\ -0.5117 \\ 0.6766 \end{bmatrix} \begin{bmatrix} \Delta \ln GDP & \Delta \ln C3A & \Delta \ln C3B \end{bmatrix}_{t-1}$$

$$+ \begin{bmatrix} -4.4912 \\ -0.0316 \\ -0.2314 \end{bmatrix} \begin{bmatrix} \Delta \ln GDP & \Delta \ln C3A & \Delta \ln C3B \end{bmatrix}_{t-2} + 0.7276 - 0.0191t$$

式(6.13)

$$\Delta \ln C3B_t = -1.4038 EC_{t-1} + \begin{bmatrix} 1.5000 \\ 0.0527 \\ 0.6766 \end{bmatrix} \begin{bmatrix} \Delta \ln GDP & \Delta \ln C3A & \Delta \ln C3B \end{bmatrix}_{t-1}$$

$$+ \begin{bmatrix} -4.4912 \\ -0.0316 \\ -0.2314 \end{bmatrix} \begin{bmatrix} \Delta \ln GDP & \Delta \ln C3A & \Delta \ln C3B \end{bmatrix}_{t-2} + 0.7276 - 0.0191t$$

式(6.14)

方程（6.12）~ 方程（6.14）中的 EC_{t-1} 即为方程（6.3）中的 EC_t。

根据表 6.7 的稳定性检验，有 2 个根为 1，落在单位圆上，其他的根均在单位圆内，因此 VECM 的稳定性条件得以满足；LM 自相关检验结果显示，$LM_1 =$

14.7591（$p = 0.0978$），$LM_2 = 8.8505$（$p = 0.4512$），不存在自相关（在5%的显著性水平下）；White异方差（无交叉项）检验结果显示，$\chi^2 = 109.0738$（$p = 0.1707$），不存在异方差；联合正态性检验结果显示，Jarque-Bera值 $= 9.9690$（$p = 0.1260$），符合正态分布。

表6.7　投资变量组 VECM 的稳定性检验结果

根	模
1	1
1	1
$-0.2844 - 0.8749i$	0.9200
$-0.2844 + 0.8749i$	0.9200
$0.6364 - 0.54719i$	0.8392
$0.6364 + 0.5471i$	0.8392
$0.2025 - 0.8027i$	0.8278
$0.2025 + 0.8027i$	0.8278
-0.4089	0.4089

因此，VECM稳定而且不存在设定偏差，验证了投资变量组 VECM 的有效性，根据 VECM 得出的因果关系、方差分解、脉冲响应是稳健的和可靠的。各误差修正模型［方程（6.12)~方程（6.14）］中的误差修正项（EC_{t-1}）均显著为负，均为负反馈。

（五）因果关系检验结果

由于三组误差修正模型的各方程（6.4)~方程（6.6）、方程（6.7)~方程（6.11）、方程（6.12)~方程（6.14）的随机扰动项都具有独立同分布的白噪声性质，因此可以使用 Wald 检验对 VECM 各个方程系数的显著性进行联合检验，以此来判别各变量因果关系的方向。对3组 VECM 的 Granger 因果检验结果见表6.8、表6.9和表6.10。

表6.8给出了基于 VECM 的 Granger 因果关系检验结果。对右方3个变量各自的 Wald-F 检验结果可以表明该变量的变化是否在短期影响左侧变量的增长，而 Wald-F 联合检验结果可以证实右方3个变量是否共同构成了左侧变量的短期

Granger 原因。误差修正项的 t 检验表明右方 3 个变量与左侧变量之间是否存在长期的因果关系。

表 6.8 基于包含 GDP 和贸易指标的 VECM 的 Granger 因果检验结果

Granger 结果 \ Granger 原因		$\Delta\ln$GDP	$\Delta\ln C1A$	$\Delta\ln C1B$	联合检验	误差修正项 t - 检验
$\Delta\ln$GDP	H_0		$\theta_{1i}=0$	$\gamma_{1i}=0$	全为 0	$\lambda_1=0$
	F		2.858 0	1.102 0	5.028 4	0.003 8 ***
$\Delta\ln C1A$	H_0	$\alpha_{2i}=0$		$\gamma_{2i}=0$	全为 0	$\lambda_2=0$
	F	4.849 7 *		2.397 5	7.620 4 *	0.017 3 ***
$\Delta\ln C1B$	H_0	$\alpha_{3i}=0$	$\theta_{3i}=0$		全为 0	$\lambda_3=0$
	F	2.276 4	0.814 9		3.272 0	0.015 9 ***

注：F 检验值的上标 ＊＊＊、＊＊、＊ 分别表示显著水平为 1%、5% 和 10%。

从基于包含 GDP 和贸易指标的 VECM 的均衡误差修正系数 λ 在各方程中的统计显著性检验结果可以看出，在长期，三个变量中的任意两个变量的增长都是第三个变量增长的 Granger 原因，即：商品进出口总额（$C1A$）和服务贸易借贷额（$C1B$）的增加是 GDP 增长的 Granger 原因；GDP 增长和服务贸易借贷额（$C1B$）的增加是商品进出口总额（$C1A$）增加的 Granger 原因；GDP 增长和商品进出口总额（$C1A$）的增加是服务贸易借贷额（$C1B$）增加的 Granger 原因。然而，联合检验的结果表明，在短期，只有 GDP 增长和服务贸易借贷额（$C1B$）的增加构成了商品进出口总额（$C1A$）增加的 Granger 原因。

在短期，GDP 增长是商品进出口总额（$C1A$）单方向的 Granger 原因。

从基于包含 GDP 和金融指标的 VECM 的均衡误差修正系数 λ 在各方程中的统计显著性检验结果可以看出（表 6.9），在长期，GDP、银行机构对外资产和债务总额（$C2B$）、证券投资资产和债务总额（$C2C$）、其他投资资产和债务总额（$C2D$）的增加是金融主管当局对外资产和债务总额（$C2A$）增加的 Granger 原因；GDP、金融主管当局对外资产和债务总额（$C2A$）、证券投资资产和债务总额（$C2C$）、其他投资资产和债务总额（$C2D$）的增加是银行机构对外资产和债务总额（$C2B$）增加的 Granger 原因。另外，通过联合检验可以看出，在短期，这两个长期因果关系仍然成立。此外，GDP、金融主管当局对外资产和债务总额

（C2A）、银行机构对外资产和债务总额（C2B）、证券投资资产和债务总额（C2C）的增加是其他投资资产和债务总额（C2D）增加的 Granger 原因。

表 6.9 基于包含 GDP 和金融指标的 VECM 的 Granger 因果检验结果

Granger 原因 / Granger 结果		ΔlnGDP	ΔlnC2A	ΔlnC2B	ΔlnC2C	ΔlnC2D	联合检验	误差修正项 t 检验
ΔlnGDP	H_0		$\theta_{1i}=0$	$\gamma_{1i}=0$	$\delta_{1i}=0$	$\varepsilon_{1i}=0$	全为 0	$\lambda_1=0$
	F		0.2269	0.6560	0.2777	6.2585**	7.6479	-0.4552
ΔlnC2A	H_0	$\alpha_{2i}=0$		$\gamma_{2i}=0$	$\delta_{2i}=0$	$\varepsilon_{2i}=0$	全为 0	$\lambda_2=0$
	F	45.9346***		50.0912***	32.1277***	23.9160***	132.2934***	6.7270***
ΔlnC2B	H_0	$\alpha_{3i}=0$	$\theta_{3i}=0$		$\delta_{3i}=0$	$\varepsilon_{3i}=0$	全为 0	$\lambda_3=0$
	F	5.7279*	10.4238***		4.5599*	6.3947**	14.0772*	2.5199***
ΔlnC2C	H_0	$\alpha_{4i}=0$	$\theta_{4i}=0$	$\gamma_{4i}=0$		$\varepsilon_{4i}=0$	全为 0	$\lambda_4=0$
	F	7.1441**	1.0284	1.1809		2.0023	12.8645	0.8208
ΔlnC2D	H_0	$\alpha_{5i}=0$	$\theta_{5i}=0$	$\gamma_{5i}=0$	$\delta_{5i}=0$		全为 0	$\lambda_5=0$
	F	4.1394	2.4619	1.3669	8.0879**		14.1525*	-1.7489

注：F 检验值的上标 ***、**、* 分别表示显著水平为 1%、5% 和 10%。

从基于包含 GDP 和金融指标的 VECM 的均衡误差修正系数 λ 在各方程中的统计显著性检验结果可以看出，在长期，GDP、银行机构对外资产和债务总额（C2B）、证券投资资产和债务总额（C2C）、其他投资资产和债务总额（C2D）的增加是金融主管当局对外资产和债务总额（C2A）增加的 Granger 原因；GDP、金融主管当局对外资产和债务总额（C2A）、证券投资资产和债务总额（C2C）、其他投资资产和债务总额（C2D）的增加是银行机构对外资产和债务总额（C2B）增加的 Granger 原因。另外，通过联合检验可以看出，在短期，这两个长期因果关系仍然成立。此外，GDP、金融主管当局对外资产和债务总额（C2A）、银行机构对外资产和债务总额（C2B）、证券投资资产和债务总额（C2C）的增加是其他投资资产和债务总额（C2D）增加的 Granger 原因。

在短期，存在单方向 Granger 因果关系的变量有（图 6.2）：其他投资资产和债务总额（C2D）的增加是 GDP 增长的 Granger 原因，其余 4 个变量的增长都是金融主管当局对外资产和债务总额（C2A）增加的 Granger 原因，除其他投资资产和债务总额（C2D）外的 3 个变量的增长都是银行机构对外资产和债务总额

（C2B）增加的 Granger 原因，GDP 的增长是证券投资资产和债务总额（C2C）增加的 Granger 原因，而证券投资资产和债务总额（C2C）的增加是其他投资资产和债务总额（C2D）增加的 Granger 原因，其他投资资产和债务总额（C2D）的增加是 GDP 增长的 Granger 原因。其中，金融主管当局对外资产和债务总额（C2A）与银行机构对外资产和债务总额（C2B）之间存在双向因果关系。

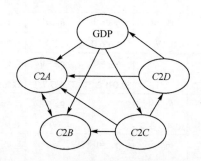

图 6.2　基于包含 GDP 和金融指标的 VECM 的短期 Granger 因果关系图

从基于包含 GDP 和投资指标的 VECM 的均衡误差修正系数 λ 在各方程中的统计显著性检验结果可以看出（表 6.10），在长期，本国对外投资总额（C3A）和外商直接投资总额（C3B）的增加构成了 GDP 增长的 Granger 原因，但是联合检验的结果证实，在短期内该因果关系并不存在。

在短期，外商直接投资总额（C3B）的增加构成了 GDP 增长的 Granger 原因。

表 6.10　基于包含 GDP 和投资指标的 VECM 的 Granger 因果检验结果

Granger 结果 ＼ Granger 原因		ΔlnGDP	Δln$C3A$	Δln$C3B$	联合检验	误差修正项 t-检验
ΔlnGDP	H_0		$\theta_{1i}=0$	$\gamma_{1i}=0$	全为 0	$\lambda_1=0$
	F		3.868 8	5.283 8 *	5.891 3	$-4.556\ 4$ ***
Δln$C3A$	H_0	$\alpha_{2i}=0$		$\gamma_{2i}=0$	全为 0	$\lambda_2=0$
	F	0.326 4		2.572 2	4.415 0	$-1.072\ 2$
Δln$C3B$	H_0	$\alpha_{3i}=0$	$\theta_{3i}=0$		全为 0	$\lambda_3=0$
	F	3.900 8	1.085 1		5.022 1	$-0.747\ 5$

注：F 检验值的上标 ***、**、* 分别表示显著水平为 1%、5% 和 10%。

（六）结论

对外贸易与经济增长关系的研究结果表明：

（1）在长期，三个变量中任意两个变量的增长都是第三个变量增长的 Granger 原因，即商品进出口总额（$C1A$）和服务贸易借贷额（$C1B$）的增加是 GDP 增长的 Granger 原因，GDP 增长和服务贸易借贷额（$C1B$）的增加是商品进出口总额（$C1A$）增加的 Granger 原因，GDP 增长和商品进出口总额（$C1A$）的增加是服务贸易借贷额（$C1B$）增加的 Granger 原因。

（2）联合检验的结果表明，在短期，只有 GDP 增长和服务贸易借贷额（$C1B$）的增加构成了商品进出口总额（$C1A$）增加的 Granger 原因。

（3）在短期，GDP 增长是商品进出口总额（$C1A$）单方向的 Granger 原因。

金融对外开放与经济增长关系的研究结果表明：

（1）在长期，GDP、银行机构对外资产和债务总额（$C2B$）、证券投资资产和债务总额（$C2C$）、其他投资资产和债务总额（$C2D$）的增加是金融主管当局对外资产和债务总额（$C2A$）增加的 Granger 原因，GDP、金融主管当局对外资产和债务总额（$C2A$）、证券投资资产和债务总额（$C2C$）、其他投资资产和债务总额（$C2D$）的增加是银行机构对外资产和债务总额（$C2B$）增加的 Granger 原因。

（2）联合检验证实了在短期上面这两个长期因果关系仍然成立。此外，GDP、金融主管当局对外资产和债务总额（$C2A$）、银行机构对外资产和债务总额（$C2B$）、证券投资资产和债务总额（$C2C$）的增加是其他投资资产和债务总额（$C2D$）增加的 Granger 原因。

（3）在短期，各变量之间存在单方向和双向 Granger 因果关系（图 6.2）。

投资对外开放与经济增长关系的研究结果表明：

（1）在长期，本国对外投资总额（$C3A$）和外商直接投资总额（$C3B$）的增加构成了 GDP 增长的 Granger 原因，但是联合检验的结果证实，在短期内该因果关系并不存在。

（2）在短期，外商直接投资总额（$C3B$）的增加构成了 GDP 增长的 Granger 原因。

总之，对外开放程度与经济增长的协整分析表明，在长期，对外贸易、投资两个方面在中国的经济增长中能够发挥"发动机"效应，这也是古典经济学和现代经济学对于对外贸易和投资对经济增长的贡献问题上达成的基本共识；而金融领域的对外开放在长短期中与经济增长之间的相互关系则很复杂，需要进一步研究和探讨。

四、本章小结

本章的目的在于考察在 1978～2003 年经济转型期间中国经济对外开放程度的变化情况，从贸易开放、金融开放和投资开放 3 个方面，以 8 个指标为基础构造了衡量对外开放程度的指标体系，从对外开放的角度来刻画中国的经济制度变迁，并运用协整理论对贸易开放、金融开放和投资开放变量组与经济增长的协整关系和因果关系进行了分析。

中国对外开放 3 个方面的变化是不稳定和波动的，其市场化改革的进程是不一致的。与政府行为方式市场化、企业市场化和产品市场发育市场化等方面的经济制度变迁过程相比较，对外开放程度的波动较大。本书认为这与对外开放度指数的构成指标有关：投资和贸易这两个方面不仅受国家经济形势和政策影响，在相当大的程度上还受到国际经济形势和政治因素的影响，如对外开放程度分指数在 1989 年的波谷就与此有关。

对贸易开放、金融开放和投资开放变量组与 GDP 的协整分析结果证实了对外开放进程与经济增长之间存在长期稳定的动态均衡关系，各变量组和 GDP 之间存在因果关系。

根据本章的研究，可以根据所构建的这一指标体系把握中国在经济转型过程中对外开放程度的主要特征，可以用来考察转型过程中对外开放程度变革的相对程度。

第七章

产品市场的发育进程与经济增长

中国从 1978 年末开始了以经济体制市场化改革为核心内容的制度变迁过程，在产品市场的发育方面，价格改革已经取得了显著的成就，价格形成机制已由高度集中的计划价格机制转变为市场价格机制，改革之前由国家统一制定商品和劳务价格的局面已被打破，绝大多数商品和劳务的价格已由市场自发形成。我国价格机制的市场化进程是由价格体制改革推动的，因此，产品市场的发育进程（即价格体制的市场化进程）是和价格改革的进程相一致的。

一、中国转型期（1978～2003 年）产品市场发育进程

中国 1978 年以前的价格体制是高度集中的计划经济体制，计划价格体制在中国经济发展史上曾发挥过积极的作用，但是随着经济的发展，它的弊端也日益显现。表现在：计划价格不随市场情况变化，既不反映价值，也不反映供求，农产品、原材料、能源和交通运输价格普遍低于价值，生产成本得不到应有的补偿，制约了经济的发展和生产结构的调整，也加重了国家财政的负担。根据陈宗胜（1999b）的研究，1978 年以来价格体制的改革历程大体上可以分为以下五个阶段：

（1）1979～1984 年，改革的初始阶段。这个阶段的特点是以"调"为主。由于重点突出、措施稳妥、力度适当，收到了较好的效果，初步改善了不合理的价格结构。但是，这一阶段的调整仍是在计划体制的框架内进行的，调整某些产品的价格，并不能解决计划价格的僵化和各种产品相对成本不断变化的矛盾，新的价格扭曲不断产生。各产业部门争先恐后要求调整价格，采取各种手段争取调价，使物价部门难以招架。这种局面使政府有关部门认识到价格形成机制市场化

的必要性，这为价格改革向新的阶段发展创造了条件。

（2）1984～1988年，价格改革的展开阶段。这个阶段的特点是"调"、"放"结合。价格改革从管理体制和价格结构两方面全面展开，把市场机制引入价格形成和管理过程，初步形成了国家定价、国家指导价和市场调节价三种价格形式并行的新格局。这一阶段的价格改革从管理体制和价格结构调整上都取得了长足的进展，但相应的配套改革和宏观调控措施未能及时跟上，一些产品的价格出现了一定程度的失控，再加上经济过热使经济生活中出现了明显的通货膨胀，抢购风潮迭起。同时，重要生产资料的双轨价格助长了走后门、拉关系、倒卖计划内商品等腐败行为的滋生和蔓延。这一阶段的改革是推进价格形成市场化的重要步骤，但也造成了经济秩序混乱的局面，迫使政府部门采取治理整顿措施。

（3）1988～1991年，治理整顿阶段。这个阶段以治理通货膨胀、整顿经济秩序、控制全社会零售价格总水平为重点，增强对价格的宏观调控能力和综合治理能力。这一阶段的措施抑制了通货膨胀，恢复了经济秩序，为价格改革的深化创造了条件。但治理整顿主要还是依靠强化计划管理手段，因此，在某些方面出现了价格形成市场化进程的倒退，计划经济的思想方法也有一定程度的回潮。

（4）1992～1993年，价格改革的深化阶段。这个阶段的特点是以"放"为主，初步建立了以市场形成价格为主的价格机制。邓小平同志的"南巡"谈话重新启动了价格形成市场化的进程。这一阶段的改革使绝大多数商品价格在市场上形成，反过来又能发挥对经济过程的调节作用，对促进整个经济体系的市场化进程有非常积极的意义。大部分生产资料价格的放开消除了价格双轨制的弊病。这一阶段的改革是价格形成市场化的关键步骤。

（5）1994年至今，价格改革不断完善阶段。由于我国经济生活中出现了严重的通货膨胀，因此，在这个阶段国家把治理通货膨胀作为宏观调控的首要任务。其特点是控制物价上涨，稳定人民生活，加强宏观调控，加大价格管理力度。这一阶段国家收回部分定价权是在审时度势的情况下，对不应放开或尚不具备放开条件的商品进行有效管理，以期扭转价格秩序混乱的局面。这种不断完善的价格管理，正是向价格形成市场化迈进的推动力量。

自从卢中原和胡鞍钢（1993）首次在国内提出市场化指数，并且将其应用于中国宏观经济增长的研究以来，学术界一直采用价格市场化指数来衡量产品市场的发育进程。卢中原和胡鞍钢（1993）使用农产品收购价格中非国家定价的比重作为价格市场化指数，样本区间为 1979～1992 年，之所以没有使用其他指标，主要原因在于统计数据的缺失。

江晓薇和宋红旭（1995）在计算市场对内开放度时对价格管理的评价使用了零售商品、农副产品、生产资料国家定价比重，工业品出厂价格国家定价比重，原材料、燃料、动力购进价格国家调拨比重等 5 项指标，他们的研究仅仅对 1994 年中国的市场经济度进行了测度，并且使用这套指标与西方主要国家如美国、英国等的市场经济度进行了比较。

国家计委市场与价格研究所课题组（1996）认为，国家计委价格管理司沿用原国家物价局的方法统计的三种价格形式比重在内容上互不对应，无法进行加权综合，加之存在有价格管制而无数量管制的情况，因而尚不能直接反映我国商品市场化程度。他们提出的测度方法是：①对商品市场化程度按生产环节和流通环节分类考察；②市场化或非市场化的确认，以数量管制与价格管制相统一为基本依据，对价格管制大于数量管制部分，按市场实际运行情况分别处理；③对生产环节与流通环节在商品整体市场化程度中的权重，按照 1994 年商业与非商业（农业、工业、建筑业、交通邮电业）创造的增加值在物质生产部门国内生产总值中的比重确定。

顾海兵（1997）认为我国价格的市场化程度仍为 60%，属于发展中市场经济中期，国家仍对重要商品与劳务有定价权或价格控制权，然而他在文中并未给出具体的计算方法和所采用的指标体系。

陈宗胜（1999b）的研究给出了具体的指标体系和计算方法，使用国家计委价格管理司沿用原国家物价局的方法统计的三种价格形式比重作为评价产品市场发育程度的指标体系，并使用 1990 年社会商品零售、农副产品收购和生产资料销售收入在总金额中所占的比重作为权数，从而估算价格形成市场化程度。对于卢中原和胡鞍钢（1993）遇到数据不全的情况，陈宗胜（1999b）采用了对代表性年份进行估计而非舍弃指标的做法，由于 1990～1995 年国家计委价格司提供了社会商品零售、农副产品收购和生产资料销售收入的三种价格形式比重，在此基础上，陈宗胜（1999b）估计了 1979 年、1984 年、1988 年三个年份的价格形成市场化程度指数，构建了改革以来较为完整的价格形成市场化程度指数的时间序列。

然而由于中间年份的数据缺失，学者们在实证研究中仍然难以使用陈宗胜（1999b）构建的价格形成市场化程度指数，已经发表的文献仍然是直接使用农副产品收购中市场调节价的比重（金玉国，1998，2001；王文博等，2002；傅晓霞等，2002）。

樊纲等（2001，2003，2004）在构建中国各地区市场化进程相对指数时使用了两个方面指标：价格由市场决定的程度和减少商品市场上的地区贸易壁垒。对于第一方面价格由市场决定的程度，樊纲等沿用国家计委价格司提供的社会商品零售、农副产品收购和生产资料销售收入的三种价格形式中市场调节价的比重加权形成方面指数；对于第二方面减少商品市场上的地区贸易壁垒，采用各地抽样调查样本企业在全国各省市自治区销售产品时遇到的贸易壁垒（"歧视性"贸易保护措施——陈述的件数）与相应省区的经济规模（GDP）之比，然后进行评分。樊纲等从 1999 年开始构造中国各地区市场化进程的相对指数，对于以前的年份因为数据缺失（尤其是调查、普查数据的缺失）则无法使用其方法。

国外的研究主要着眼于国家间进行比较研究的"经济自由度"，三大机构均使用国际贸易税收、贸易壁垒、官方利率和黑市利率差异、对国际资本的管制这几个指标〔Heritage Fundation（Johnson et al.，1998）、Fraser Institute（Gwartney，1996，2001）、Freedom House（2002）〕。

二、测度产品市场发育进程的指标体系

价格形成市场化有狭义和广义之分。从狭义上讲，价格形成市场化是指商品的生产者和经营者根据市场运行规则和供求状况自主制定价格的行为过程。我国现行的市场调节价可归入该范畴之中，另外国家指导价也部分具有市场化的性质。从广义上讲，价格形成市场化还应包括国家管制的那部分商品价格的形成，其价格制定也应依据成本和利润，考虑市场供求状况，使其符合价值规律。本书所涉及的价格形成市场化及其程度一般是从狭义上来理解的。价格形成市场化的程度随着我国价格改革的逐步深化而不断提高。因为价格管理体制改革的过程就是不断下放定价权的过程，就是让价格恢复本来面目回到市场、回到交换中的过程。

从上一节的文献综述可知，对中国价格形成市场化进程进行测度可以从四个方面进行：社会商品零售、农副产品收购、工业生产资料和行政事业性与经营性服务收费。一般的方法是对这四个方面内的每一类别进行价格形成市场化测度，然后通过加权平均的方法测算出每个部分的价格形成市场化的程度，将每个部分价格形成市场化程度再加权平均，就得出价格形成的总体市场化程度。由于我国物价部门在计算三种价格形式及其比重时，没有将收费部分统计在内，因此，在测算价格形成市场化程度时，只能以前三部分为基础。

本书使用价格由市场决定的程度方面指标来衡量产品市场的发育程度：①社会零售商品中价格由市场决定部分所占比重（$D1$）；②生产资料销售收入中价格由市场决定的部分所占比重（$D2$）；③农副产品收购中价格由市场决定的部分所占比重（$D3$）。

三、中国转型期（1978～2003 年）产品市场发育进程与经济增长关系的实证研究

（一）数据与变量

如前所述，由于我国物价部门从 1990 年才开始公布对三种价格形式及其比重的统计结果，以往的研究只能选择数据较齐全的农副产品收购中价格由市场决定的部分所占比重（$D3$）来作为价格由市场决定程度的衡量指标。为了对中国 1978 年以来的产品市场发育进程有一个全面的了解，必须对这三个指标中缺失的数据进行分析和估计。

具体的数据收集与处理过程如下：

（1）国家计委价格司（1998，1999，2000）提供了 1990～1999 年度三部分的三种价格形式比重；《中国物价年鉴（2000～2001）》（2002）提供了 2000～2001 年度三部分的三种价格形式比重数据；国家发展与改革委员会价格司（2004，2005）提供了 2002、2003 年度三部分的三种价格形式比重数据。

（2）张卓元（1992）提供了 1985～1989 年度社会商品零售总额和农副产品收购总额这两部分中三种价格形式比重的数据，其数据与国家物价局价格信息中心提供的数据一致。

（3）张卓元（1992）提供了 1978 年三部分的三种价格形式比重的数据，同时，该文提供了农产品收购总额部分三种价格形式比重的数据。

（4）对于社会商品零售总额和生产资料销售收入总额中三种价格形式比重缺失数据（前者缺 1979～1984 年份数据，后者缺 1979～1989 年份数据）的情况，本书使用 SAS8.2 软件包的时间序列模块进行估计，将得到的数据汇总于表 7.1。

表 7.1 1978～2003 年我国三种价格形式的比重表 （单位:%）

年份	社会商品零售总额			生产资料销售收入总额			农副产品收购总额		
	国家定价比重	国家指导价比重	市场调节价比重	国家定价比重	国家指导价比重	市场调节价比重	国家定价比重	国家指导价比重	市场调节价比重
1978	97.00	0.00	3.00	100.00	0.00	0.00	92.60	1.80	5.60
1979	89.85	0.61	9.54	92.79	5.42	1.78	88.40	4.90	6.70
1980	82.59	3.79	13.62	88.86	8.77	2.37	82.30	9.50	8.20
1981	75.32	6.98	17.70	84.93	11.94	3.13	79.10	11.50	9.40
1982	68.06	10.17	21.77	81.00	14.87	4.12	78.30	11.50	10.20
1983	60.79	13.36	25.85	77.07	17.50	5.43	76.10	13.40	10.50
1984	53.53	16.55	29.93	73.14	19.72	7.14	67.50	14.40	18.10
1985	47.00	19.00	34.00	69.21	21.41	9.38	37.00	23.00	40.00
1986	35.00	25.00	40.00	65.28	22.41	12.31	35.30	21.00	43.70
1987	33.70	28.00	38.30	61.35	22.50	16.16	29.40	16.80	53.80
1988	28.90	21.80	49.30	57.42	21.40	21.18	24.00	19.00	57.00
1989	31.30	23.20	45.50	53.49	18.74	27.77	35.30	24.30	40.40
1990	29.80	17.20	53.00	44.60	19.00	36.40	25.00	23.40	51.60
1991	20.90	10.30	68.80	36.00	18.30	45.70	22.20	20.00	57.80
1992	5.90	1.10	93.00	18.70	7.50	73.80	12.50	5.70	81.80
1993	4.80	1.40	93.80	13.80	5.10	81.10	10.40	2.10	87.50
1994	7.20	2.40	90.40	14.70	5.30	80.00	16.60	4.10	79.30
1995	8.80	2.40	88.80	15.60	6.50	77.90	17.00	4.40	78.60
1996	6.30	1.20	92.50	14.00	4.90	81.00	16.90	4.10	79.00
1997	5.50	1.30	93.20	13.60	4.80	81.60	16.10	3.40	80.50
1998	4.10	1.20	94.70	9.60	4.40	86.00	9.10	7.10	83.80

续表

年份	社会商品零售总额			生产资料销售收入总额			农副产品收购总额		
	国家定价比重	国家指导价比重	市场调节价比重	国家定价比重	国家指导价比重	市场调节价比重	国家定价比重	国家指导价比重	市场调节价比重
1999	3.70	1.50	91.80	9.60	4.80	85.60	6.70	2.90	90.40
2000	3.20	1.00	95.80	8.40	4.20	87.40	4.70	2.80	92.50
2001	2.70	1.30	96.00	9.50	2.90	87.60	2.70	3.40	93.90
2002	2.60	1.30	96.10	9.70	3.00	87.30	2.60	2.90	94.50
2003	3.00	1.40	95.60	9.90	2.70	87.40	1.90	1.60	96.50

注：SAS8.2 软件包选择的指数平滑方法为：①社会零售商品总额中 1979~1984 年市场调节价比重使用 Linear（Holt）Exponential Smoothing 方法；②生产资料销售收入总额中 1978~1984 年的市场调节价比重使用 Damped Trend Exponential Smoothing 方法。

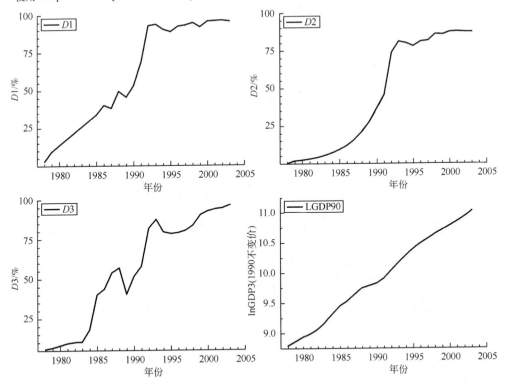

图 7.1　变量的数据图

本书使用社会商品零售总额、生产资料销售总额和农产品收购总额价格中由市场决定的部分所占比重来反映产品市场的发育程度，指标均为比重形式；使用GDP平减指数对GDP时间序列进行不变价格处理（1990年不变价），同时，对GDP时间序列进行自然对数变换，以期使其趋势线性化和消除时间序列中可能存在的异方差现象（图7.1）。

（二）时间序列的平稳性检验

在对价格由市场决定的程度方面指标（$D1$、$D2$、$D3$）与lnGDP进行协整分析之前，首先采用扩展的ADF检验和PP单位根检验方法来检验各时间序列的平稳性，再使用Johansen方法检验其协整关系。

使用最小信息准则——Schwarz贝叶斯信息准则（SIC）选取ADF检验滞后阶，根据Newey-West建议值选取PP检验滞后阶，根据各变量时间序列的图形曲线选择相应的检验形式。各变量的平稳性检验结果见表7.2。单位根检验结果证实了各时间序列变量经过1阶差分平稳，所以都是1阶单整变量 I（1）。

表7.2 ADF和PP单位根检验结果

变量	水平值检验结果				1阶差分值检验结果			
	检验形式	ADF	检验形式	PP	检验形式	ADF	检验形式	PP
$D1$	$(C,T,0)$	-0.8969	$(C,T,1)$	-1.1370	$(C,0,0)$	-3.6939 **	$(C,0,0)$	-3.6939 **
$D2$	$(C,T,1)$	-1.8740	$(C,T,2)$	-1.5420	$(C,0,0)$	-2.9272 *	$(C,0,0)$	-2.9272 *
$D3$	$(C,T,0)$	-1.9927	$(C,T,1)$	-2.1786	$(C,0,0)$	-4.3611 ***	$(C,0,1)$	-4.3624 ***
lnGDP	$(C,T,3)$	-3.1356	$(C,T,2)$	-2.0883	$(C,0,3)$	-2.9776 *	$(C,0,1)$	-2.7934 *

注：①使用EViews 5.1软件包处理；②ADF和PP检验值的上标 *** 、 ** 、 * 分别表示显著性水平为1%、5%和10%；③检验形式（C, T, L）中，C、T、L分别代表常数项、时间趋势和滞后阶数。

（三）协整检验

虽然各个时间序列均为1阶单整序列，但是变量之间可能存在某种平稳的、不具有随机趋势的线性组合，这个线性组合被称为协整方程，表示一种长期的均衡关系。本书使用Johansen（1996）多变量系统极大似然估计法对多变量时间序列进行协整检验。由于Johansen方法是基于VAR模型的检验方法，所以首先必须确定 VAR 模型的结构。

建立 VAR 模型除了要满足平稳性条件外，还应该正确确定滞后期 k。如果滞后期太少，误差项的自相关会很严重，并导致参数的非一致性估计。在 VAR 模型中适当加大 k 值（增加滞后变量个数），可以消除误差项中存在的自相关，但是过大的 k 值会导致自由度减小，直接影响模型参数估计量的有效性。选择最大滞后阶数为 4，从 4 阶依次降至 1 阶来选择 VAR 模型的最优滞后阶。使用赤池信息准则（AIC）、施瓦茨准则（SC）和 LR（似然比）统计量作为选择最优滞后阶的检验标准，并用 Q 统计量检验残差序列的自相关性，怀特（White）检验其异方差性，JB（Jarque-Bera）检验其正态性。结果表明，滞后阶数为 3 的 VAR 模型对模型的各个方程拟合优度都很好，残差序列具有平稳性。通过对 VAR(3) 的回归残差序列的随机性检验表明在 5% 的显著性水平上均满足正态性、无自相关和异方差，进一步验证了 VAR(3) 为最优模型。由于基于 VAR 模型的协整检验是对无约束 VAR 模型进行协整约束后得到的 VAR 模型，其滞后期是无约束 VAR 模型 1 阶差分变量的滞后期，所以协整检验的 VAR 模型滞后期确定为 2。

通过模型选择的联合检验，确定协整方程有截距项和线性趋势项的模型为适合的协整检验模型。表 7.3 为包含 lnGDP、$D1$、$D2$、$D3$ 时间序列的 Johansen 协整检验结果。

表 7.3　Johansen 协整检验结果

零假设	备择假设	特征值	$\lambda-trace$	5% 临界值	Prob.	$\lambda-max$	5% 临界值	Prob.
$K=0$	$K=1$	0.848 3	90.313 1	55.245 8	0.000 0	43.369 8	30.815 1	0.000 9
$K\leqslant 1$	$K=2$	0.691 5	46.943 3	35.010 9	0.001 8	27.047 3	24.252 0	0.020 8
$K\leqslant 2$	$K=3$	0.577 3	19.896 0	18.397 7	0.030 7	19.807 2	17.147 7	0.020 1
$K\leqslant 3$	$K=4$	0.003 9	0.088 8	3.841 5	0.765 7	0.088 8	3.841 5	0.765 7

迹检验和最大特征根检验的结果均表明 lnGDP、$D1$、$D2$ 和 $D3$ 在 5% 的显著性水平下的协整个数 $k=3$。

估计出的协整关系式为

$$EC_t = lnGDP_{t-1} - 0.0220D1_{t-1} + 0.0147D2_{t-1} - 0.0021D3_{t-1} - 0.0623t - 8.2801$$
$$(-8.2179)\qquad(8.5674)\qquad(-1.8760)\qquad\qquad\qquad 式(7.1)$$

式（7.1）中协整系数下面括号内为 t-检验值。对协整式（7.1）中的 EC 进行单位根检验的结果表明 EC 序列已是平稳序列，协整式（7.1）反映了经济增长与产品市场发育程度三个指标时间序列之间的某种长期均衡关系。

（四）向量误差修正模型的确定

协整式（7.1）反映了 lnGDP 与产品市场发育程度 2 个变量（$D1$、$D2$、$D3$）时间序列之间存在长期稳定的均衡关系，在对这种均衡关系进行 Granger 因果关系检验之前，首先须确定 VECM 的形式。

由于 VECM 的滞后期是无约束 VAR 模型 1 阶差分变量的滞后期，可以确定 VECM 的最优滞后期均为 2。

用 lnGDP 和 $D1$、$D2$、$D3$ 构造的 VECM 为

$$\Delta \ln GDP_t = -0.3480 EC_{t-1} + \begin{bmatrix} 0.3430 \\ -0.0028 \\ -0.0028 \\ 6.77 \times 10^{-4} \end{bmatrix} \begin{bmatrix} \Delta \ln GDP & \Delta D1 & \Delta D2 & \Delta D3 \end{bmatrix}_{t-1}$$

$$+ \begin{bmatrix} -0.6610 \\ 0.0028 \\ -0.0022 \\ -8.81 \times 10^{-4} \end{bmatrix} \begin{bmatrix} \Delta \ln GDP & \Delta D1 & \Delta D2 & \Delta D3 \end{bmatrix}_{t-2} + 0.1471 - 6.67 \times 10^{-4} t$$

式(7.2)

$$\Delta D1_t = -74.7802 EC_{t-1} + \begin{bmatrix} -85.18 \\ -0.7969 \\ -0.3226 \\ 0.2255 \end{bmatrix} \begin{bmatrix} \Delta \ln GDP & \Delta D1 & \Delta D2 & \Delta D3 \end{bmatrix}_{t-1}$$

$$+ \begin{bmatrix} -161.88 \\ 0.2932 \\ -0.2934 \\ -0.2772 \end{bmatrix} \begin{bmatrix} \Delta \ln GDP & \Delta D1 & \Delta D2 & \Delta D3 \end{bmatrix}_{t-2} + 35.9773 - 0.4143 t$$

式(7.3)

$$\Delta D2_t = -74.6047 EC_{t-1} + \begin{bmatrix} -95.98 \\ -0.1525 \\ -0.3751 \\ -0.0152 \end{bmatrix} \begin{bmatrix} \Delta \ln GDP & \Delta D1 & \Delta D2 & \Delta D3 \end{bmatrix}_{t-1}$$

$$+ \begin{bmatrix} -97.83 \\ 0.2666 \\ -0.3249 \\ -0.1077 \end{bmatrix} \begin{bmatrix} \Delta \ln \mathrm{GDP} & \Delta D1 & \Delta D2 & \Delta D3 \end{bmatrix}_{t-2} + 26.1157 - 0.1666t$$

式(7.4)

$$\Delta D3_t = -74.6078 \mathrm{EC}_{t-1} + \begin{bmatrix} -24.70 \\ -0.7457 \\ -0.2091 \\ 0.0471 \end{bmatrix} \begin{bmatrix} \Delta \ln \mathrm{GDP} & \Delta D1 & \Delta D2 & \Delta D3 \end{bmatrix}_{t-1}$$

$$+ \begin{bmatrix} -147.61 \\ 0.9335 \\ -1.2259 \\ -0.1750 \end{bmatrix} \begin{bmatrix} \Delta \ln \mathrm{GDP} & \Delta D1 & \Delta D2 & \Delta D3 \end{bmatrix}_{t-2} + 26.6303 - 0.1635t$$

式(7.5)

方程（7.2）~方程(7.5) 中的 EC_{t-1} 即为方程（7.1）中的 EC_t。

根据表7.4 的稳定性检验，有3 个根为1，落在单位圆上，其他的根均在单位圆内，因此 VECM 的稳定性条件得以满足；LM 自相关检验显示，$\mathrm{LM}_1 = 18.0866$（$p = 0.3188$），不存在自相关；White 异方差（无交叉项）检验显示，$\chi^2 = 210.0130$（$p = 0.2995$），不存在异方差；联合正态性检验结果显示，Jarque-Bera 值 $= 41.76$（$p = 0.9059$），符合正态分布。

表7.4　VECM 的稳定性检验结果

根	模
1	1
1	1
1	1
$-0.5633 - 0.5877i$	0.8141
$-0.5633 + 0.5877i$	0.8141
$0.3399 - 0.6647i$	0.7466
$0.3399 + 0.6647i$	0.7466
0.6889	0.6889
$0.3734 - 0.1988i$	0.4230
$0.3734 + 0.1988i$	0.4230
$-0.2064 - 0.3419i$	0.3993
$-0.2064 + 0.3419i$	0.3993

因此，VECM 稳定而且不存在设定偏差，根据 VECM 得出的因果关系、方差分解、脉冲响应是稳健和可靠的。各误差修正模型 [方程 (7.2) ~ 方程 (7.5)] 中的误差修正项 (EC_{t-1}) 均显著为负，均为负反馈。

(五) 因果关系检验结果

协整式 (7.1) 反映了 lnGDP 与产品市场发育程度 3 个指标时间序列之间存在长期稳定的均衡关系，但是这种均衡关系是否构成因果关系，还需要进一步验证。本书利用 Engle 和 Granger (1987) 提出的误差修正模型对模型中指标的时间序列进行长期、短期的 Granger 因果关系检验。

由于修正模型的各方程 (7.2) ~ 方程 (7.5) 的随机扰动项都具有独立同分布的白噪声性质，可以使用 Wald 检验对 VECM 各个方程系数的显著性进行联合检验，以此来判别各变量因果关系的方向。

表7.5 给出了基于 VECM 的 Granger 因果关系检验结果。对右方 4 个变量各自的 Wald-F 检验结果可以表明该变量的变化是否在短期影响左侧变量的增长，而 Wald-F 联合检验结果可以证实右方 4 个变量是否共同构成了左侧变量的短期 Granger 原因。误差修正项的 t 检验表明右方 4 个变量与左侧变量之间是否存在长期的因果关系。

表 7.5 基于 VECM 的 Granger 因果关系检验结果

Granger 结果 \ Granger 原因		ΔlnGDP	$\Delta D1$	$\Delta D2$	$\Delta D3$	联合检验	误差修正项 t-检验
ΔlnGDP	H_0		$\theta_{1i}=0$	$\gamma_{1i}=0$	$\delta_{1i}=0$	全为 0	$\lambda_1=0$
	F		5.466 8 *	2.983 9	1.626 5	7.678 9	-2.916 3 ***
$\Delta D1$	H_0	$\alpha_{2i}=0$		$\gamma_{2i}=0$	$\delta_{2i}=0$	全为 0	$\lambda_2=0$
	F	11.730 3 ***		0.755 7	2.584 2	16.975 9 ***	-2.439 7 ***
$\Delta D2$	H_0	$\alpha_{3i}=0$	$\theta_{3i}=0$		$\delta_{3i}=0$	全为 0	$\lambda_3=0$
	F	7.435 8 **	0.566 8		0.210 2	11.191 8 *	-2.533 6 ***
$\Delta D3$	H_0	$\alpha_{4i}=0$	$\theta_{4i}=0$	$\gamma_{4i}=0$		全为 0	$\lambda_4=0$
	F	2.207 9	2.576 5	3.223 2		4.653 2	-1.398 *

注：F 检验值的上标 ***、**、* 分别表示显著水平为 1%、5% 和 10%。

对中国 lnGDP 与产品市场发育程度三变量时间序列的 Granger 因果关系检验结果表明，在短期，GDP 增长和社会零售商品中价格由市场决定部分所占比重（D1）增加之间存在双向因果关系，同时，GDP 增长是生产资料销售收入中价格由市场决定的部分所占比重（D2）增加的短期 Granger 原因；联合检验的结果表明，GDP 增长、生产资料销售收入中价格由市场决定的部分所占比重（D2）增加和农副产品收购中价格由市场决定的部分所占比重（D3）增加是社会零售商品中价格由市场决定部分所占比重（D1）增加的短期 Granger 原因；GDP 增长、社会零售商品中价格由市场决定部分所占比重（D1）增加和农副产品收购中价格由市场决定的部分所占比重（D3）增加是生产资料销售收入中价格由市场决定的部分所占比重（D2）增加的短期 Granger 原因；在长期，GDP 增长、社会零售商品中价格由市场决定部分所占比重（D1）、生产资料销售收入中价格由市场决定的部分所占比重（D2）、农副产品收购中价格由市场决定的部分所占比重（D3）这 4 个变量中任一变量都是其他 3 个变量的 Granger 结果。

综合 Granger 因果检验的结果，在长、短期，GDP、生产资料销售收入中价格由市场决定的部分所占比重（D2）和农副产品收购中价格由市场决定的部分所占比重（D3）的增加促进了社会零售商品中价格由市场决定部分所占比重（D1）的增加，GDP、社会零售商品中价格由市场决定部分所占比重（D1）和农副产品收购中价格由市场决定的部分所占比重（D3）的增加促进了生产资料销售收入中价格由市场决定的部分所占比重（D2）的增加。但是，只有在长期，社会零售商品中价格由市场决定部分所占比重（D1）、生产资料销售收入中价格由市场决定的部分所占比重（D2）和农副产品收购中价格由市场决定的部分所占比重（D3）的增加促进 GDP 增长，GDP、社会零售商品中价格由市场决定部分所占比重（D1）和生产资料销售收入中价格由市场决定的部分所占比重（D2）的增加促进农副产品收购中价格由市场决定的部分所占比重（D3）的增加才能实现，是长期的均衡状态，短期内不具备这两种影响力。

（六）脉冲响应函数

Pesaran 等（1998）提出的广义脉冲响应函数可以不考虑各变量的排序而得出唯一的脉冲响应函数曲线。图 7.2 是基于 VECM 的广义脉冲响应函数曲线，横轴代表滞后年数，纵轴代表受各变量冲击的响应程度。

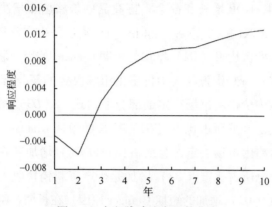

图7.2 广义脉冲响应函数曲线

根据图7.2中lnGDP的广义脉冲响应函数曲线，在滞后1～10年的时间内，GDP在受到一个单位正向标准差的社会零售商品中价格由市场决定部分所占比重（$D1$）冲击后，从第2年开始，冲击效应为正，社会零售商品中价格由市场决定部分所占比重（$D1$）的增加将导致GDP增长。由于其他两个变量对lnGDP无Granger影响，所以此处略去lnGDP受这两个变量冲击的脉冲响应函数。

（七）方差分解

Granger因果关系检验结果仅能说明变量之间的因果关系，但不能说明变量之间因果关系的强度。本书使用方差分解法把模型各个变量不同预测期限的预测误差的方差进行分解。方差分解的主要思想是把系统中每个内生变量（共m个）的波动（k步预测均方误差）按其成因分解为各方程信息（随机误差项）相关联的m个组成部分，从而了解各信息对模型内生变量的相对重要性。方差分解不仅是样本期间以外的因果关系检验，而且将每个变量的单位增量分解为一定比例自身原因和其他变量的贡献。

图7.3为滞后1～10年的变量lnGDP、$D1$、$D2$、$D3$的方差分解图。变量lnGDP的方差分解结果表明，lnGDP的预测误差主要受其自身因素影响，$D1$、$D2$、$D3$的影响较弱，从滞后第7年开始，$D1$、$D2$、$D3$对lnGDP的预测误差的影响开始显著，各自占lnGDP预测误差的10%左右；变量$D1$的方差分解结果表明，$D1$的预测误差主要受lnGDP及其自身因素影响，$D2$、$D3$的影响不显著；变

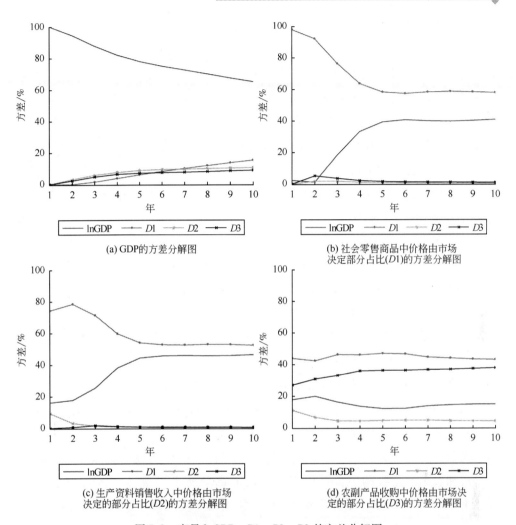

图 7.3 变量 lnGDP、$D1$、$D2$、$D3$ 的方差分解图

量 $D2$ 的方差分解结果表明，$D2$ 的预测误差主要受 lnGDP 与 $D1$ 影响，$D2$、$D3$ 的影响不显著；变量 $D3$ 的方差分解结果表明，$D3$ 的预测误差主要受 $D1$ 及其自身因素影响，$D2$ 的影响不显著，lnGDP 有一定影响力（15% 左右）。

（八）结论

对测度产品市场发育程度三个指标和经济增长关系的协整分析结果表明：

（1）反映产品市场发育程度的三个指标，社会零售商品中价格由市场决定部分所占比重（$D1$），生产资料销售收入中价格由市场决定的部分所占比重（$D2$），农副产品收购中价格由市场决定的部分所占比重（$D3$）与经济增长之间存在长期稳定的动态均衡关系。在长期，这三个指标构成了 GDP 增长的 Granger 原因。但是联合检验的结果表明在短期内，这三个指标未构成 GDP 增长的 Granger 原因。在短期内，社会零售商品中价格由市场决定部分所占比重（$D1$）构成了 GDP 增长的 Granger 原因。这个结果表明，虽然从长期来看，衡量产品市场发育程度的这三个指标变量确实能够拉动经济增长，但是在改革的现阶段，其作用不是特别显著。

（2）在短期，GDP 增长和社会零售商品中价格由市场决定部分所占比重（$D1$）增加之间存在双向因果关系；同时，GDP 增长是生产资料销售收入中价格由市场决定的部分所占比重（$D2$）增加的短期 Granger 原因。

（3）在长短期，GDP、生产资料销售收入中价格由市场决定的部分所占比重（$D2$）和农副产品收购中价格由市场决定的部分所占比重（$D3$）的增加促进了社会零售商品中价格由市场决定部分所占比重（$D1$）的增加，GDP、社会零售商品中价格由市场决定部分所占比重（$D1$）和农副产品收购中价格由市场决定的部分所占比重（$D3$）的增加促进了生产资料销售收入中价格由市场决定的部分所占比重（$D2$）的增加；但是，只有在长期，社会零售商品中价格由市场决定部分所占比重（$D1$）、生产资料销售收入中价格由市场决定的部分所占比重（$D2$）和农副产品收购中价格由市场决定的部分所占比重（$D3$）的增加促进 GDP 增长，以及 GDP、社会零售商品中价格由市场决定部分所占比重（$D1$）和生产资料销售收入中价格由市场决定的部分所占比重（$D2$）的增加促进农副产品收购中价格由市场决定的部分所占比重（$D3$）的增加才能实现，这是长期的均衡状态，短期内不具备这两种影响力。

四、本章小结

本章对中国自 1978 年经济体制改革以来产品市场发育市场化进程进行了研究，从产品市场发育的方面来衡量中国的经济制度变迁，运用协整理论对产品市场发育市场化进程各方面指标与经济增长的协整关系和因果关系进行了分析。

本书设计了社会零售商品中价格由市场决定部分所占比重（*D*1），生产资料销售收入中价格由市场决定的部分所占比重（*D*2），农副产品收购中价格由市场决定的部分所占比重（*D*3）三个指标来衡量企业的市场化进程。

根据本章对产品市场发育市场化进程的研究，可以得到以下基本结论：

（1）自1978年以来，中国产品市场发育程度持续、迅速地增长，这与我国经济体制市场化进程的总体趋势是一致的。与其他方面的改革相比，其增长速度较快，产品市场发育的市场化程度在1995年左右就接近于比较理想的水平，已经接近或达到发达市场经济国家水平。

（2）产品市场发育市场化变革的三个指标与经济增长之间存在长期稳定的动态均衡关系，这三个指标构成了GDP增长的长期Granger原因，变量之间存在因果关系。

根据本章的研究，可以根据所构造的这一指标体系把握在中国经济转型过程中产品市场发育进程的基本趋势和主要特征，可以用来考察转型过程中产品市场发育市场化变革的相对程度。

我国的产品市场发育市场化变革已取得重大进展，单从数值上看，已经接近或达到发达市场经济国家水平。但是，从更深的层面进行考察，我国产品市场发育市场化变革情况与发达市场经济国家相比还存在以下问题：

（1）我国定价主体的价格行为有失规范，市场秩序及价格形成方面的法律法规还不健全。

（2）经过近30年的价格改革，市场机制在商品和劳务价格的形成中已起主导作用，而生产要素价格改革却明显滞后。价格改革的深化迫切要求加快要素市场价格改革的进程。

（3）从广义价格形成市场化角度考察，我国政府管制的那部分商品和劳务价格形成缺乏规范化和法制化，而发达市场经济国家对管制价格一般以准许成本加上准许利润作为基本定价公式，为了减少调价的时滞和促进企业提高效率。调价公式中一般都包括通货膨胀和强制企业降低成本的调整系数，并有一系列的法律法规作为规范被管制企业价格行为的保障。

（4）在计算价格形成市场化程度时，国家定价、国家指导价所占比重的计算一般以其现价计算，如果按市场价格进行修正，国家定价和国家指导价的比重就要比现在高，价格形成市场化程度就要相应降低一些。

（5）我国物价部门在计算三种价格形式及其比重时，一般都将行政事业性、经营性服务收费排除在外，不作统计，而这些收费中国家定价所占的比重往往比较高，如交通运输、邮政资费、房租、民用燃气、自来水、大中专学杂费等。国外价格形成市场化统计一般都包括收费这一块。如果将收费部分的市场化情况加到三种价格形式所占比重的统计之列，那么，我国价格形成市场化程度的测算结果就会降低一些。

综上所述，本书认为，我国价格形成市场化的程度与发达的市场经济国家相比仍有一段差距，进一步健全和完善价格形成市场化的道路还很长，为此提出以下建议：①加快生产要素价格形成市场化的步伐，使其与商品和劳务价格形成市场化互相促进；②加强价格的法制建设，尽快出台保护竞争、反对垄断、规范市场秩序的法律法规；③对国家管制的商品和劳务的作价也应规范化、法制化，使其兼顾公平和效率，反映市场供求和价值规律；④对那些仍由国家管制但具有竞争性的商品和劳务价格应适时放开，以进一步提高我国价格形成市场化的程度，推动经济体制由计划经济向市场经济转变；⑤为便于国际比较和较全面地反映我国价格形成市场化程度，在计算三种价格形式及其比重时，应将服务收费包括在内。

第八章

金融发展与经济增长[①]

1978 年以来，中国经济一直持续高涨，因其渐进式改革次序与其他国家迥异，被称为市场化改革的"中国之谜"（Mckinnon，1993）。本书在第四章至第七章分别对政府行为方式适应市场化转变、非国有经济发展、对外开放、产品市场发育这四个中国经济体制市场化转型过程中的主要方面进行了研究，实证结果证实了各方面经济体制的市场化进程是不均衡的，对经济增长的作用也是不同的。

与前面四章研究的经济体制变革的四个方面不同，金融制度改革与金融市场发展严重滞后，与此同时又取得了金融资源的高增长，是中国改革的一大特色（周立，2001）。本章使用季度数据，从直接金融（股市发展）和间接金融（金融中介的发展）两个方面来衡量金融发展，对中国、日本、韩国三国金融发展与经济增长之间的因果关系进行了比较研究，以探求金融发展与经济增长之间的关系。

一、金融发展与经济增长

在影响经济增长的众多因素中，有学者认为金融发展是刻画经济增长和资本积累最好的指标，如 Hicks（1969）认为英国工业革命发生的主要原因在于金融体系提供的流动性所致（朱闰龙，2004）。金融机构在现代社会中的主要功能有：①金融机构可提供适当而且适量的支付工具，使社会支付机能更为完整；②金融机构作为储蓄者和投资者的中介，将储蓄存款再贷款给企业用于投资，形成所谓

[①] 本章原文发表在《金融研究》2005 年第 10 期，第 20 ~ 31 页。

的"生产性资本";③金融机构将所吸收的资金，进行最有效的分配，用于效率最高的投资，使得实际的经济增长率达到最大化。更有学者指出，金融机构的发展过程，就是促成经济增长的先决条件。例如，Gurley 和 Shaw（1955）指出金融中介所能创造出的货币供给额和信贷总额，能加速借贷双方的交易从而使一国的实际经济活动能更蓬勃发展，促进经济增长。然而，Gurley 和 Shaw（1955），以及后来 Tobin（1965）、Mckinnon（1973）等人的研究模型主要集中于货币，制约了对金融发展与经济增长之间复杂关系的深入研究，而且容易产生误导，即将金融部门与实体经济部门割裂开来。

虽然金融深度（即广义的金融市场发展水平）与经济增长的正相关性显而易见，但是长期以来，关于金融发展与经济增长之间的关系问题，无论是理论研究还是经验研究都一直存在相当大的争论：①多数新古典经济学家认为金融发展与经济增长之间没有因果关系。②现代制度学派认为经济增长导致金融发展，即经济增长带来金融机构的发展变化，从而促进金融市场的建立。例如，以 Lucas（1988）为代表的一些经济学家认为以往的经济学家们过分强调了金融因素在经济增长中的作用，认为经济发展会创造对金融服务的需求，从而导致金融部门的发展，是经济增长带动金融发展而不是金融发展促进经济增长。③Krugman（1995）等经济学家认为金融发展能促进或阻碍经济增长的发展，金融体系具有内在的不稳定性。戈德史密斯（Goldsmith）在《金融结构与金融发展》（1994）一书中对金融结构与经济增长的关系进行了跨国的比较分析，对这一领域进行了开创性的研究（尽管不能确定金融发展与经济增长的因果关系）。他认为一个国家的金融结构不是一成不变的，伴随着经济发展和市场深化，金融结构会不断发生变化，而且金融发展就是金融结构的变化。Levine 和 Zervos（1998）的进一步研究证实了银行发展水平和股票市场的流动性与经济增长有很强的正相关性，认为金融发展是促进经济增长的重要因素。然而，Arestis 和 Demetriades（1997）的研究认为金融发展促进经济增长绝不具有普遍性。

所以，目前对金融发展与经济增长之间因果关系方向的研究远远没有达成共识。研究金融发展和经济增长之间的因果关系对于发展中国家有着重要的政策意义，主要原因在于这一研究结果会影响到发展中国家在制定经济发展政策时的决策：是改革金融体系，利用优先发展金融来促进其经济增长，还是将重心放在经济增长，以经济增长带动金融发展？正是基于这一背景，国内外许多学者对此进行了大量的经验研究。

由于缺乏相关数据，以往对中国经验的研究往往使用年度数据来分析金融深化与经济增长之间的关系。由于多数经济变量对政策的反应迅速，一项经济政策推出后，在很短的时间内即可对大部分经济变量产生影响，而各经济变量在年内就可以完成相应的调整，因此年度数据模型不宜用作政策分析。此外，由于观测值数量偏少，基于年度数据的经验结论在可靠性上也不及季度数据，因此本书使用季度数据进行经验研究。

中国、日本、韩国三国的经济发展有许多相似之处，但在金融制度上仍有较大差异，同时中国的股票市场在迅速发展过程中也存在许多问题，跨国比较研究可以通过对比不同国家经验的异同，寻求在金融体制上值得我国借鉴和学习之处。因此，本书在已有研究成果的基础上，选择代表金融发展、股市发展和经济增长的变量对中国、日本和韩国的经验进行比较研究，研究这三个国家金融发展与经济增长之间因果关系的异同。

二、理论分析

金融制度可区分为直接金融（direct financing）和间接金融（indirect financing）两个部分。就直接金融而言，资金的需求者首先在市场中发行股票、有价证券或其他的金融工具，而资金供给者在市场中通过购买资金需求者所发行的有价证券来贷出资金，这种资金的转移过程即为直接金融。间接金融则是资金的供给者将其闲置资金存入银行、信用合作社以及其他的储蓄机构，即金融中介，而资金的需求方再向金融中介借入资金，这种资金融通的方式即为间接金融。

本书拟使用银行变量来代表间接金融的发展，以股市变量来代表直接金融的发展，主要是基于以下理由。

Levine（1991）证明了金融中介的功能在于使资金能得到充分的运用，有助于提高资金的流动性，并且同时能够降低资金使用的风险。King 和 Levine（1993）更进一步指出，金融中介能够对企业的投资计划进行评估，从而减少新投资计划的风险，进而提高企业投资计划成功的几率，良好的投资对于经济增长当然会有正面的帮助。Demetriades 和 Hussein（1996）利用协整检验和因果关系检验对 16 个国家金融发展和经济增长之间的因果关系进行研究，实证结果表明金融发展在部分国家会促进经济增长，但是在有些国家恰恰相反，其经济增长带动了金融的发展。Lehr 和 Wang（2000）以金融充分发展、银行体系各不相同的三个国家（美国、英国、德国）作为研究样本，采用结构向量自回归模型（SVAR）计量模型研究金融中介对于景气循环有无短期的实际效果，结果证明金融中介的冲击对实际产出确实有重要的影响，由此可知金融中介（间接金融）和经济的发展息息相关。

根据全球证券交易所联会（World Federation of Exchanges）统计，从 1988 年至今，全世界主要股票市场的总市值（market capitalization）从 7 兆 8 千亿美元增加至 20 兆美元左右。除此之外，主要股票市场的总交易金额（trading value）更是迅速增加，1988～2003 年足足增加了 4 倍多，世界股票市场发展之快令人无法忽视其对经济增长产生的影响。Levine（1991）指出，股票市场可以提供流动性以及分散投资的风险，使得个人有较高的意愿对企业进行投资，企业也可获得更多的资金，从而促进经济增长。Demirgüç-Kunt 和 Levine（1996）以 44 个发展中工业化国家为观察对象，利用这些国家 1986～1993 年的股票市场及金融中介指标，进行横截面跨部门分析。结果证实：股票市场的大小和流动性与金融中介的发展指标有正向关系，波动性和金融中介发展有显著的负相关关系，套利定价理论（APT）和跨期资本资产定价模型（ICAPM）的定价误差与金融中介呈负向关系。Levine 和 Zervos（1998）研究了完善的股票市场和银行体系能否促进长期的经济增长，采用股票市场的大小、流动性、国际相关性、波动性四个变量作为股市的发展指标，用变量 $M2/GDP$ 衡量金融深化的程度，用商业银行和其他存款货币机构对私有部门贷款占 GDP 的比例来衡量银行的信贷，并作为金融机构的发展指标。他们以人均实际 GDP、资本积累、生产力进步和私人储蓄作为经济增长指标。研究结果表明，金融发展和经济增长之间存在正向关系而且是经济增长过程中不可或缺的因素。基于此，本书采用股市变量来代表直接金融的发展指标，从股票市场的大小、周转率的角度来探讨直接金融对经济增长是否有显著的影响。

　　直接金融（股票市场）和间接金融（金融中介）在金融体系中扮演着不同的角色。在前述文献中，Demirgüç-Kunt 和 Levine（1996）、Levine 和 Zervos（1998）虽然同时将直接金融与间接金融纳入金融发展的范畴，然而这两篇文章皆为基于横截面的研究。这种研究方法在选择研究对象时以"相同发展类型国家"或者"具有相当经济发展程度的国家"为标准，忽略每个国家的个体差异以及各个国家不同的金融制度、政策与经济增长过程。Demetriades 和 Hussein（1996）、Lehr 和 Wang（2000）虽然进行了跨国的比较研究，然而他们仅考虑间接金融的影响而未考虑直接金融的效果。

　　日本和韩国这两个国家在第二次世界大战后的经济发展过程中，都拥有高经济增长率、低失业率与稳定的通货膨胀率，因此被世人称为经济奇迹（miracle of economic）。同时，这两个国家都在20世纪80年代才逐步解除金融管制，进行金融改革以实现自由化。亚洲金融风暴以后，普遍认为韩国在受创后金融重建的速度是亚洲之最，日本虽然极力整治金融体制却还是增长迟缓，亚洲其他国家和地区都在学习韩国重建金融体制的方法。

　　中国从1978年开始进行经济体制改革，30年来以市场为导向的经济体制改革已经使中国经济的面貌发生了彻底的变化，中国的国民经济实力增强、人民的生活水平提高以及国际地位稳步上升都是毋庸置疑的事实。20世纪80年代中期以来，中国的GNP增长率达到10%左右，与日本1955~1973年19年间的经济高速增长期类似。虽然中国、日本、韩国三国的经济发展有许多相似之处，但在金融制度上仍有较大差异。与其他一些部门相比，中国的金融发展略显滞后。改革开放以前，除流通中的现金和银行存款之外几乎没有其他形式的金融资产；改革开放以后，中国的金融资产向市场化、多元化稳步发展。1996年是中国金融市场化进程转折的一年，中国人民银行行长关于中国将发展"直接融资"和在当年12月1日实现人民币经常项目下的可自由兑换的讲话表明，中国资本市场已走上了与国际接轨的金融市场化的道路。

　　金融体制改革是经济体制改革的重要组成部分，对中国、日本和韩国金融发展与经济增长之间的关系进行比较研究，探讨这三个国家金融发展与经济增长关系的异同，研究这三个国家直接金融和间接金融在GDP增长的过程中所扮演的角色，对于中国借鉴外国先进经验、深化金融改革，有着非常积极的意义。因此，本书以中国、日本、韩国为研究对象进行跨国比较研究，并同时将直接金融（股市）与间接金融（金融中介）作为考察对象，探讨金融发展对经济增长的影响。

关于直接金融与间接金融的定义，本书将日本的间接金融定义为非金融部门的总借款，直接金融定义为非金融部门对金融部门、私人部门、其他非金融部门以及海外部门所发行的股票及其他权益证券。随着日本金融自由化的实行，直接金融的比例逐渐上升。按照韩国经济人联合会的定义，本书将韩国的间接金融定义为非金融部门的总借款，直接金融定义为非金融部门所发行的政府及公有部门债券、商业本票、公司债券、股票等其他权益证券。韩国的直接金融和间接金融几乎一直维持在1:1的比例关系。对于中国的间接金融按照国际货币基金组织的定义将其定义为流通中现金、金融机构的存贷款等，直接金融则定义为上市公司发行的股票以及政府所发行的政府债券。

三、实证研究

（一）模型设定和计量方法说明

本章的目的是以中国、日本、韩国为研究对象，探讨这三个国家 GDP 增长、直接金融与间接金融三者间的因果关系，所以，本书选取这三个国家衡量经济增长、直接金融和间接金融三个方面的、存在协整关系的变量进行实证研究，利用 VECM 进行 Granger 因果检验，模型将因果关系区分为长期因果关系和短期因果关系。通过 Granger 因果检验来考察这三个国家的金融发展与 GDP 增长是否存在因果关系，其因果关系是否存在方向上的差异。

基于水平 VAR 模型的因果关系检验要求系统中的各变量均为平稳过程。若系统中的各变量均为 I（1）过程且不存在协整关系，可以根据差分 VAR 模型进行变量间的因果关系检验；若系统中的各变量均为 I（1）过程且存在协整关系，则须根据 VECM 来进行变量间的因果关系检验。由于现有文献使用不同变量测度直接金融与间接金融，因此，首先对各变量与 GDP 做单位根检验和协整检验，若存在协整关系，则在弱外生检验的基础上建立 VECM 来考察变量间的因果关系和动态调整机制，将短期动态反应和长期均衡关系结合起来以考察金融发展对经济增长的影响。

（二）样本数据指标说明

本书以按就业人员数计算的平均每人实际 GDP（PERGDP）衡量经济增长。就间接金融而言，按照 McKinnon（1973）和 Shaw（1973）的定义，使用货币供给额 $M2$ 占名义 GDP 的比例（$M2$/GDP）作为衡量"金融深化"（financial deepening）的指标。所谓金融深化指的是一国金融性资产累积的速度超过非金融性资产累积的速度，这也代表了金融市场的发展和专业化。Goldsmith（1969）所采用的金融中介代理变量为金融机构对私有部门实际信贷占实际产出之比（CNF/GDP），该变量可以衡量金融机构所创造出的信贷和货币对于实际的产出有多大的影响力。King 和 Levine（1993）提出金融机构对私有部门实际信贷占国内实际总信贷比（CNF/TCR）可以大概地估计出金融中介的放款占全国总放款的比例。就直接金融而言，本书以 Levine 和 Zervos（1998）所定义的上市公司总市值除以 GDP 指标来衡量股票市场的大小（SIZE），当比值愈大时表示股票市场的规模愈大，反之则愈小。在理论上股市的规模和公司筹措资金的难易程度呈正相关，并与风险分散的能力有密切的正向相关关系。以股市成交值除以上市公司总市值作为股市流动性的指标（即周转率 TURNOVER）。高流动性可以反映出低交易成本，虽然一个大型股票市场不必然是一个具有流动性的市场，但是可以用流动性指标来直接衡量市场交易的热络程度，而且不受经济规模大小的影响。

本书使用 PERGDP、$M2$/GDP、CNF/GDP、CNF/TCR、SIZE、TURNOVER 6 个变量的季度数据，以季节调整（seasonal adjustment）后的数据做单位根检验以及协整检验，以筛选出适当的直接金融与间接金融的代理变量，最后进行向量误差修正模型估计与 Granger 因果检验。

由于三个国家股票市场的历史长短不一，本书根据研究的目的并未使用相同的样本区间，中国、日本和韩国的样本区间分别为：1990Q4 至 2003Q4、1980Q1 至 2003Q4 和 1993Q1 至 2003Q4，各变量数据来源见表 8.1。

表 8.1　各变量数据来源

变量名	单位	定义	来　源		
			中国	日本	韩国
GDP	亿	实际 GDP 1995 年不变价	《中国季度国内生产总值核算历史资料（1992～2001）》（国家统计局国民经济核算司，2004），IFS	IFS（International Financial Statistics）	
POP	万人	就业人口数	根据各年度中国统计年鉴提供的年度数据转换	AREMOS 经济统计数据库：INTLINE	
M2	亿	*M2*	IFS		
TCR	亿	国内总信贷			
CNF	亿	金融机构对私部门信贷			
CPI	%	消费者物价指数	IFS，以 1995 年为基期		
MC	亿	上市公司总市值	CSMAR 数据库	FIBV：World Federation of Exchanges	
TV	亿	成交金额			

注：①模型中各变量均以本币计算；②《中国季度国内生产总值核算历史资料（1992～2001）》提供了中国 1992～2001 年的 GDP 季度数据，为保证数据的完整性，本书根据年度数据使用指数平滑法估计了1990Q4 至 1991Q4 的数据，2002 年以后的数据来自 IFS。

（三）单位根和协整检验

在平稳（stationary）的时间序列中，如果遇到外在的冲击，只会造成暂时性的影响。随着时间的推移，该冲击的效果将会消失，而使得时间序列回复到长期的均衡水平。绝大多数宏观经济时间序列变量都是非平稳的，时序变量的非平稳性将改变普通最小二乘法估计值的渐进分布结果，导致谬误回归。

本书采用扩展的 Dickey-Fuller 法（ADF）进行平稳性检验：根据数据图形选取适当的带截距项和趋势项的模型，使用最小信息准则——SC（Schwarz criterion）选取 ADF 检验滞后阶，根据 ADF 检验结果，各变量的水平值均存在单位根，而 1 阶差分值都可以拒绝存在单位根的零假设，所以可以判定所有变量都是 1 阶单整的 [由于 IFS 只提供了中国 2002 年一季度之后的 CNF 数据，所以无法对中国 ln（CNF/GDP）、ln（CNF/TCR）两变量进行单位根检验和协整检验]。

表8.2　ADF 单位根检验结果

变　量	水平检验结果			1 阶差分检验结果		
	检验形式 (C, T, L)	ADF 值	p 值	检验形式 (C, T, L)	ADF 值	p 值
中　国						
lnPERGDP	$(C, T, 4)$	−1.74	0.72	$(C, 0, 1)$	−5.64	0.00***
ln $(M2/\mathrm{GDP})$	$(C, T, 4)$	−2.15	0.51	$(C, 0, 1)$	−4.46	0.00***
ln（CNF/GDP）	—	—	—	—	—	—
ln（CNF/TCR）	—	—	—	—	—	—
lnSIZE	$(C, T, 1)$	−2.94	0.16	$(C, 0, 0)$	−6.56	0.00***
lnTURNOVER	$(0, 0, 1)$	0.29	0.77	$(0, 0, 1)$	−8.4	0.00***
日　本						
lnPERGDP	$(C, T, 3)$	−1.54	0.81	$(C, 0, 2)$	−4.19	0.00***
ln $(M2/\mathrm{GDP})$	$(C, T, 4)$	−2.10	0.54	$(C, 0, 2)$	−3.91	0.01**
ln（CNF/GDP）	$(C, T, 3)$	0.65	0.99	$(C, 0, 1)$	−4.75	0.00***
ln（CNF/TCR）	$(C, T, 2)$	3.27	0.99	$(C, 0, 1)$	−4.49	0.00***
lnSIZE	$(C, T, 1)$	−1.62	0.75	$(C, 0, 1)$	−5.85	0.00***
lnTURNOVER	$(C, T, 1)$	−1.66	0.68	$(C, 0, 1)$	−8.61	0.00***
韩　国						
lnPERGDP	$(C, T, 1)$	−2.79	0.21	$(C, 0, 0)$	−4.20	0.00***
ln $(M2/\mathrm{GDP})$	$(C, T, 1)$	−1.20	0.90	$(C, 0, 0)$	−6.04	0.00***
ln（CNF/GDP）	$(C, T, 1)$	−2.18	0.49	$(C, 0, 0)$	−5.55	0.00***
ln（CNF/TCR）	$(C, 0, 1)$	−1.60	0.47	$(C, 0, 1)$	−4.21	0.00***
lnSIZE	$(C, 0, 1)$	−1.73	0.41	$(C, 0, 1)$	−4.03	0.00***
lnTURNOVER	$(C, 0, 4)$	−2.05	0.27	$(C, 0, 2)$	−3.53	0.01**

注：检验形式 (C, T, L) 中，C、T、L 分别代表常数项、时间趋势和滞后阶数。p 值上标 *** 、** 、* 分别代表在1%、5% 和10% 显著性水平上拒绝零假设，以下同。

　　由于各变量均为 I（1）序列，所以本书使用 Johansen 方法进行协整检验。首先，从较大的滞后阶数（lag）开始，通过对应的 LR 值、AIC 值、SC 值等确定适合的滞后阶数，由于研究使用季度数据，检验的结果表明无约束 VAR 模型的最佳滞后阶为 4。因为基于 VAR 模型的协整检验是对无约束 VAR 模型进行协整约束后得到的 VAR 模型，其滞后期是无约束 VAR 模型 1 阶差分变量的滞后期，所以协整检验的 VAR 模型滞后期确定为3。本书将反映经济增长、银行发展和股市发展三方面的变量进行组合，对各个组合进行协整检验，借此找出三个国家相同的协整组合。在协整检验中使用最小信息准则——SC 选择最适合的Johansen协整模型形式。表 8.2 和表 8.3 为协整检验的结果。表 8.2 表明，对于中国、日本、韩国三国，变量组合 lnPERGDP、ln（$M2$/GDP）、lnSIZE 都有协整关系，适合用来对三个国家经济增长、银行发展和股市发展三个方面的关系进行比较研究 [对于日本和韩国，lnPERGDP、ln（CNF/TCR）/ln（CNF/GDP）、lnSIZE 也构成了协整关系，但是因为缺乏中国 CNF 变量的数据而无法进行跨国比较研究]。

表 8.3　Johansen 协整检验结果一

变 量 组 合	中 国		日 本		韩 国	
	最佳模型	协整数	最佳模型	协整数	最佳模型	协整数
lnPERGDP、ln（$M2$/GDP）、lnSIZE	4 [3]	2	2 [1]	1	4 [1]	1
lnPERGDP、ln（CNF/GDP）、lnSIZE	–	–	2 [1]	1	4 [1]	1
lnPERGDP、ln（CNF/TCR）、lnSIZE	–	–	2 [1]	1	4 [1]	1
lnPERGDP、ln（$M2$/GDP）、lnTURNOVER	4 [3]	2	1 [1]	1	3、4 [1]	0
lnPERGDP、ln（CNF/GDP）、lnTURNOVER	–	–	2 [1]	1	3、4 [1]	0
lnPERGDP、ln（CNF/TCR）、lnTURNOVER	–	–	5 [1]	0	1、2 [1]	2

注：[ ] 内的数字为根据 SC 最小信息准则确定的最佳滞后阶。

（四）向量误差修正模型与 Granger 因果检验

根据表 8.3 和表 8.4 协整检验的结果，中国、日本、韩国在 lnPERGDP、ln（$M2$/GDP）、lnSIZE 这组变量均具有协整关系，即可以在协整检验中从 Johansen 所提出的 5 个最合适模型中选取最合适的模型来构造 VECM。中国和韩国的最合适模型为模型 4（在协整方程式中包含截距项和趋势项，而在 VAR 方程式中只有截距项），日本的最合适模型为模型 2（在协整方程式中有截距项，在 VAR 方程式中不包含截距项）。

表 8.4　Johansen 协整检验结果二

HO：Rank = r	中　国			日　本			韩　国		
	Eigenvalue	λ_{trace}	λ_{max}	Eigenvalue	λ_{trace}	λ_{max}	Eigenvalue	λ_{trace}	λ_{max}
$R = 0$	0.586 9	74.40 ***	43.31 **	0.411 9	54.18 ***	44.07 ***	0.385 6	51.02 ***	28.74 ***
$R \leqslant 1$	0.401 6	31.10 **	25.16 ***	0.070 7	10.12	6.09	0.236 2	22.27	15.9
$R \leqslant 2$	0.114	5.93	5.93	0.047 4	4.03	4.03	0.102 4	6.37	6.37

注：上标 ***、**、* 分别代表在 1%、5% 和 10% 的显著性水平上拒绝零假设，以下同。

根据表 8.3，中国的变量存在 2 组协整关系，日本和韩国的变量存在 1 组协整关系，估计出中国、日本、韩国的均衡修正式分别为

$$EC_t = \ln PERGDP_{t-1} - 0.49\ln(M2/GDP)_{t-1} - 0.00018\ln SIZE_{t-1} + 0.026T + 10.12$$
式(8.1)

$$EC_t = \ln PERGDP_{t-1} - 0.21\ln(M2/GDP)_{t-1} - 0.19\ln SIZE_{t-1} + 2.98 \qquad 式(8.2)$$

$$EC_t = \ln PERGDP_{t-1} + 0.38\ln(M2/GDP)_{t-1} + 0.041\ln SIZE_{t-1} - 0.018T + 4.07$$
式(8.3)

中国和日本的协整方程 (8.1)、方程 (8.2) 中金融中介和股市发展的水平值与 GDP 水平值有长期正向关系。韩国的协整方程 (8.3) 中金融中介的发展与股市发展的水平值对于 GDP 水平值有长期负向关系。

协整式 (8.1)、式 (8.2) 和式 (8.3) 反映了三国经济增长、金融中介和股市的发展这三个方面时序变量之间存在长期稳定的均衡关系，但是这种均衡关系是否构成因果关系，还需要进一步验证。本书利用 Engle 和 Granger (1987) 提出的 VECM 进行长期、短期的 Granger 因果关系检验。

中国、日本、韩国三国的 VECM 估计结果如下所示。

(1) 中国 VECM 估计结果为

$$\Delta\ln PERGDP_t = -0.88 EC_{t-1} + \begin{bmatrix} -0.20 \\ -0.15 \\ 0.05 \end{bmatrix} [\Delta\ln PERGDP \quad \Delta\ln(M2/GDP) \quad \Delta\ln SIZE]_{t-1}$$

$$+ \begin{bmatrix} -0.12 \\ -0.03 \\ -0.04 \end{bmatrix} [\Delta\ln PERGDP \quad \Delta\ln(M2/GDP) \quad \Delta\ln SIZE]_{t-2}$$

$$+ \begin{bmatrix} -0.002 \\ 0.23 \\ -0.03 \end{bmatrix} \begin{bmatrix} \Delta \ln \text{PERGDP} & \Delta \ln(M2/\text{GDP}) & \Delta \ln \text{SIZE} \end{bmatrix}_{t-3} + 0.025$$

$$\text{式}(8.4)$$

$$\Delta \ln(M2/\text{GDP})_t = -0.32 \text{EC}_{t-1} + \begin{bmatrix} -0.60 \\ -0.38 \\ -0.05 \end{bmatrix} \begin{bmatrix} \Delta \ln \text{PERGDP} & \Delta \ln(M2/\text{GDP}) & \Delta \ln \text{SIZE} \end{bmatrix}_{t-1}$$

$$+ \begin{bmatrix} 0.55 \\ 0.45 \\ 0.026 \end{bmatrix} \begin{bmatrix} \Delta \ln \text{PERGDP} & \Delta \ln(M2/\text{GDP}) & \Delta \ln \text{SIZE} \end{bmatrix}_{t-2}$$

$$+ \begin{bmatrix} 0.34 \\ 0.057 \\ 0.046 \end{bmatrix} \begin{bmatrix} \Delta \ln \text{PERGDP} & \Delta \ln(M2/\text{GDP}) & \Delta \ln \text{SIZE} \end{bmatrix}_{t-3} - 0.028$$

$$\text{式}(8.5)$$

$$\Delta \ln \text{SIZE}_t = -2.47 \text{EC}_{t-1} + \begin{bmatrix} 5.12 \\ 3.10 \\ -0.05 \end{bmatrix} \begin{bmatrix} \Delta \ln \text{PERGDP} & \Delta \ln(M2/\text{GDP}) & \Delta \ln \text{SIZE} \end{bmatrix}_{t-1}$$

$$+ \begin{bmatrix} 3.28 \\ 0.90 \\ 0.12 \end{bmatrix} \begin{bmatrix} \Delta \ln \text{PERGDP} & \Delta \ln(M2/\text{GDP}) & \Delta \ln \text{SIZE} \end{bmatrix}_{t-2}$$

$$+ \begin{bmatrix} 3.07 \\ 1.35 \\ 0.31 \end{bmatrix} \begin{bmatrix} \Delta \ln \text{PERGDP} & \Delta \ln(M2/\text{GDP}) & \Delta \ln \text{SIZE} \end{bmatrix}_{t-3} - 0.277$$

$$\text{式}(8.6)$$

(2) 日本 VECM 估计结果为

$$\Delta \ln \text{PERGDP}_t = -0.076 \text{EC}_{t-1} + \begin{bmatrix} -0.36 \\ -0.09 \\ -0.0011 \end{bmatrix} \begin{bmatrix} \Delta \ln \text{PERGDP} & \Delta \ln(M2/\text{GDP}) & \Delta \ln \text{SIZE} \end{bmatrix}_{t-1}$$

$$\text{式}(8.7)$$

$$\Delta\ln(M2/GDP)_t = -0.0085EC_{t-1} + \begin{bmatrix} 0.51 \\ 0.15 \\ 0.017 \end{bmatrix} [\Delta\ln PERGDP \quad \Delta\ln(M2/GDP) \quad \Delta\ln SIZE]_{t-1}$$

式(8.8)

$$\Delta\ln SIZE_t = -0.02EC_{t-1} + \begin{bmatrix} 0.68 \\ 0.62 \\ 0.033 \end{bmatrix} [\Delta\ln PERGDP \quad \Delta\ln(M2/GDP) \quad \Delta\ln SIZE]_{t-1}$$

式(8.9)

（3）韩国 VECM 估计结果为

$$\Delta\ln PERGDP_t = 0.077EC_{t-1} + \begin{bmatrix} 0.29 \\ 0.056 \\ 0.038 \end{bmatrix} [\Delta\ln PERGDP \quad \Delta\ln(M2/GDP) \quad \Delta\ln SIZE]_{t-1}$$

$$+ 0.0062 \qquad\qquad 式(8.10)$$

$$\Delta\ln(M2/GDP)_t = -0.248EC_{t-1} + \begin{bmatrix} -0.48 \\ -0.07 \\ 0.0052 \end{bmatrix} [\Delta\ln PERGDP \quad \Delta\ln(M2/GDP)$$

$$\Delta\ln SIZE]_{t-1} + 0.0223 \qquad\qquad 式(8.11)$$

$$\Delta\ln SIZE_t = -3.09EC_{t-1} + \begin{bmatrix} 5.74 \\ 1.61 \\ -0.15 \end{bmatrix} [\Delta\ln PERGDP \quad \Delta\ln(M2/GDP) \quad \Delta\ln SIZE]_{t-1}$$

$$- 0.066 \qquad\qquad 式(8.12)$$

对 VECM 各个方程的检验结果表明，在 5% 的显著性水平上，各方程回归残差序列均满足正态性、无异方差和自相关，验证了 VECM 的有效性。模型整体的对数似然函数值足够大，AIC 和 SC 值相当小，模型的整体解释力较强。

表 8.5 为三个国家金融基于 VECM 的 Granger 因果关系检验结果。对右方 3 个变量各自的 Wald-F 检验结果可以表明该变量的变化是否在短期影响左侧变量的增长，而 Wald-F 联合检验结果可以证实右方 3 个变量是否共同构成了左侧变量的短期 Granger 原因。误差修正项的 t 检验表明右方 3 个变量与左侧变量之间是否存在长期的因果关系。

表 8.5　基于 VECM 的 Granger 因果关系检验结果

			ΔlnPERGDP	Δln（M2/GDP）	ΔlnSIZE	联合检验	误差修正项 t-检验
中国	4	ΔlnPERGDP H_0		$\theta_{1i}=0$	$\gamma_{1i}=0$	全为0	$\lambda_1=0$
		F		1.69	9.15**	10.07	−2.52***
	5	Δln（M2/GDP） H_0	$\alpha_{2i}=0$		$\gamma_{2i}=0$	全为0	$\lambda_2=0$
		F	9.66**		11.52***	21.37***	−0.98
	6	ΔlnSIZE H_0	$\alpha_{3i}=0$	$\theta_{3i}=0$		全为0	$\lambda_3=0$
		F	19.28***	9.91**		37.40***	−1.39*
日本	7	ΔlnPERGDP H_0		$\theta_{1i}=0$	$\gamma_{1i}=0$	全为0	$\lambda_1=0$
		F		21.78***	16.59***	39.31***	−5.33***
	8	Δln（M2/GDP） H_0	$\alpha_{2i}=0$		$\gamma_{2i}=0$	全为0	$\lambda_2=0$
		F	11.91***		1.53	12.14	−0.047
	9	ΔlnSIZE H_0	$\alpha_{3i}=0$	$\theta_{3i}=0$		全为0	$\lambda_3=0$
		F	0.25	0.26		0.54	−0.11
韩国	10	ΔlnPERGDP H_0		$\theta_{1i}=0$	$\gamma_{1i}=0$	全为0	$\lambda_1=0$
		F		0.61	4.49**	5.13	1.02
	11	Δln（M2/GDP） H_0	$\alpha_{2i}=0$		$\gamma_{2i}=0$	全为0	$\lambda_2=0$
		F	7.84***		2.89	11.63	−2.14**
	12	ΔlnSIZE H_0	$\alpha_{3i}=0$	$\theta_{3i}=0$		全为0	$\lambda_3=0$
		F	14.03***	16.23***		32.56***	−4.57***

注：F 检验值的上标 ***、**、* 分别表示显著水平为 1%、5% 和 10%。

对中国的 Granger 因果关系检验结果表明，在短期，GDP 增长和股市发展之间、金融中介的发展与股市发展之间均存在双向因果关系，同时，GDP 的增长是金融发展的短期 Granger 原因。联合检验的结果表明，GDP 增长和股市发展是金融中介发展的短期 Granger 原因，GDP 增长和金融中介发展是股市发展的短期 Granger 原因；在长期，GDP 增长和金融中介发展与股市发展之间的因果关系仍然存在，金融中介与股市的发展也是 GDP 增长之因。综合 Granger 因果检验的结果，GDP 增长和金融中介的发展在长短期都促进了股市的发展，GDP 增长和股市发展在短期内都促进了金融中介的发展，虽然金融中介和股市的发展在长期可以促进 GDP 的增长，但是短期内金融的发展并不是 GDP 的增长之因。

对日本的 Granger 因果关系检验结果表明，短期中 GDP 增长和金融的发展之间存在双向因果关系，股市的发展也是 GDP 增长的 Granger 原因；联合检验和误差修正项的 t 检验表明金融和股市的发展在长短期都促进了 GDP 的增长，而金融发展和股市的发展之间并不存在因果关系。

对韩国的 Granger 因果关系检验结果显示，短期中股市的发展和 GDP 增长之间存在双向因果关系，GDP 增长促进了金融的发展，而金融的发展又带动了股市的发展，三者之间构成了一个循环（circle）关系。GDP 的增长和金融的发展在长短期都拉动了股市的发展。在长期，GDP 增长和股市的发展促进了金融的发展，但是金融的发展却并未能促进 GDP 的增长。

从图 8.1 中所示的中国、日本、韩国三国金融发展与经济增长的短期因果关系简图来看，中国与韩国较类似，GDP 增长、金融中介发展和股市发展三者之间构成了一个循环关系，中国与韩国不同之处在于其股市发展在短期内能够带动金融中介的发展。日本的结果与中国、韩国两国不同，其股市发展与金融中介的发展之间无因果关系，而且其 GDP 增长与金融中介的发展具有双向因果关系。

图 8.1　中国、日本、韩国金融发展与经济增长因果关系简图

四、本章小结

本书使用基于 VECM 的 Granger 因果关系检验法分别对中国、日本、韩国三国金融发展与经济增长之间的因果关系进行了比较研究。与已有基于年度数据的经验研究不同，本书使用季度数据，从直接金融（股市发展）和间接金融（金融中介的发展）两个方面来衡量金融发展，选取这三个国家反映经济增长、直接金融和间接金融三个方面发展的、存在协整关系的变量进行比较研究，实证结果支持中国、日本、韩国三国的金融发展与 GDP 增长之间存在因果关系，同时在因果关系的方向上存在差异。

从长期因果关系上来看，日本金融中介的发展和股市发展带动了 GDP 的增长，检验结果对供给主导（supply leading）假说即金融发展促进经济增长提供了经验支持[①]；韩国的 GDP 增长与股市发展促进了金融中介的发展，同时，GDP 增长和金融中介的发展也促进了股市的发展，韩国的检验结果对需求遵从（demand following）观点提供了支持[②]；中国的检验结果与日本和韩国都有所不同，在长期，GDP 增长和金融中介的发展带动了股市的发展，同时，金融中介的发展和股市发展能促进 GDP 增长，虽然这种关系在短期并不存在，这个结果表明了长期均衡的状态。从短期的需求遵从向长期的供给主导转变，体现了目前中国金融发展仍然处于改革进程中的特色。

就中国的经验而言，1990 年以后随着市场化进程的深入，股市的发展并没有在很大程度上影响金融中介对经济增长的促进作用，这反映出中国金融市场的不成熟与不规范，如何促进金融发展对经济增长的推动作用有待向外国学习和进一步研究。同时，中国的内生金融发展转化为经济增长推动力的机制尚存障碍，必须将提高金融中介效率作为金融发展的首要问题之一来考虑。金融发展虽然不能在短期内成为新的经济增长点，但是也应朝着促进经济增长的长期均衡状态进行改革，应当努力为金融中介和金融市场创造内生发展的环境，提高金融中介的效率，使金融发展与经济增长之间的传导机制更加畅通，从而达到金融发展和经济增长相互促进、共同发展的双重目标。

如前所述，中国、日本和韩国在金融发展与 GDP 增长中是否存在因果关系以及因果关系的方向上均有差异，这说明经济环境和金融制度的差异在解释金融发展与 GDP 成长的关系上，扮演了重要角色。此外，由于以往对金融发展与经济增长关系的研究采用了不同的变量，得出金融发展与经济增长之间是否存在的因果关系，以及因果关系的方向的结论均有所不同。就本书而言，由于缺乏中国数据而无法将金融业对私有部门实际信贷占实际产出之比（CNF/GDP）、金融对私有部门实际信贷占国内实际总信贷比（CNF/TCR）这两个金融中介变量纳入协整方程进行比较研究，未免感到遗憾，尚待进一步深入研究。

---

① 供给主导观点认为金融发展在动员储蓄、管理风险、便利交易等方面的积极作用有助于经济增长。

② 需求遵从观点认为是通过对经济增长所引致的新增金融服务需求来产生影响，因此金融发展附属于经济发展。

第九章

经济增长的制度分析动态模型[①]

一、中国经济转型与增长

经济增长理论是当代经济学的一个重要领域，理论界对增长理论及增长经验的研究在 20 世纪 80 年代中后期复兴并一直发展至今，仍具活力。新古典经济增长理论（Solow，1956；Cass，1965；Koopmans，1965）揭示了均衡经济增长路径的存在性及在均衡增长路径上的增长特征，提出了经济增长的计量方法。为了解释经济的长期持续增长，新古典经济增长理论引入了外生的技术进步。AK 类型（Romer，1986；Lucas，1988；Barro，1990）和 R&D 类型（Romer，1990；Aghion，Howitt，1992；Grossman，Helpman，1991）的内生增长理论在对新古典经济增长模型重新思考的基础上，将技术进步内生化，探讨了长期增长的可能前景。自 20 世纪 90 年代中期以来，内生增长理论的研究思路受到了多方面的质疑，Jones（1995a，1995b）和 Dasgupta（1995）等研究提供的经验证据否定了内生增长模型的规模效应。此外，在解释广大发展中国家经济现实方面，内生增长理论也存在诸多不足（刘明兴，陶然等，2003）。几乎与内生增长理论同时代诞生的新制度经济学派致力于研究制度变迁对经济增长的影响，制度因素在技术进步和经济增长中的作用日益受到重视。然而，已有文献中关于制度变迁的研究都是在制度经济学的框架中进行的，因此，制度变迁理论通常并不被认为是经济增长理论。

新制度经济学从制度变迁的角度理解经济增长，认为提供适当个人激励的有效产权制度体系是促进经济增长的决定性因素（North，1993），经济增长的根本

① 本章发表在《管理世界》2007 年第 1 期，第 7 ~ 17 页。中国人民大学书报资料中心复印报刊资料《国民经济管理》全文转载，2007 年第 5 期，第 37 ~ 49 页。

原因是制度的变迁。近年来，国际上越来越重视为制度变迁和改革措施对于经济绩效的影响提供经验证据，从这个角度来说，对制度变迁进行定量测度是一项具有非常重要的理论价值和实践意义的工作。

关于中国经济体制改革问题，20 多年来一直是中国经济理论研究的核心话题，但是，很大一部分研究关注的重点是如何进行政策操作，并不分析经济制度与经济增长之间的关系。国内学者对中国经济增长问题也进行了大量的经验研究，主要运用新古典经济增长理论来解释经济增长，大致可分为两类：一类是通过经济增长核算，揭示我国经济增长的源泉。这类文献主要采用Solow（1957）框架分析我国经济增长的源泉，进而分析我国经济增长方式的转变。另一类是进行收敛分析。存在收敛是新古典经济增长理论的一个重要结论，学者们主要借助 Barro 和 Sala-I-Martin（1992）或 Mankiw 等（1992）的框架，分析我国各省区间的收敛情况。研究发现，改革开放以来中国地区间的经济增长存在着明显的阶段性和区域性，按东中西部划分存在显著的"收敛俱乐部"特征，东中西部地区间的差异日趋扩大（蔡昉等，2000；Yao，Zhang，2001；沈坤荣等，2002；严冀等，2005）。这些研究从不同侧面描述了我国经济体制改革进程中各地区的制度变迁在经济发展中所起的作用，但在如何描述制度变迁的差异以及不同的制度差异如何作用于经济增长等问题上存在较大争议。

20 多年来由改革开放政策带来的中国经济高速增长使学者们在研究经济增长问题时，无法回避中国经济体制改革这一制度变迁过程的影响。那么，已有的经济增长理论能否刻画中国经济转型与增长的关系？如果能，何种形式的经济增长模型能用来研究经济制度因素与经济增长关系的经验事实？

始于 1978 年的市场化取向的改革使中国的经济体制发生了深刻的变化，2003 年党的十六届三中全会更是将完善社会主义市场经济体制、把市场化改革向广度和深度推进确定为今后发展的中心任务。20 世纪 90 年代以来，多家国外研究机构对全球范围内不同国家的经济自由化程度进行了实证性评估，其中最有影响的是美国传统基金会、自由之屋和加拿大 Fraser 研究所，这三家机构编制了各自的经济自由度指数，目的是在全球范围内对不同国家和地区的经济自由度进行评分和排序。美国传统基金会和 Fraser 研究所评价中国 2003 年的经济自由状况为"较不自由"（mostly unfree），自由之屋的评价是"不自由"（not free）。按照它们的评价，历经 20 多年的经济体制改革以后，中国的经济自由化程度（很大程度上反映了经济体制的市场化水平）仍然处于非常低的水平。

由于统计数据中缺少 GDP 中非国有经济部分的构成数据，作为替代，工业总产值中非国有经济所占比重、GNP 中非国有经济的贡献这两项指标常用来衡量从计划经济向市场经济转型国家的市场化水平①。这两种方法都是从国民经济核算的角度来进行衡量，作为考察一国经济转型的指标较为粗糙。中国 2003 年非国有经济在工业总产值中所占比重为 62.46%，从数值上看，中国应该达到或接近了相对成熟市场经济的水平，国内有些研究甚至认为中国已经成为市场经济国家，这与上述三家国外机构对我国的评价相距甚远。

国内外的研究结果存在如此之大的差距，原因主要在于西方的研究思路是从发达国家制度结构的既有特征入手，再与发展中国家进行对比，其框架是基于法律传统以及法律实施机制的思路，并不是首先正确理解发展中国家的制度结构的基本事实，特别是禀赋结构、技术结构和制度结构之间的关系，因此在研究中国的制度变迁问题时不能完全照搬西方的标准。

本书以中国经济转型为研究内容，考察经济体制改革的进程（changes in economic institutions）与经济增长的关系。笔者认为，要正确、客观地评价中国的经济转型，必须从我国经济体制改革的实际出发，全面考察经济体制市场化的各个方面。

对市场化进程进行测度，有三个问题需要考虑：①指标选择；②指标处理；③权重分配。

改革开放以来国内研究市场经济和市场化的文献很多，但是定量测度市场化进程的研究却并不多。自从卢中原和胡鞍钢（1993）首次提出市场化指数以来，比较有代表性的研究成果主要有：江晓薇和宋红旭（1995）；顾海兵（1997）；金玉国等（1998，2001，2005）；陈宗胜等（1999a，1999b）；樊纲等（2001，2003，2004）；周业安和赵坚毅（2004）等。

在这些文献中，早期的研究基本上都是从投资、价格、工业生产的非国有化

① 邹至庄（Chow，2002：269）介绍了一种近似计算方法，利用 GNP 中农业所占比重和工业部门中的国有部分贡献比重进行换算，详细的计算方法请参见原文。有许多研究都采用与此类似的处理方法，本书不再赘述。

和对外开放几个方面对市场化的进程进行测度，指标体系相近，数据大多来自《中国统计年鉴》、《中国物价年鉴》等统计出版物。由于数据的原因，这些研究所选择的指标较为简单。例如，用非国有经济在工业总产值中所占比重来反映非国有化的水平，用农产品收购中市场定价的比重来测度产品市场发育，用外贸依存度来反映对外开放程度，等等。陈宗胜等（1999a，1999b）对测度市场化的指标和方法进行了较为深入的研究，比以前的研究更加全面和系统，但在指标选择、各级分指数的逻辑关系以及指数构成方法上仍然存在一些问题和不足［参见张曙光和赵农（2000）；舒元和王曦（2002）等的评论］。

樊纲等（2001，2003，2004）对中国1999年以来各地区的市场化进程进行了测度，给出了较为完整的各地区的市场化相对指数。除统计数据之外，他们在研究中还采用了调查和普查数据来完善指标体系，以弥补对外生政策变化测度的不足。从体系设计和指数合成方法上看，他们的研究是目前国内同类研究中最全面的。但是，他们的研究是对地区间的市场化相对程度进行比较，并非构造中国经济总体的市场化指数。由于研究目的不同，并且1999年以前年份的调查数据无法回溯，其指标体系无法直接用于构建改革以来中国经济的总体市场化指数。

此外，周业安和赵坚毅（2004）根据七大类指标设计了1984～2002年中国经济市场化总指数，评定中国2002年市场化指数为7.6，但是并未说明指标体系的具体构造、数据来源及处理方法。

除上述几个有代表性的研究外，大部分国内学者在研究中多数使用百分比来对中国经济整体的市场化进程进行基于时间序列的刻画，这种处理方式可能导致的后果是：由于不同指标的绝对数值之间存在较大差距，而简单的百分率虽然可以反映市场化的程度，但当指标值与现实的实际感受存在较大差距时，多数研究均采用主观调整的方式进行处理，这就给测度过程带来随意性。

在权重分配上，大部分研究都是按照主观感觉来人为确定，缺乏客观性。金玉国等（1998，2001，2005）使用了灰色关联度方法分配权重。灰色关联度方法虽然有其理论依据，但是在实际运用中，不同的灰色关联度计算方法、不同的初值化（均值化）方法和不同的分辨率值，都将使所得到的权重无法保证"保序"性（不仅权重的数值会发生变化，而且权重的排序也将发生变化），这就使得该方法在运用上受到置疑。樊纲等（2001，2003）借鉴美国传统基金会的方法，对各年度、各地区指标进行评分，得到各方面二级指数，然后再对每一方面的二级指数按主成分分析法（principal components analysis）确定的权重合成方面指数，最后将各方面指数加权合成各地区的市场化指数。由于权重是基于各年度横截面数据得到的，同一指标在不同年份的权重必然发生变化，这就使不同年度的计算结果缺乏可比性。在其后的研究中，樊纲等（2004）采用算术平均法将权重固定，使各年度指数可比，但是算术平均法无视指标随时间变化的差异性，不利于考察市场化各个方面在时间序列上的变化情况。

综上所述，国内学者关于市场化进程的研究在度量方法、指标选择、权重分配、计算方法等方面存在较大的差别，所得到的测算结果也有较大的差异。而国外研究机构对我国经济自由度进行评分时除经济体制方面的因素外还考虑了政治、法律等方面的指标。市场经济体制因国而异，很难有一个统一的模式，对于不同的市场经济体制，只能从市场经济的基本特征及其市场构造方面进行分析研究和比较。所以，要正确、客观地评价我国经济体制的市场化进程，就需要从我国经济转型的实际出发，全面考察市场化进程的各个方面，采用科学的权重分配和指数计算方法。

本书以量化测度经济体制市场化进程中有关文献的最新进展和对中国经济转型与增长关系的认识为基础，着重就上述不足之处展开讨论，提出了一个考察中国改革以来经济体制市场化进程的指标体系，对经济转型过程中经济体制各方面的变化情况进行了测度和分析。在实证分析中，通过建立的经济增长动态分析模型，将中国经济增长波动过程的影响因素分解为长期与短期两类，证实了短期内中国经济增长的动力确实部分来源于经济体制的市场化改革所带来的能量释放。这为宏观模型中制度因素设定的理论研究提供了经验证据。

以下部分的结构安排是：首先提出了市场化相对指数的指标体系；然后建立了包含经济制度变革因素的增长经验模型，介绍了模型中各变量的数据来源及处理方式，对计算出的市场化指数进行了数据特征和图形分析；接着在实证分析部分运用协整理论和动态建模方法建立了一个经济增长的动态分析模型；最后是结论性评述。

二、市场化指数设计

本书研究的是中国经济转型与增长，"转型"（transformation）比"转轨"

(transition) 更适合于描述中国的经济体制改革，虽然这两者涉及的都是经济体制的变化，后者表达的是经济处于一种向某种理想状态——如一种特定形式的市场经济——过渡的状态。而前者并不包含一个众所周知的最后阶段的概念，研究的是经济体制改革的过程，没有一个关于最终状态的明确表达（Chow，2002）。

由于市场经济体制的差异性和变动性，迄今为止无论在理论上还是在各国实践上，都还不能确定一个百分之百市场化的终极目标，因此关于市场化程度绝对水平的度量还不具备充分的科学依据。从本书的研究目的来看，设计一个"市场化相对指数"而非绝对指数（或百分比）对中国经济体制改革的市场化进程进行测度，进而考察转型与增长的关系是比较合理的。

比较美国传统基金会和 Fraser 研究所的研究可以看出，二者在基本逻辑关系上是一致的，都遵循了从基本指标到综合指数的整合过程，与国内学者用指标的原始数值直接作为指数来源的做法不同。这样做的结果可以使大量影响经济自由化的因素成为分析和测度的对象，能够比较充分地体现经济自由化的丰富内涵。但是，这两家机构的指数显然包含若干违背事实的主观评价①，对此，本书认为，这两家机构在数据处理和权重分配等研究方法上值得我们借鉴和学习。在指标体系等方面，由于本书的研究目的是对经济体制改革的市场化进程进行测度，而不是测度"国际竞争力"或"经济自由度"，所以必须从中国市场经济的本质特征出发，而不能完全采用国外机构的做法。此外，在设计中国经济整体市场化指数的时候不能片面求全，必须考虑数据的可靠性和可获取性。

在改革开放以前，中国是一个相对封闭的计划经济国家，从体制特征来说，主要特点是开放程度低、国有经济比重高、政府对经济的全面管制和中央政府的高度财政集权。改革开放以后，计划体制向市场经济体制的转型总体上是从四个方面展开的，即政府的职能身份转换和从微观经济活动中的退出、推动非国有经济的发展、提高经济的开放程度、培育产品市场。本书从中国经济转型的这四个方面入手构造市场化指数指标集（图9.1），在指标体系设计上借鉴并综合了美国传统基金会（Miles et al.，2004）、陈宗胜等（1999a，1999b）、李翀（1998）

---

① 例如，根据美国传统基金会的评级，中国在尚未脱离计划经济体制的1980年，在世界经济自由度排序中位居第96位，在经过了25年从计划体制转向市场体制的大变革后，排名反而下降到2004年的第112位。

和樊纲等（2003，2004）的研究思路和方法。与这些已有的研究相比，本书在对外开放程度方面指数的指标体系设计和计算方法上作了较大的改进，同时对其他方面的指标体系和数据处理作了进一步的改进和完善①。

在政府与市场关系方面，本书从三个方面衡量：①市场分配经济资源的比重（A1），即政府财政预算支出占国内生产总值（GDP）的比重；②政府职能身份转换指标，用财政收入构成指标来度量政府职能身份的转化程度，具体公式为 A2 = ［税收 - （企业收入 - 企业亏损补贴）］/财政总收入；③政府退出微观经济活动指标，度量政府放松对企业活动的管制。采用两个分指标从两个侧面相互补充：$A3_a$ = - 经济建设费/财政总支出；$A3_b$ = - 国家预算内投资/全社会固定资产投资。

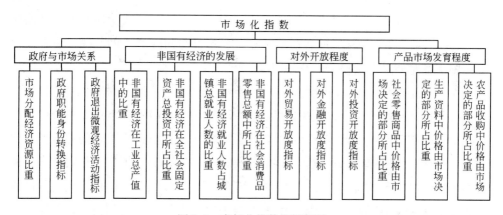

图9.1　市场化指数指标集图

在非国有经济的发展方面，改革前，国有企业在非农业经济部门中占绝对统治地位。改革期间发生的一个最显著变化就是市场导向的非国有企业取得了重大发展，使得市场调节在整个经济中的比重迅速提高。因此，衡量非国有经济的发展程度对于制度变迁程度的测度有重要意义。本书设置了4个指标衡量非国有经济的发展进程：①非国有经济在工业总产值中的比重（B1）；②非国有经济在全社会固定资产总投资中所占比重（B2）；③非国有经济就业人数占城镇总就业人

①　在本书的第四至第七章中，对各方面指标体系中的一级指数各指标变量均作过单位根检验、协整检验以及基于 VECM 的 Granger 因果关系检验，结果证实了各方面一级指数与 lnGDP 之间存在 Granger 因果关系。

数的比例（$B3$）；④非国有经济在社会消费品零售总额中所占比重（$B4$）。

关于对外开放程度，本书从贸易、金融和投资三个方面来衡量：①对外贸易开放度，包含商品贸易开放比率（$C1_a$）和服务贸易开放比率（$C1_b$）两个分指标。$C1_a$ = 当年商品贸易进出口总额/（GDP × 第二、三产业 GDP 比重），$C1_b$ = 当年服务贸易进出口总额/（GDP × 第三产业 GDP 比重）。②对外金融开放程度，除采用传统的金融主管当局（中央银行）对外开放比率（$C2_a$）和银行机构对外开放比率（$C2_b$）两个二级指标来分别反映金融主管当局和银行机构融入国际经济的程度之外，本书还依据国际收支平衡表中"金融项目"下的"证券投资"和"其他投资"两项来构建证券投资对外开放比率（$C2_c$）和其他投资对外开放比率（$C2_d$）两个二级指标，以期能更加全面地反映金融领域的对外开放情况。③对外投资开放度，包含本国对外投资开放比率（$C3_a$）和接受外国投资开放比率（$C3_b$）两个二级指标，前者反映了本国资本参与国际竞争的状况，后者反映了本国市场对外来直接投资的开放程度。

对于产品市场的发育程度，国家计委办公厅发布[①]的三种价格形式比重：①社会零售商品中价格由市场决定的部分所占比重（$D1$）；②生产资料中价格由市场决定的部分所占比重（$D2$）；③农产品收购中价格由市场决定的部分所占比重（$D3$）提供了关键数据。然而，我国物价部门是从 1990 年起才正式公布三种价格形式及其比重的统计数据，由于数据的原因，以往关于全国市场化进程的研究大多只使用了 $D3$ 这一个指标。本书对缺失数据进行了挖掘和估计，将这三项指标综合加以考虑，构造产品市场发育程度的分指数。

在多因素分析中权重的分配一直存在争议，制度变迁这一抽象概念的各组成方面的重要程度也很难从经济理论或定性的方面加以判断。如何客观合理地分配权重，会直接影响到研究的可靠性。与算术平均法、灰色关联度法等一些常用的权重确定方法相比，主成分分析法能在尽量保留原有变量信息量的情况下，给那些在考察期内差异较大的变量赋予较大的权重，对于那些差异较小的变量则赋予较小的权重，从而使最后生成的指数更能体现差异性，尽可能减少主观随意性。本书以中国的经济转型为研究对象，目的在于考察 1978 ~ 2003 年中国经济体制

---

① 2002 年后改为国家发展和改革委员会办公厅发布。

在时间序列上的变化情况，因而采用主成分分析法分配权重是合适的。此外，各变量之间存在不同程度的相关关系，主成分分析法可以在尽可能保留原有数据信息的前提下简化统计数据，达到较为简洁明了地揭示变量间关系的目的。

各方面指标体系建立以后，本书采用"相对比较法"将各二级指标数据转化为指数值，即指标的评分表示了该年度该方面指标在整个样本区间时间序列上市场化进程的相对位置。

$$第 i 个指标得分 = ((V_i - V_{min}) / (V_{max} - V_{min})) \times 10 \qquad 式(9.1)$$

其中，V_i 为第 i 项（$i = 1, \cdots, N$）二级指标的原始数据；V_{max} 和 V_{min} 为第 i 项二级指标 V_i 在样本区间（1978~2003 年）内指标原始数据的最大值和最小值。

计算出各方面指数（即一级指数）的二级指数值以后，对每一方面的二级指数时间序列进行主成分分析，按照第一主成分的相应系数分配各二级指数的权重，加权构造出各方面指数；然后再运用同样的方法，将各方面指数按主成分分析法确定的权重合成中国经济整体市场化指数。

三、模型分析、指标及数据处理

经济增长尤其是长期的经济增长主要有两方面的源泉：一方面是资本、劳动力等生产要素投入数量的增加，以及生产要素质量的提高对经济增长的促进作用；另一方面是由于制度创新、技术进步等因素提高了要素使用效率带来的更高的要素生产率对经济增长的贡献。

根据对制度因素处理方式的不同，Schultz（1994）将经济增长的研究方法分为三类：①完全不考虑制度因素；②将制度视为外生变量；③将制度视为内生变量。几乎所有的增长模型都使用第一种研究方法，即将激励结构视为给定的。李小宁（2005）认为较理想的经济增长的制度分析模型是将制度视为内生的研究方法，但是在增长理论中构造这样的模型存在较多的技术困难。

李小宁（2005）利用简单的 AK 增长模型讨论了将制度作为外生因素引入增长模型的可能，探讨了制度因素对长期经济增长率的影响。舒元和徐现祥（2002）对 1952~1998 年中国经济增长的典型事实进行了研究，认为中国的经验证据拒绝了新古典经济增长理论和 R&D 类型增长理论，对 AK 类型增长理论则比较支持。然而，他们从"干中学"的角度将"探索适合我国国情的经济建设道路"作为制度变量纳入经济增长模型的处理方式值得商榷,有待于进一步研究。

本书借鉴李小宁(2005)的思路采用将制度视为外生变量的研究方法对中国改革开放以来(1978~2003)市场化进程影响下的经济增长进行实证研究。

本书从巴罗等(2000)考虑了人力资本作用的增长模型入手,对柯布-道格拉斯(Cobb-Douglas)型生产函数进行扩展:

$$Y_t = A_t K_t^\alpha H_t^\beta e^{\gamma Rf_t} = A_t K_t^\alpha (L_t h_t)^\beta e^{\gamma Rf_t} \qquad \text{式}(9.2)$$

或

$$\ln Y_t = \ln A_t + \alpha \ln K_t + \beta \ln(L_t h_t) + \gamma Rf_t + \xi_t \qquad \text{式}(9.3)$$

其中,Y_t 为产出;K_t 为资本使用量;人力资本 H_t 为劳动力人数 L_t 与其技术水平 h_t 的乘积;Rf_t 为制度变量。关于制度变量以何种形式加入增长方程的问题,学术界在理论上尚无一致的结论。与俄罗斯等国的休克疗法突变式改革不同,中国经济转型是一种渐进式改革的过程,因此本书推测市场化指数这一制度变量具有线性性质可能更符合中国改革的实际情况。通过对不同模型的实证研究,采用线性-对数模型(log-level)能够较好地拟合中国的增长经验。

类似于方程式(9.3)的模型已经在先前的一些实证研究中被分析和使用过,不过,先前的这些研究多少都存在一些不足。首先,先前的研究所采用的通常是静态回归分析方法,受可能的伪回归(spurious regression)效应的影响(Granger, Newbold, 1974),静态回归分析方法估计出来的宏观经济变量之间的关系可能并不可靠。其次,虽然单位根和协整理论发展与完善了经济计量建模方法,但由于单一国家可用数据的样本区间时间跨度多为20~30年,这样时间跨度的年度数据不足以用向量自回归模型方法通过建立多方程模型来可靠地检测宏观经济变量之间的长期关系。由于样本期内的观测值较少,目前在宏观经济计量建模时通常采用单方程建模的方式,主要有两种方法:一是 Engle 和 Granger(1987)提出的 E-G 两步法;二是以 Hendry(1995)为代表的动态建模方法(dynamic specification modeling approach)。由于多重共线性的存在或小样本问题,在许多情况下以 E-G 两步法得到的误差修正模型(ECM)无法反映出真实的经济规律。

由于对同一经济现象常有截然不同的经济理论同时并存,在计量建模时并不存在唯一的理论基础。采用动态建模方法，通过交替运用理论与数据信息，不仅可以对经济理论的适用性进行深入探讨，同时也可充分利用现实数据所反映的真实状况寻找实际经济运行的规律。动态建模方法以探求数据之生成过程（DGP）为主要目标，将应用模型的设计过程明朗化，从最广泛的影响因素入手，从"一般到特殊"（general-to-specific）逐步约化，在序贯约化过程中遵循信息损失最小、满足各项检验标准的建模原则，每个模型都嵌套于（nested within）前一个模型之中，最终所得估计式较好地包容了初始模型。模型设计过程清晰，操作规范，减少了变量选取过程中的随意性。本书的样本区间为 1978～2003 年，样本空间与待估参数相比相对有限，使用动态建模方法构建单方程动态模型是实际建模中比较可行的方法。

基于以上分析，本书在建立中国经济转型过程的增长模型时需要以下几项数据：总产出、资本投入、人力资本和制度变量。对各变量分别说明如下：

（1）总产出。一般而言，衡量国民经济整体产出的指标应该是按可比价格计算的 GDP 或 GNP。本书使用实际 GDP 作为产出指标。

（2）资本投入。资本的使用量没有现成的数据可用，本书采用全社会固定资产总值作为测度指标，使用永续盘存法进行测度。首要的一个问题是对于固定资产存量的计算，对此邹至庄（Chow，1993）认为中国在 1952～1978 年，投资品的价格基本保持不变，因此用现价计算的积累量不需进行价格处理，他估算中国 1978 年末的资本存量为 14 112 亿元（1978 年当年价）。本书以此数据作为 1978 年的初始存量。

以往的研究中最具争议的是如何将资本的名义值换算成实际值，即平减指数的计算，由于中国国家统计局仅仅公布了 1991 年以来的全国固定资产投资价格指数，因而需要对 1990 年之前的固定资产投资价格指数进行估算。Hsueh 和 Li（1996）根据中国国家统计局提供的历史统计数据计算出了 1952～1995 年的全国固定资本形成总额指数。本书使用该资料提供的 1980～1990 年的固定资产投资总额和固定资产投资指数，以及《中国统计年鉴》提供的 1991～2003 年的固定资产投资总额和固定资产投资指数构造了 1978～2003 年的数据集。

在资本存量估算中的另外一个问题是折旧，由于国家统计局未公布全国固定资产折旧序列，只能通过间接的方法进行计算。Perkins（1988）、王小鲁和樊纲等（2000）、Wang（2003）等的研究是在固定资本形成的基础上，对于1952年来的折旧均使用5%的折旧率来进行估算；而宋海岩等（2003）假设资本的物理折旧程度与经济增长率成正比，在官方公布的名义折旧率3.6%的基础上加上经济增长率作为实际折旧率。

本书的处理方法是，在1994年国民收入核算体系修改以前，可以根据以下公式："GDP－折旧＝国内生产净值"、"国内生产净值＝国民收入－补贴＋间接税"，得到"折旧＝GDP－国民收入＋补贴－间接税"（李子奈等，2002）。以上指标均可以从各年度的《中国统计年鉴》中得到，从而计算出1978～1993年的折旧数据。由于统计体系的转变，从1993年起的各年度《中国统计年鉴》提供了各个省份的折旧，将其加总可以得到全国的总折旧额。对于1993年存在两个折旧数据的情况，由于后一种方法是直接估计的，而且后来估计时利用的信息较多，所以本书使用体系修改后的各省份加总数据；对于1995年数据缺失的情况，本书将1994年和1996年换算出的折旧率求平均值后算出1995年的折旧值。

（3）人力资本。关于人力资本技术水平的度量，本书参考Wang（2003）的方法，将15～64岁年龄段的就业人口按照不同教育程度的学习年限分为5类：小学（primary）、初中（junior secondary）、高中（senior secondary）、职业教育（specialized secondary）和高等教育（tertiary），分别设定受教育时间为5年、8年、10年、11年和14.5年[①]，这样人力资本可以根据永续盘存法进行测度。劳动力人数，本书采用年末就业人员数来度量，数据来自《新中国五十年统计资料汇编》（国家统计局国民经济综合统计司，1999）和各年度《中国统计年鉴》。

（4）制度变量。本书使用新构建的市场化指数作为制度变量，数据来自《新中国五十年统计资料汇编》（国家统计局国民经济综合统计司，1999）、各年度《中国统计年鉴》（1996～2004）和IFS（International Financial Statistics）。

由于我国物价部门是从1990年起才正式公布三种价格形式及其比重的统计数据，三项指标中指标 D1 和 D2 存在数据缺失，因此以往的研究都只使用了 D3

---

① 高等教育包括大学本科和大学专科教育，所需学习年限为4年和3年，故取平均值3.5年。

指标。本书根据张卓元（1992）给出的 1978 年社会商品零售总额、生产资料销售收入总额和农副产品收购总额中三种价格形式及其比重数据（该文同时提供了 1978 ~ 1984 年的 $D3$ 数据），在此基础上使用 SAS 8.2 软件包[①]的时间序列模块估计了 $D1$ 和 $D2$ 指标剩余缺失年份的数据。

　　从图 9.2 中 4 个方面的指数图形，可以发现这 4 个方面的市场化进程是不一致的，市场化进程在不同方面的推进也是不稳定和波动的，这主要是受国家经济形势和政策的影响所致。改革开放以来，我国一共进行了 6 次宏观调控[②]，其中有 5 次宏观调控发生在本书的样本区间内：四次反通胀分别发生在 1980 年、1984 ~

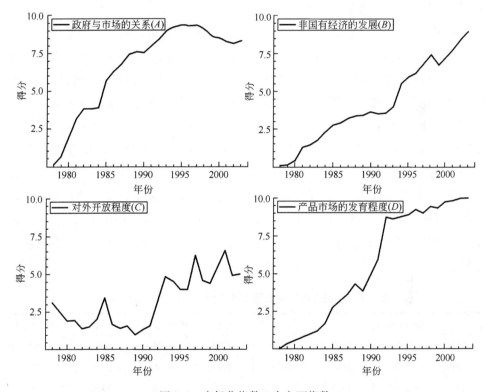

图 9.2　市场化指数 4 个方面指数

①　除单独说明以外，本书使用 OxMetrics 软件包的 PcGive 和 PcGets 模块进行数据处理和建模。
②　易纲，改革开放以来的 6 次宏观调控，中国网，http://www.china.org.cn/chinese/MATERIAL/760582.htm，2005-01-18.

1985 年、1988 ~ 1989 年、1993 ~ 1994 年，然后是 1998 ~ 2002 年反通缩。从四个方面的分指数图形来看，在各对应的时间点，各方面市场化分指数不同程度地受到了影响，其中波动程度最大的是对外开放程度，这与对外开放度指数的构成指标有关：投资和贸易这两个方面不仅受国家经济形势和政策影响，在相当大的程度上还受到国际经济形势和政治因素的影响。例如，对外开放程度分指数在 1989年的波谷就与此有关。另外，金融受国家政策的影响非常大，政府的过度介入导致金融的条块分割，金融市场的对内和对外开放程度均不足，现有金融改革与发展路径已经陷入僵局，反映出中国金融市场的不成熟与不规范（周立，2003；康继军等，2005），这些都影响了与金融有关的市场化进程。

　　表 9.1 为本书所构建的中国经济体制市场化进程指数，图 9.3 中左图为市场化指数的时序图，右图为市场化指数增长率与 GDP 增长率的时序图（为便于比较，此图将两曲线作了均值相等的调整）。从图形上看，市场化指数增长率与 GDP 增长率的数据特征反映出二者之间存在显著的相关关系，制度和政策应该是影响经济增长率的重要因素：1988 ~ 1991 年，由于政治和社会的不稳定因素，中国的改革开放进程急剧放缓，而这直接导致了经济的衰退。1992 年邓小平同志的"南巡"讲话有力地推动了改革开放的深化和新一轮的经济高速增长（1992 ~ 1994 年）。之后，由于中国内部采取了紧缩性的宏观政策，改革开放进程的各个方面有所放慢。同时，东南亚金融危机又从外部给中国经济带来了消极的影响，从而导致了 1995 年以后经济增长速度的下降，这一趋势在 2000 年前后得到了扭转。

表 9.1　中国经济体制市场化进程指数（1978 ~ 2003 年）

年份	市场化指数	年份	市场化指数	年份	市场化指数	年份	市场化指数
1978	0.74	1985	3.60	1992	6.09	1999	7.37
1979	0.83	1986	3.52	1993	6.66	2000	7.83
1980	1.14	1987	3.78	1994	7.10	2001	8.18
1981	1.75	1988	4.20	1995	7.13	2002	7.99
1982	1.88	1989	3.99	1996	7.30	2003	8.20
1983	2.05	1990	4.38	1997	7.89		
1984	2.46	1991	4.82	1998	7.74		

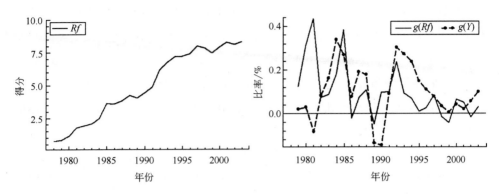

图 9.3 市场化指数 (*Rf*) 以及市场化指数增长率 $[g(Rf)]$
与 GDP 增长率 $[g(Y)]$ 相关图

普遍的观点认为经济体制市场化是通过提高要素生产率来推动经济增长的,认为市场化进程对推动经济增长的效果是显著的,从市场化指数增长率与 GDP 增长率的图形与数据中可以发现,市场化程度提高较快的两个阶段 (1982~1985年、1990~1993 年) 同时也是改革以来 GDP 增长最快的时期,这就可能意味着我国经济高速增长的动力来源于转型过程中经济体制的市场化所带来的能量释放。

四、实证研究

根据上节的分析,本书使用动态建模方法构建中国经济转型过程的单方程动态增长模型。按照动态建模理论,在建模过程中本书依据两个标准:一是理论成立的实据必须与数据关系中参数的稳定性(即时不变性)相对应;二是理论假定的基本关系一般仅与数据信息中的长期部分相对应。前一规定将理论隐含的规律性表述为可测信息,后一规定则力图根据理论隐含的抽象长期均衡关系将数据信息分离成长期与短期两个部分①。

由于产出的长期趋势是不可观测的,实践中多通过设定某种算法将长期趋势自实际产出序列中分离出来,算法的选择主要考虑其时序特性或经济特性。首

---

① 必须指出,计量经济学中数据生成过程 (DGP) 的“长期”与经济学中的均衡不能等同,这是协整理论本身的局限。因为协整关系在较大程度上度量了均衡关系,从这个意义上说,误差修正项反映的长期均衡关系是经济系统中的长期稳定关系,因而,文献中有时将二者不予区分(王少平,2003:31~33)。

先，本书从理论式（9.3）出发，定义 Y^T 为市场经济条件下（即转型过程完成之后的状态）的 Cobb-Douglas 型产出，以期反映产出的长期特性。

$$\ln Y^T = \ln A + \alpha \ln K + \beta \ln(Lh) + \gamma Rf \qquad \text{式（9.4）}$$

从时间序列的角度，本书假定式（9.4）系长期均衡时的状态。为了用式（9.4）估计不可观测的长期趋势 Y^T，本书将式（9.4）改写为以实际产出表示的形式：

$$\ln Y_t = \ln A + \alpha \ln K_t + \beta \ln(Lh)_t + \gamma Rf_t + E_t^T \qquad \text{式（9.5）}$$

以式（9.5）为基础建立一个 3 阶滞后的 ADL 模型并求取其长期趋势项[1]，结果发现在长期均衡关系中市场化指数 Rf 不显著。将刻画经济转型过程的制度变量——市场化指数 Rf 剔除，结合新古典增长理论，对模型（9.5）施加约束条件[2]：$\alpha + \beta = 1$，重新计算 ADL 模型的长期趋势项：

$$\ln(Y/Lh)_t = 0.48\ln(K/Lh)_t + 4.35$$

$$(t\text{-value}) \qquad (2.17)^{***} \qquad (2.52)^{***} \qquad\qquad \text{式（9.6）}$$

$$R^2 = 0.99, \quad \overline{R^2} = 0.98, \quad \delta = 3.97\%, \quad RSS = 1.89\%$$

在长期均衡式（9.6）中，资本弹性系数为 $\hat{\theta} = 0.48$，比 OECD 国家和亚洲的中国香港地区、韩国、中国台湾地区的资本弹性系数大，比拉美国家小（巴罗等，2000：360～361）。本书认为产出拥有较大的资本弹性系数主要是由于中国存在大量富余劳动力这一事实。

经验证，经过不变价格处理的各变量均为 $I(1)$ 变量，并且变量之间存在协整关系；E_t^T 为平稳时间序列 $I(0)$。因此，本书从 $I(1)$ 空间转入 $I(0)$ 空间，以式（9.3）为基础建立一个 3 阶滞后的 ADL 模型，并直接以 E_{t-1}^T 作为该模型的长期均衡项以保证其对产出的变化率具有负向的调节作用[3]。根据"从一般到特殊"的动态建模方法，经过逐步约化，最后得到中国经济转型过程中的动态

---

[1] 滞后阶的选取可按照嵌套模型法或者试错法选取，本书使用试错法。

[2] Chow（1993）对中国生产函数的研究结果表明，1958～1980 年和 1952～1998 年的统计数据都支持规模报酬不变假设。

[3] 在 P 变换（Hendry，1995：313～315）的求取差分过程中，参数的变换可采用两种等价的差分形式，一是将长期项以最大滞后项表示，二是将长期项以 1 阶滞后项表示，在此我们选择后一种方式。

增长模型（1978~2003）[①]：

$$g(Y)_t = -0.95g(Y)_{t-3} - 0.24g(K)_t + 0.33g(K)_{t-1} + 0.35g(K)_{t-2} + 0.24g(Lh)_{t-1}$$

$$(t\text{-value})(-6.16)^{***} \quad (-2.96)^{**} \quad (2.90)^{**} \quad (3.73)^{***} \quad (2.79)^{**}$$

$$-0.41g(Lh)_{t-2} - 0.25g(Lh)_{t-3} + 0.046\Delta Rf_t + 0.026\Delta Rf_{t-1}$$

$$(-3.70)^{***} \quad (-2.07)^* \quad (6.56)^{***} \quad (4.09)^{***}$$

$$+ 0.077\Delta Rf_{t-2} + 0.061\Delta Rf_{t-3} - 0.021ECM_{t-1}$$

$$(7.28)^{***} \quad (6.44)^{***} \quad (-7.09)^{***} \qquad \qquad 式(9.7)$$

$$R^2 = 0.94, \quad \overline{R^2} = 0.87, \quad \delta = 0.97\%, \quad RSS = 0.095\%, \quad \text{D-W}d = 1.79$$

其中，均衡（误差）修正项为：$ECM_t = \ln(Y/Lh)_t - 0.48\ln(K/Lh)_t - 4.35$，表明市场经济条件下的长期均衡关系为：$\ln Y^* = 4.35 + 0.48\ln K^* + 0.52\ln(L^*h^*)$，均衡关系式反映了从数据生成过程体现的中国经济增长过程中的长期规律，这一规律是由式（9.7）中解释变量 ECM_{t-1} 的负反馈体现出来的。式（9.7）还告诉我们，实际 GDP 增长率含一定的惯性运动［由解释变量 $g(Y)_{t-3}$ 表出］；同时，它还受到资本投入变化率及其惯性［$g(K)_t$、$g(K)_{t-1}$、$g(K)_{t-2}$］、劳动投入变化率及其惯性［$g(Lh)_{t-1}$、$g(Lh)_{t-2}$、$g(Lh)_{t-3}$］和制度变化及其惯性（ΔRf_t、ΔRf_{t-1}、ΔRf_{t-2}、ΔRf_{t-3}）的影响。以上这些影响都属于短期影响。由此可见，模型（9.7）将经济增长波动过程的解释因素分解为长期与短期两类。

虽然模型中制度变化及其惯性（ΔRf_t、ΔRf_{t-1}、ΔRf_{t-2}、ΔRf_{t-3}）对 GDP 增长率的拉动弱于资本和劳动（各项系数均小于8%），但是各项系数均显著地进入了模型，而且各项制度因素的系数均为正，这反映出在短期内（转型期内）经济体制改革确实拉动了 GDP 增长。而资本和劳动的变化率及其惯性的弹性系数较大，表明资本和劳动仍然是 1978~2003 年中国经济增长的主要因素。

对于短期因素的系数中有些符号与传统增长模型的预期不符以及个别系数的数值难于解释的情况，本书认为可能是由于两方面的原因所致：首先是方法论方面的原因。本书使用动态建模方法，从"一般"（general）的 ADL 模型出发，经协整检验验证了变量之间存在协整关系，经过序贯约化得到最终以 ECM 模型形

式表示的"特殊"（specific）的动态模型。这里的"一般"只是个相对的概念，动态建模方法只以给定理论模型为基准向所涉时序的动态特征方向扩展，而不向理论模型设定之外的可能相依关系的方向扩展。其次可能是数据方面的原因。从本书所构建的市场化指数来看，中国经济体制改革的实际情况是中国仍然处于经济转型过程之中，市场机制尚不完善，微观主体对市场信号反应不灵敏，从而导致 GDP 增长率短期影响因素作用的复杂性，而判定和识别短期关系中制度因素的作用机制是目前的经济计量技术所难以完美解决的，需要进一步对理论模型进行深入研究。

模型中长期均衡项的调节系数为 -0.021，表明长期均衡关系对 GDP 增长率的波动起着约 2.1% 的负反馈修正作用，其值较小，说明系统对长期均衡偏离的调整非常缓慢，需经过较长时间才能完全调整。该系数反映出我国经济增长短期内较不稳定、调整周期长的特点。对于制度变量（市场化指数）从模型的长期均衡项中消失，本书认为可以从两个方面进行理解：一方面，有关宏观模型中制度因素的设定其实是与微观经济信息密切相关的，在理想的一般均衡条件下，这类制度因素应变成为常量而不起作用[1]；另一方面，可能与使用的制度变量有关，本书所构造的市场化指数刻画的是中国经济体制改革这一经济转型过程，由于市场化所带来的能量释放将随着转型的完成而释放完毕，从这个角度看，这一制度变量也不应存在于长期关系中。

模型（9.7）对真实经验数据的拟合程度很高（$\overline{R^2}=0.87$），其未能解释的经济增长的波动部分仅为 0.97%。表 9.2 给出了模型（9.7）的假设检验结果，可以看出，模型（9.7）很好地通过了各项假设检验。从拟合图（图 9.4）可以看出，模型（9.7）较好地模拟了转型经济下的中国经济增长变化规律。此外，通过进行时不变性检验（模型及主要估计参数的递归分析图）可以证实模型（9.7）中的各解释变量均具有较好的时不变性，并且各解释变量均具有较好的超外生性[2]，因而模型（9.7）可以用作政策分析。

---

[1] 可参见韩德瑞和秦朵（1998）对于宏观模型中制度因素设定问题的相关评论。

[2] 应用 PcGive10.0（Hendry，Doornik，2001）中的 CHOW 检验及 Recursive Graphics，当关注参数取值波动在统计上不显著时基本可认定外生变量具有超外生性。

表9.2　模型（9.7）的假设检验结果

假设检验	零假设（H_0）	检验结果（[ ]内为概率值）	结　论
自相关检验	无自相关	$F(1, 9) = 0.098\ 340\ [0.761\ 0]$	无自相关
自回归条件异方差检验	无异方差	$F(1, 8) = 0.050\ 474\ [0.827\ 9]$	无异方差
正态性检验	正态分布	$Chi^2(2) = 0.530\ 42\ [0.767\ 0]$	正态分布
回归模式识别检验	回归式设定正确	$F(1, 9) = 0.206\ 66\ [0.660\ 2]$	回归式设定正确

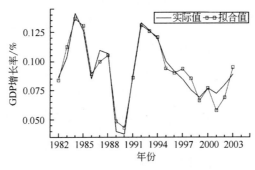

图9.4　模型（9.7）的拟合结果

五、本章小结

本书就如何构建包含经济体制变革因素的增长模型来刻画改革开放以来我国经济增长的经验事实这一问题进行了研究。首先，本书从 4 个方面、以 19 个指标为基础构造了衡量中国经济转型（即经济体制市场化进程）的制度变量——市场化指数，从该指数的数据特征和图形分析的结果来看，新构建的指数较好地描绘了中国经济体制的市场化进程。其次，本书将该市场化指数作为制度变量，运用协整理论和动态建模方法建立了一个经济增长的动态分析模型，该模型较好地模拟了市场化影响下的中国经济增长的变化规律。

根据本书设计的市场化指数，本书对中国目前的经济体制市场化进程作出以下评价：

（1）中国市场化导向的经济体制改革已经卓有成效地推进了中国经济体制的转型。从总体上看，中国经济的市场化程度是持续提高的，市场化相对指数从改革初期的小于 1 提高到 2003 年的 8 左右，说明我国所采取的渐进式改革道路是成功的，经济体制已经发生了巨大的变化，而绝非国外研究机构所评价的在改革前后均为"较不自由"或"不自由"的水平且无变化。当然，改革推进到目前的以制度创新为基本特征的"理性推进阶段",其难度将更大。2003 年党的十六届三中全会更是将完善社会主义市场经济体制、把市场化改革向广度和深度推进确定为今后发展的中心任务。对于如何"完善社会主义市场经济体制"及其进程的测度应该成为今后研究的重点内容。

(2)各方面的市场化进程很不均衡。产品市场发育方面的市场化程度在1995 年左右就接近于比较理想的程度,非国有经济的发展处于持续稳定的上升过程中,而政府与市场的关系的变化则反映出政府政策在以宏观调控为主和较大程度地倚赖市场自身调控上存在摇摆。

(3)市场化进程在改革的不同方面、不同时间阶段的推进是不稳定的和有波动的,这主要是国家形势和政策的影响所致。政府与市场关系一级指数的变化就明显体现了政府的过度介入特征。波动程度最大的是对外开放程度,在二级指数中投资和贸易这两个方面不仅受国家经济形势和政策影响,在相当大的程度上还受到国际经济形势和政治因素的影响。

根据本书所建立的经济增长动态模型,可以得到以下结论:

(1)在短期关系中,虽然制度变化及其惯性(滞后项)对 GDP 增长率的拉动弱于资本和劳动因素,但是各项系数均显著地进入了模型。同时,各项制度因素的系数均为正,证实了短期(转型期)内我国经济高速增长的动力确实部分来源于经济体制的市场化改革所带来的能量释放。

(2)模型中资本和劳动的变化率及其惯性(滞后项)的弹性系数较大,反映出资本和劳动仍然是改革以来中国经济增长的主要因素。

(3)在长期关系中,长期均衡项的调节系数为 -2.1%,其值较小,说明系统对长期均衡偏离的调整非常缓慢。如果资本与劳动投入发生改变,系统需要较长的时间进行调整才能达到新的均衡状态。

需要指出的是,制度的复杂性使得引入制度因素后的增长模型变得丰富多样。本书所建立的模型(9.7)仅仅是一个包含经济制度变革因素的总量模型,并非包含所有制度因素的普适性增长模型,将市场化指数作为制度变量进行宏观经济建模,还有很多的工作要做。

最后,虽然将制度视为外生变量的研究方法有其局限性,但是仍然可以从经验的角度丰富传统经济增长理论,体现出中国经济转型对增长的影响。

第十章

研究结论与政策建议

一、本书的主要结论

根据本书各章对中国经济转型与增长关系的研究，可以得出以下主要结论：

（1）中国市场化导向的经济体制改革已经卓有成效地推进了中国经济体制的转型。从总体上看，中国经济的市场化程度是持续提高的，市场化相对指数从改革初期的小于 1 提高到 2003 年的 8 左右，说明我国所采取的渐进式改革道路是成功的，经济体制已经发生了巨大的变化，而绝非国外研究机构所评价的在改革前后均为"较不自由"或"不自由"的水平且无变化。当然，改革推进到目前的以制度创新为基本特征的"理性推进阶段"，其难度将更大。2003 年党的十六届三中全会更是将完善社会主义市场经济体制、把市场化改革向广度和深度推进确定为今后发展的中心任务。对于如何"完善社会主义市场经济体制"及其进程的测度应该成为今后研究的重点内容。

（2）根据 1978~2003 年转型期中国经济发展的实际经验，资本和劳动仍然是改革以来中国经济增长的主要因素，高质量的人力资本是经济持续高速发展的充分条件，经济体制市场化是经济迅速发展的必要条件。

（3）中国政府行为方式在转型过程中对经济市场化的适应程度几乎是持续提高的，这与我国经济市场化进程的总体趋势基本保持了一致；政府行为方式适应市场化的转变过程呈现出明显的阶段性特征；政府行为方式三个方面的市场化进程不一致，在各个方面的发展也是不平衡的，这主要与国家经济形势和政策有关；政府行为方式市场化进程的三个指标与经济增长之间存在协整关系和因果关系。

（4）中国企业的市场化程度在转型过程中是持续提高的，但是，中国企业的市场化进程与政府行为方式的市场化进程相比，其增长速度较慢。本书认为这一现象与企业制度改革的政策实施的实际情况有关。此外，中国的社会制度也决定了中国的企业市场化无论如何不可能达到西方市场经济发达国家那样高的水平，经济制度的变迁在一定程度上还要受政治、法律等制度变迁的影响和制约；企业的市场化变革过程呈现出明显的阶段性特征，这与企业制度改革的政策和国家经济形势有关；企业市场化进程的四个指标与经济增长之间存在长期稳定的动态均衡关系，这四个指标构成了经济增长的长期 Granger 原因，各变量之间存在因果关系。

（5）中国对外开放三个方面在转型过程中的变革是不稳定的、波动的，其改革的进程是不一致的。与政府行为方式市场化、企业市场化和产品市场发育市场化等方面的经济制度变迁过程相比较，对外开放程度的波动较大。本书认为这与对外开放度指数的构成指标有关：投资和贸易这两个方面不仅受国家经济形势和政策影响，在相当大的程度上还受到国际经济形势和政治因素的影响；对贸易开放、金融开放和投资开放变量组与 GDP 的协整分析结果证实了企业市场化进程的四个指标与经济增长之间存在长期稳定的动态均衡关系，各变量组和经济增长之间存在因果关系。

（6）中国产品市场发育程度持续、迅速增长，与其他方面的改革相比，其增长速度较快，产品市场发育的市场化程度在 1995 年左右就接近于比较理想的水平，已经接近或达到发达市场经济国家水平；产品市场发育市场化变革的四个指标与经济增长之间存在长期稳定的动态均衡关系，这四个指标构成了经济增长的长期 Granger 原因，变量之间存在因果关系。

（7）中国、日本和韩国在金融发展与经济增长在是否存在因果关系以及因果关系的方向上均有差异，这说明经济环境和金融制度的差异在解释金融发展与经济增长的关系上，扮演了重要角色。此外，由于以往对金融发展与经济增长关系的研究采用了不同的变量，所得到金融发展与经济增长之间是否存在的因果关系，以及因果关系的方向的结论均有所不同。就中国的经验而言，1990 年以后随着市场化进程的深入，股市的发展并没有在很大程度上影响金融中介对经济增长的促进作用，反映出中国金融市场的不成熟与不规范，如何促进金融发展对经济增长的推动作用有待向外国学习和进一步研究。同时，中国的内生金融发展转化为经济增长推动力的机制尚存障碍，必须把如何提高金融中介效率作为金融发展的首要问题之一来考虑。金融发展虽然不能在短期内成为新的经济增长点，但是也应朝着促进经济增长的长期均衡状态进行改革，应当努力为金融中介和金融市场创造内生发展的环境，提高金融中介的效率，使金融发展与经济增长之间的传导机制更加畅通，从而达到金融发展和经济增长相互促进，共同发展的双重目标。

（8）根据本书使用动态计量经济学"从一般到特殊"动态建模方法建立的包含经济制度变革因素的单方程动态经济增长模型可知：在短期关系中，虽然制度变化及其惯性（滞后项）对 GDP 增长率的拉动弱于资本和劳动因素，但是各项系数均显著地进入了模型，同时，各项制度因素的系数均为正，证实了短期（转型期）内我国经济高速增长的动力确实部分来源于经济体制的市场化改革所带来的能量释放；模型中资本和劳动的变化率及其惯性（滞后项）的弹性系数较大，反映出资本和劳动仍然是改革以来中国经济增长的主要因素；在长期关系中，长期均衡项的调节系数为 −2.1%，其值较小，说明系统对长期均衡偏离的调整非常缓慢，如果资本与劳动投入发生改变，系统需要较长的时间进行调整才能达到新的均衡状态。

二、未来研究展望

（一）关于量化测度制度变迁指标体系

（1）制度变迁涉及政治、经济、法律、文化等社会各个层面的变革，对中国经济转型期制度变迁的过程和程度进行测度，实在是一个难以解决的问题。在新制度经济学关于制度变迁的经验研究文献中已有一些对经济、法律等方面制度变革的经验研究，本书仅仅对经济体制市场化这一经济制度变革的内容进行了研究，中国的经济转型过程已经由改革初期的破坏原有体制的阶段进入到建立和完善新的经济体制的理性推进阶段，必然涉及政治、法律等层面的内容。因此，对包含政治、法律等方面制度变迁进行测度，进而对制度变迁与经济增长的关系进行更深入的研究就具有非常重要的意义。

（2）本书在前人研究基础上，创新性地构建了测度中国经济制度变迁的制度变量——市场化相对指数，这一指数对中国总体经济制度在时间维度变迁的相对程度进行了测度。在对中国经济增长的收敛分析研究中，已有一些文献考虑了制度因素，这些研究从不同侧面描述了我国经济体制改革过程中各地区的经济制度变迁在经济发展中所起到的作用，但在如何描述制度变迁的差异，以及不同的制度差异如何作用于经济增长等问题上存在较大争议。要想较好地解决这些问题，必须构建一个较为全面的能描述改革以来各地区的市场化指数，这就需要建立一个较长跨期的 Panel Data 数据集，这项工作在目前存在较大的数据方面的困难，但是应该成为今后工作中的一项主要内容。

（二）关于包含制度因素的宏观经济建模

（1）本书将所构建的市场化相对指数作为经济制度变量，运用基于协整理论的动态经济计量建模方法建立了一个单方程动态增长模型，从长期和短期的角度动态地分析了资本、劳动和制度因素与经济增长的相互关系。通过进行时不变性检验证实了模型中的各解释变量均具有较好的时不变性，并且各解释变量均具有较好的超外生性，因而本书所建立的包含经济制度变革因素的单方程动态经济增长模型可以用作政策分析。在此基础上可以作的研究确实很多，例如，可以对经济制度变革的各个方面变化对整个宏观经济的影响进行研究，可以将经济制度因素应用于财政与货币政策分析，等等。作者考虑到本书的篇幅以及主要的研究目的，没有在应用研究上加以过多的扩展，这方面的研究工作是本书继续深入研究的主要内容，事实上已经在着手进行了。

（2）制度的复杂性使得引入制度因素后的增长模型变得丰富多样。本书所建立的包含经济制度变革因素的单方程动态经济增长模型仅仅是一个包含经济制度变革因素的总量模型，并非包含所有制度因素的普适性增长模型，将市场化指数作为制度变量进行宏观经济建模，还有很多的工作要做。在本书构建的动态模型中存在短期因素的系数中有些符号与传统增长模型的预期不符以及个别系数的数值难于解释的情况，本书认为这可能是由于两方面的原因所致：首先可能是方法论方面的原因。本书使用动态建模方法，从"一般"的 ADL 模型出发，经协整检验验证了变量之间存在协整关系，经过序贯约化得到最终以 ECM 模型形式表示的"特殊"的动态模型。这里的"一般"只是个相对的概念，动态建模方法只以给定理论模型为基准向所涉时序的动态特征方向扩展，而不向理论模型设定之外的可能相依关系的方向扩展。其次可能是数据方面的原因。从本书所构建的市场化指数来看，中国经济体制改革的实际情况是中国仍然处于经济转型过程之中，市场机制尚不完善，微观主体对市场信号反应不灵敏，从而导致 GDP 增长率短期影响因素作用的复杂性，而判定和识别短期关系中制度因素的作用机制是目前的经济计量技术所难以完美解决的，需要进一步对理论模型进行深入研究。

参考文献

巴罗，萨拉伊马丁．2000．经济增长．何晖，刘明兴译．北京：中国社会科学出版社

保罗·G黑尔．2004．转型时期的制度变迁和经济发展．经济社会体制比较，(5)：1~11

布坎南．1989．自由、市场与国家．平新乔等译．上海：上海三联书店

蔡昉，都阳．2000．中国地区经济增长的趋同与差异——对西部开发战略的启示．经济研究，
　(10)：30~37

陈家勤．2002．我国外贸出口依存度比较研究．财贸经济，(2)：76~81

陈宗胜．1999a．改革、发展与收入分配．上海：复旦大学出版社

陈宗胜．1999b．中国经济体制市场化进程研究．上海：上海人民出版社

陈宗胜等．1998．中国经济体制市场化进程．中国社会科学季刊，(香港)夏季号

樊纲，王小鲁．2004．中国市场化指数——各地区市场化相对进程2004年度报告．北京：经
　济科学出版社

樊纲，王小鲁，张立文．2001．中国各地区市场化进程2000年报告．国家行政学院学报，
　(3)：17~27

樊纲，王小鲁，张立文等．2003．中国各地区市场化相对进程报告．经济研究，(3)：9~18

冯英浚，马魁东，孙剑飞．2003．管理在经济增长中贡献率的一种测算方法．数量经济技术经
　济研究，(3)：49~53

傅晓霞，吴利学．2002．制度变迁对中国经济增长贡献的实证分析．南开经济研究，(4)：
　70~75

高明华．2003．中国企业市场化进程研究．管理世界，(8)：81~91

高铁梅．2006．计量经济分析方法与建模：EViews应用及实例．北京：清华大学出版社

戈德史密斯．1994．金融结构与金融发展．上海：上海三联书店

龚六堂，邹恒甫．2001．政府公共开支的增长和波动对经济增长的影响．经济学动态，(9)：
　58~63

顾海兵．1997．中国经济市场化程度的最新估计与预测．管理世界，(2)：52~55

国家发改委价格司．2005．2003年度三种价格形式比重测算结果揭晓．价格理论与实践，
　(1)：35

国家计委价格司. 1998. 1997 年我国价格形成市场化程度进一步提高. 中国物价, （12）：17 ~ 20

国家计委价格司. 1999. 1998 年在农产品和生产资料购销总额中政府定价比重大幅下降. 中国物价, （12）：29 ~ 32

国家计委价格司. 2000. 农副产品市场调节价比重继续提高生产资料政府指导价比重略有上升. 中国物价, （12）：24 ~ 28

国家计委市场与价格研究所课题组. 1996. 我国经济市场化程度的判断. 宏观经济管理, （2）：20 ~ 23

国家统计局国民经济核算司. 2004. 中国季度国内生产总值核算历史资料（1992 ~ 2001）. 北京：中国统计出版社

国家统计局国民经济综合统计司. 1999. 新中国五十年统计资料汇编. 北京：中国统计出版社

国家统计局人口和社会科学统计司. 2002. 中国 2000 年人口普查资料. 北京：中国统计出版社

国务院人口普查办公室，国家统计局人口和社会科技统计司. 2002. 中国 2000 年人口普查资料. 北京：中国统计出版社

韩德瑞，秦朵. 1998. 动态经济计量学. 上海：上海人民出版社

何新华，吴海英，曹永福等. 2005. 中国宏观经济季度模型 Chian_QEM. 北京：社会科学文献出版社. 129 ~ 139

贺菊煌. 1992. 我国资产的估算. 数量经济技术经济研究, （8）：24 ~ 27

滑东玲. 2006. 转轨国家制度与金融自由化关系的实证研究. 金融研究, （1）：109 ~ 117

黄繁华. 2001. 90 年代度量贸易开放度的新方法及其启示. 外国经济与管理, （1）：19 ~ 22

黄金老. 2001. 金融自由化与金融脆弱性. 北京：经济科学出版社

黄少安. 1999a. 制度变迁主体角色转换假说及其对中国制度变革的解释——兼评杨瑞龙的"中间扩散型假说"和"三阶段论". 经济研究, （1）：66 ~ 79

黄少安. 1999b. 所有制结构及其与市场经济关系的一般分析. 山东社会科学, （4）：35 ~ 38

黄少安. 1999c. 中国经济制度变迁的事实对"制度变迁主体角色转换假说"的证实. 浙江社会科学, （1）：14 ~ 22

黄少安. 2000. 关于制度变迁的三个假说及其验证. 中国社会科学, （4）：37 ~ 49

黄宪，马理，代军勋. 2005. 资本充足率监管下银行信贷风险偏好与选择分析. 金融研究, （7）：95 ~ 103

江晓薇，宋红旭. 1995. 中国市场经济度的探索. 管理世界, （6）：32 ~ 37

蒋瑛琨，赵振全，刘艳武. 2005. 中国货币需求函数的实证分析——基于两阶段（1978 ~ 1993、1994 ~ 2004）的动态检验. 中国软科学, （2）：24 ~ 33

金玉国．1998．1984～1995 年中国经济增长的宏观制度解析．统计研究，(5)：13～15

金玉国．2001．宏观制度变迁对转型时期中国经济增长的贡献．财经科学，(2)：24～28

凯恩斯．1983．就业、利息和货币通论．北京：商务印书馆

康继军，张宗益，傅蕴英．2005．金融发展与经济增长之因果关系——中国、日本、韩国的经
　　验．金融研究，(10)：20～31

康继军，张宗益，傅蕴英．2006．经济增长中制度与管理创新的贡献．财经科学，(7)：
　　57～63

康继军，张宗益，傅蕴英．2007a．中国经济转型与增长．管理世界，(1)：7～17

康继军，张宗益，傅蕴英．2007b．开放经济下的经济增长模型．数量经济技术经济研究，
　　(1)：3～12

科斯．1991．企业、市场和法律．上海：上海三联书店

库兹涅茨．1981．现代国外经济学论文选第二辑．北京：商务印书馆

库兹涅茨．1989．现代经济增长．北京：北京经济学院出版社

李翀．1998．我国对外开放程度的度量与比较．经济研究，(1)：26～29

李风圣．2000．中国制度变迁的博弈分析(1956～1989)．中国社会科学研究院研究生院博士
　　学位论文．36～128

李京文．2001．制度创新与管理创新：意义、趋势与任务．中国社科院研究生院学报，(6)：
　　27～34

李小宁．2005．经济增长的制度分析模型．数量经济技术经济研究，(1)：3～17

李治国，唐国兴．2003．资本形成路径与资本存量调整模型——基于中国转型时期的分析．经
　　济研究，(2)：34～42

李子奈，鲁传一．2002．管理创新在经济增长中贡献的定量分析．清华大学学报（哲学社会科
　　学版），(2)：25～31

林毅夫，李周．1995．国有企业改革的核心是创造竞争的环境．改革，(3)：17～28

刘斌．2003．国内外中央银行经济模型的开发与应用．北京：中国金融出版社

刘鸿儒．2000．刘鸿儒论中国金融体制改革．北京：中国金融出版社

刘明兴，陶然，章奇．2003．制度、技术和内生经济增长．世界经济文汇，(6)：64～80

刘毅，申洪沔．2002．中国金融市场化的度量分析．财经研究，(9)：39～46

刘元春．2003．中国经济制度变迁与经济增长的计量研究．载：政治经济学评论（第2卷）．
　　北京：中国人民大学出版社．30～48

卢中原，胡鞍钢．1993．市场化改革对我国经济运行的影响．经济研究，(6)：49～55

罗兰．2002．转型与经济学．张帆，潘佐红译．北京：北京大学出版社

马健. 1999. 经济增长中的制度因素分析. 上海经济研究, (8)：2~7

马蔚华. 2005. 战略调整：中国商业银行发展的路径选择. 经济学家, (1)：44~50

米什金. 1998. 货币金融学. 北京：人民大学出版社

诺斯. 1994. 制度、制度变迁与经济绩效. 上海：上海三联书店

诺思, 张五常等. 2003. 制度变革的经验研究. 罗仲伟译. 北京：经济科学出版社

庞晓波, 赵振全. 2000. 体制变迁的经济效应及其对我国经济增长问题的解释. 数量经济技术
   经济研究, (3)：21~25

秦朵. 1997. 改革以来的货币需求关系. 经济研究, (10)：16~25

青木昌彦, 奥野正宽. 2005. 经济体制的比较制度分析. 魏加宁等译. 北京：中国发展出版社

沈坤荣, 马俊. 2002. 中国经济增长的"俱乐部收敛"特征及其成因研究. 经济研究, (1)：
   33~39

沈利生. 2003. 中国外贸依存度的测算. 数量经济技术经济研究, (4)：5~12

沈利生. 2005. 论外贸依存度——兼论计算外贸依存度的新公式. 数量经济技术经济研究,
   (7)：15~24

沈利生, 朱运法. 1999. 人力资本与经济增长分析. 北京：社会科学出版社

盛洪. 1992. 市场化的条件、限度和形式. 经济研究, (11)：71~79

舒元, 徐现祥. 2002. 中国经济增长模型的设定：1952~1998. 经济研究, (11)：3~11

宋海岩, 刘淄楠, 蒋萍等. 2003. 改革时期中国总投资决定因素的分析. 世界经济文汇, (1)：
   44~56

谭影慧. 2000. 论对外开放度的度量. 上海大学学报（社会科学版）, (2)：72~75

汪同三, 沈利生. 2001. 中国社会科学院数量经济与技术经济研究所经济模型集. 北京：社会
   科学文献出版社

王少平. 2003. 宏观计量的若干前沿理论与应用. 天津：南开大学出版社

王立平, 龙志和. 2004. 中国市场化与经济增长关系的实证分析. 经济科学, (2)：12~18

王文博, 陈昌兵, 徐海燕. 2002. 包含制度因素的中国经济增长模型及实证分析. 当代经济科
   学, (3)：33~37

王小鲁, 樊纲等. 2000. 我国经济增长的可持续性. 北京：经济科学出版社

魏建, 黄少安. 2000. 产权制度创新与管理创新的良性互动——山东诸城四达绝缘材料股份有
   限公司改革与发展纪实. 经济理论与经济管理, (5)：50~53

温家宝. 2007. 全面深化金融改革、促进金融业持续健康安全发展——全国金融工作会议讲
   话. 中国金融家, (3)：18~25

吴栋, 周建平. 2006. 资本要求和商业银行行为：中国大中型商业银行的实证分析. 金融研

究，(8)：144~153

吴晓求，赵锡军，瞿强等. 2006. 市场主导与银行主导：金融体系在中国的一种比较研究. 北京：中国人民大学出版社

熊彼特. 1990. 经济发展理论. 北京：商务印书馆

许和连，包群，赖明勇. 2003. 贸易开放度与中国经济增长. 中国软科学，(5)：40~46

严冀，陆铭，陈钊. 2005. 改革、政策的相互作用和经济增长——来自中国省级面板数据的证据. 世界经济文汇，(1)：27~45

杨瑞龙. 1998. 我国制度变迁方式转换的三阶段论——兼论地方政府的制度创新行为. 经济研究，(1)：3~10

易纲等. 1999. 货币银行学. 上海：上海人民出版社

于立勇，曹凤岐. 2004. 论新巴塞尔协议与我国银行资本率水平. 数量经济技术经济研究，(1)：30~37

张军，章元. 2003. 对中国资本存量 K 的再估计. 经济研究，(7)：35~43

张曙光. 1998. 走向市场经济的制度结构：市场、政府和道德. 天津社会科学，(3)：12~19

张曙光，赵农. 2000. 市场化及其测度——兼评《中国经济体制市场化进程研究》. 经济研究，(10)：73~77

张伟，金玉国，康君. 2005. 我国国民经济市场化进程的统计评价与实证分析. 中国软科学，(3)：24~36

张晓晶. 2004. 中国市场化进程报告：现状分析与未来预测. 管理世界，(3)：5~13

张延群，朱运法. 2001. 中国季度宏观经济计量协整模型. 载：汪同三，沈利生. 中国社会科学院数量经济与技术研究所经济模型集. 北京：社会科学文献出版社. 57~101

张卓元. 1992. 中国经济改革理论三部曲：商品经济论、市场取向论、市场经济论. 财贸经济，(11)：3~8

中国物价年鉴编辑部. 2002. 中国物价年鉴（2000~2001）. 北京：中国物价出版社. 676~683

中华人民共和国国家统计局. 2003. 中国统计年鉴 2003. 北京：中国统计出版社

中华人民共和国国家统计局. 2004. 中国统计年鉴 2004. 北京：中国统计出版社

重庆市科学技术委员会. 1997. 重庆市科学技术要览. 85

重庆市科学技术委员会. 2001. 重庆市科学技术要览. 64

重庆市统计局. 1998. 重庆统计历史资料（1949~1996）. 重庆：重庆市统计局

重庆市统计局. 2002. 重庆市 2000 年人口普查资料. 北京：中国统计出版社

周立. 2001. 中国金融改革要求金融制度转变. 世界经济，(2)：73~75

周立. 2003. 改革期间中国金融业的"第二财政"与金融分割. 世界经济,(6):72~79

周业安. 2005. 金融市场的制度与结构. 北京:中国人民大学出版社

周业安,赵坚毅. 2004. 市场化、经济结构变迁和政府经济结构政策转型——中国经验. 管理世界,(5):9~17

朱闰龙. 2004. 金融发展与经济增长文献综述. 世界经济文汇,(6):46~64

Aghion P, Howitt P. 1992. A model of growth through creative destruction. Econometrica, 60: 323~351

Alchian A A. 1977. Economic forces at work. Indianapolis: Liberty Press

Alesina A, Ozler S, Roubini N, et al. 1992. Political instability and economic growth. Journal of Economic Growth, 1 (2): 189~211

Ali A M, Crain W M. 2002. Institutional distortions, economic freedom, and growth. Cato Journal, 21 (3): 415~426

Andersen T B, Tarp F. 2003. Financial liberalization, financial development and economic growth in LDCs. Journal of International Development, 15: 189~209

Aoki M. 2005. Schumpeterian innovation of institution. Invited Lecture at the Tenth Conference of the International Schumpeter Society Held in Milan on June 10, 2004. http://esnie. u-paris10. fr/pdf/textes_ 2005/Aoki_ milano. pdf

Arestis P, Demetriades P. 1997. Financial development and economic growth: assessing the evidence. Economic Journal, 107: 783~799

Bandiea O, Caprio G, Honohan P, et al. 2000. Does financial reform raise or reduce saving? The Review of Economics and Statistics, 5: 239~263

Barro R J, Xavier Sala-i-martin. 1992a. Public finance in models of economic growth. Review of Economic Studies, 59: 645~661

Barro R J, Xavier Sala-i-martin. 1992b. Convergence. Journal of Political Economy, 100: 223~251

Barro R J. 1990. Government spending in a simple model of endogenous growth. Journal of Political Economy, 98: 103~125

Barro R J. 1996. Democracy and growth. Journal of Economic Growth, 1 (1): 1~27

Barth J R, Caprio G, Levine R. 2004. Bank regulation and supervision: what works best? Journal of Financial Intermediation, 13: 205~248

Bekaert G, Harvey C, Lundblad C. 2001. Emerging equity markets and economic development. Journal of Development Economics, 66: 465~504

Bekaert G, Harvey C, Lundblad C. 2005. Does financial liberalization spur growth? Journal of

Financial Economics，77：3～55

Bertola G，Drazen A. 1993. Trigger points and budget cuts: explaining the effects of fiscal austerity. American Economic Review，80：11～26

Blum J. 1999. Do capital adequacy requirements reduce risks in banking? Journal of Banking & Finance，23：755～771

Burkhart R E. 2000. Economic freedom and democracy: post-cold war tests. European Journal of Political Research，37：237～253

Calem P S，Rob R. 1999. The impact of capital-based regulation on bank risk-taking. Journal of Financial Intermediation，8：317～352

Carlsson F，Lundstrom S. 2002. Economic freedom and growth: decomposing the effects. Public Choice，112：335～344

Cass D. 1965. Optimum growth in an aggregate model of capital accumulation. Review of Economic Studies，32：233～240

Cheung S N S. 1968. Private property rights and share cropping. Journal of Political Economy，76：1107～1122

Choi W G，Oh Seonghwan. 2003. A money demand function with output uncertainty, monetary uncertainty, and financial innovations. Journal of Money，Credit，and Banking，35 (5)：685～709

Chow G C. 1966. On the long-run and short-run demand for money. Journal of Political Economy，74：111～131

Chow G C. 1993. Capital formation and economic growth in China. Quarterly Journal of Economics，CVIII，August：809～842

Chow G C. 2002. China's economic transformation. Oxford: Blackwell Publishers Ltd

Chowdhurie-Aziz M. 1997. Political openness and economic performance. Unpublished Paper. University of Minnesota

Coase R H. 1937. The nature of the firm. Economica，4：386～406

Coase R H. 1991. The institutional structure of production. Prize Lecture，December 9. http://nobelprize. org/economics/laureates/1991/coase-lecture. html

Coase R H. 1999. The task of the society. Opening Address to the Annual Conference，International Society for New Institutional Economics. Washington，DC，USA. September 17，1999. http://coase. org/coasespeech. htm

Conte M A，Darrat A F. 1988. Economic growth and the expanding public sector: a reexamination. The Review of Economic and Statistics，7 (2)：322～330

Cooter R, Ulen T. 1988. Law and economics. Harper Collins Publishers

Crain W M, Lee K J. 1999. Economic growth regressions for the American States: a sensitivity analysis. Economic Inquiry, 37 (2): 242 ~ 257

Das D K. 2003. Financial liberalization in the emerging market economies. Journal of Asset Management, 4: 314 ~ 345

Dasgupta P. 1995. The population problem: theory and evidence. Journal of Economic Literature, 33: 1989 ~ 1902

De Haan J, Siermann C L J. 1998. Further evidence on the relationship between economic freedom and economic growth. Public Choice, 95: 363 ~ 380

Demetriades P O, Hussein K A. 1996. Does financial development cause economic growth? Time-series evidence from 16 countries. Journal of Development Economics, 51: 387 ~ 411

Demirgüc-Kunt A, Detragiache E. 1998. Financial liberalization and financial fragility. Working Paper, No. 83. Washington D. C. IMF

Demirgüc-Kunt A, Levine R. 1996. Stcok market development and financial intermediaries: stylized facts. The World Bank Economic Review, 10 (2): 291 ~ 321

Demsetz H. 1988. The organization of economic activity. Oxford: Basil Blackwell

Devarajan S, Swaroop V, Zou Hengfu. 1996. The composition of public expenditure and economic growth. Journal of Monetary Economics, 37: 313 ~ 344

Dollars D. 1992. Outward-oriented developing economies really do grow more rapidly: evidence from 95LDCs, 1976 ~ 1985. Economic Development and Cultural Change, 40 (3): 523 ~ 44

Domar E D. 1946. Capital expansion, rate of growth, and employment. Econometrica, 14 (April): 137 ~ 147

Easterly W, Levine R. 2002. Tropics, germs and crops: how endowments influence economic development. National Bureau of Economic Research, Working Paper: 9106

Edwards S. 1992. Trade orientation, distortion, and growth in developing countries. Journal of Developing Economics, 39 (1): 31 ~ 57

Edwards S. 1998. Openness, productivity and growth, what do we really know? Economic Journal, 108: 383 ~ 398

Eggertsson T. 1990. Economic behavior and institutions. Cambridge: Cambridge University Press

Eggertsson T. 1993. The economics of institutions: avoiding the open field syndrome and the perils of path dependence. Acta Sociologica, 36 (3): 223 ~ 237

Engle R F, Granger C W J. 1987. Cointegration and error correction: representation, estimation, and testing. Econometrica, 55 (2): 251~276

Evans P. 1997. Government consumption and growth. Economic Inquiry, 35: 209~217

Farr W K, Lord R A, Wolfenbarger J L. 1998. Economic freedom, political freedom, and economic well-being: a causality analysis. Cato Journal, 18 (2): 247~262

Field A J. 1981. The problem with neoclassical institutional economics: a critique with special reference to the North/Thomas model of Pre-1500 Europe. Explorations in Economic History, 18: 174~198

Fischer S. 1993. The role of macroeconomic factors in growth. Journal of Monetary Economics, 32: 484~512

Freedom House. 2002. Freedom in the world: the annual survey of political rights and civil liberties 2001~2002. Rowman & Littlefield Publishers, Inc

Furlong F T, Keeley M C. 1989. Capital regulation and bank risk-taking: a note. Journal of Banking and Finance, 13: 883~891

Gali J. 1994. Government size and macroeconomic stability. European Economic Review, 117~132

Gallup J L, Sachs J D, Mellinger A D. 1998. Geography and economic development. National Bureau of Economic Research. Working Papers: 6849

Ghosh S. 2006. Did financial liberalization ease financial constraints? Evidence from Indian firm-level data. Emerging Markets Review, 7: 176~190

Godlewski C J. 2005. Capital regulation and credit risk taking empirical: evidence from banks in emerging market economics. Journal of Banking Regulation, 6: 128~145

Goldfeld S M, Sichel D E. 1990. The demand for money. In: Friedman B M, Hahn F H. Handbook of Monetary Economics, 1: 299~356. Amsterdam: North-Holland

Granger C W J, Newbold P. 1974. Spurious regressions in econometrics. Journal of Econometrics, 2: 111~120

Grier K B, Tullock G. 1989. An empirical analysis of cross-national economic growth, 1951~1980. Journal of Monetary Economics, 24: 259~276

Grossman G M, Helpman E. 1991. Quaterly ladders in the theory of growth. Review of Economic Studies, 58: 43~61

Grossman G, Helpman E. 1991. Innovation and growth in the global economy. Cambridge, MIT Press

Gunnar B. 1992. Dynamic modeling of the demand for narrow money in norway. Journal of Policy Modeling, 14 (3): 363~393

Gurley J G, Shaw E S. 1955. Financial aspects of economic development. American Economic Review, 45 (4): 515~538

Guseh J S. 1997. Government size and economic growth in developing countries: a political-economy framework. Journal of Macroeconomics, 19 (1): 175~192

Gwartney J, Lawson R, Block W. 1996. Economic freedom of the world, 1975~1995. Vancouver: The Fraser Institute

Gwartney J, Lawson R, Park W, et al. 2001. Economic freedom of the world 2001 annual report. Vancouver: The Fraser Institute

Hall R E, Jones C I. 1999. Why do some countries produce so much more output per worker than others? Quarterly Journal of Economics, 114 (1): 83~116

Hanke S H, Waters S J K. 1997. Waters, economic freedom, prosperity, and equality: a survey. Cato Journal. http://www.cato.org/pubs/journal/cj17n2-1.html

Harrison A. 1996. Openness and growth: a time series, cross-country analysis for developing countries. Journal of Development Economics, 48: 419~447

Harrod R F. 1939. An essay in dynamic theory. Economic Journal, 49: 14~33

Heckelman J C. 2000. Economic freedom and economic growth: a short-run causal investigation. Journal of Applied Economics, 33: 71~91

Helliwell J F, Chung A. 1991. Are bigger countries better Off? In: Kingston. economic dimensions of constitutional change. Ontario: John Deutsch Institute

Helliwell J. 1994. Empirical linkages between democracy and economic growth. British Journal of Political Science, 24: 225~248

Hendry D F, Doornik J A. 2001. Empircal econometric modelling using PcGive. Timberlake Consultants Ltd

Hendry D F, Ericsson N R. 1991. An econometric analysis of UK money demand. In: Friedman M, Schwartz A J. Monetary trend in the United State and the United Kingdom. American Economic Review, (1): 8~38

Hendry D F. 1980. Predictive failure and econometric modelling in macroeconomics: the transactions demand for money. In: Economoic modeling. London: Heinemann Education Books

Hendry D F. 1995. Dynamic econometrics. Oxford: Oxford University Press

Hicks J. 1969. A theory of economic history. Oxford: Clarendon Press

Hildegart, Ahumada, et al. 1992. A dynamic model of the demand for currency argentina 1977~1988. Journal of Policy Modeling, 14 (3): 335~361

Hsueh T T, Li Q, Liu S C. 1990. China's provincial statistics 1949~1989. Westview Press

Hsueh T T, Li Q. 1996. China's national income 1952~1995. Westview Press. 486~487

Intriligator M D, Bodkin R G, Hsiao C. 1996. Econometric models, techniques, and applications. Prentice-Hall International Inc

Ito H. 2006. Financial development and financial liberalization in Asia: thresholds, institutions and the sequence of liberalization. North American Journal of Economics and Finance, 17: 303~327

Jacques K, Nigro P. 1997. Risk-based capital, portfolio risk, and bank capital: a simultaneous equations approach. Journal of Economics and Business, 49: 533~547

Jaggers K, Gurr T R. 1995. Tracking democracy's third wave with the polity III Data. Journal of Peace Research, 32: 469~482

Johansen S. 1996. Likelihood-based inference in cointegrated vector autoregressive models. Oxford: Oxford University Press

Johnson J P, Lenartowicz T. 1998. Culture, freedom and economic growth: do cultural values explain economic growth? Journal of World Business, 33 (4): 332~356

Jones C I. 1995a. R & D-based models of economic growth. The Journal of Political Economy, 103 (4): 759~784

Jones C I. 1995b. Time series tests of endogenous growth models. The Quarterly Journal of Economics, 110 (2): 495~525

Kahane Y. 1977. Capital adequacy and the regulation of financial intermediaries. Journal of Banking and Finance, 1: 207~218

Kaminsky G L, Reinhart C M. 1999. The Twin crises: the causes of banking and balance-of-payments problems. The American Economic Review, 3: 473~500

Kaufmann D, Kraay A, Pablo Zoiodo-Lobaton. 1999. Governance matters. World Bank Working Paper: 2196

Kaun D E. 2002. What does economic freedom buy? Journal of Socio-Economics, 31: 371~390

Keeley M C, Furlong F T. 1990. A reexamination of mean-variance analysis of bank capital regulation. Journal of Banking and Finance, 14: 69~84

Kim B, Kenny L W. 2007. Explaining when developing countries liberalize their financial equity markets. Journal of International Financial Markets, Institutions and Money, 17: 387~402

Kim D, Santomero A M. 1988. Risk in banking and capital regulation. Journal of Finance, 43: 1219~1233

King R G, Levine R. 1993. Finance, entrepreneurship, and growth Theory and evidence. Journal of

Monetary Economics, 32: 513~542

Klein P, Shelanski H. 1995. Empirical work in transaction cost economics: a survey and assessment. Journal of Law, Economics and Organization, 11 (2): 335~361

Koehn M, Santomero A M. 1980. Regulation of bank capital and portfolio risk. Journal of Finance, 35: 1235~1244

Koo J, Maeng K. 2005. The effect of financial liberalization on firms' investment in Korea. Journal of Asian Economics, 16: 281~297

Koopmans T C. 1965. On the concept of optimal economic growth. Pontifical Academy of Sciences, 28 (1): 225~300

Krueger A O. 1985. The experience and lessons of Asia's super exporters. In: Corbo V, Krueger A O, Fernando O. Export oriented. Development strategies: the success of five newly industrializing Countries. Westview Press. Boulder. CO

Krugman P, Helpman E. 1985. Market structure and foreign trade. Cambridge. MA: MIT Press

Krugman P. 1995. Cycles of conventional wisdom on economic development. International Affairs, 71 (4): 717~732

Kwon E. 2004. Financial liberalization in South Korea. Journal of Contemporary Asia, 34 (1): 70~101

Laeven L. 2003. Does financial liberalization reduce financial constraints. Financial Management, Spring

Leamer E. 1985. Sensitivity analyses would help. America Economic Review, 75: 308~313

Leamer E. 1988. Measuring of openness, trade policy and empirical analysis. University of Chicago Press

Lehr C S, Wang P. 2000. Dynamic effects of financial intermediation over the business cycle. Economic Inquiry. 38 (1): 34~57

Levine R, Renelt D. 1992. A sensitivity analysis of cross-country growth regressions. The American Economic Review, 82: 942~963

Levine R, Zervos S. 1998. Stock markets, banks, and economic growth. American Economic Review, 88 (3): 537~558

Levine R. 1991. Stock market, growth and tax policy. Journal of Finance, 46 (4): 1445~1465

Levy B, Spiller P. 1994. The institutional foundation of regulatory commitment. Journal of Law, Economics and Organization, 9 (2): 201~246

Lin J Y. 1987. The household responsibility system reform in China: a peasant's institutional choice. American Journal of Agricultural Economics. May

Lin J Y. 1989. An economic theory of institutional change: induced and imposed change. Cato Journal, Spring/Summer, 9 (1): 1~35

Lucas R E. 1988. On the mechanics of economic development. Journal of Monetary Economics, 22: 3~42

Mankiw N G, Romer D, Weil D N. 1992. A contribution to the empirics of economic growth. Quarterly Journal of Economics, 107: 407~437

Mckinnon R I. 1973. Money and capital in economic development. Washington. Brookings Institution

Mckinnon R I. 1993. The order of economic liberalization: financial control in the transition to a market economy (Second edition) . John Hopkins University Press

Mellinger A D, Sachs J D, Gallup J L. 2000. Climate, coastal proximity, and development. Oxford handbook of economic geography. Oxford: Oxford University Press. 191

Menard C. 2001. Methodological issues in new institutional economics. Journal of Economic Methodology, 8 (1): 85~92

Miles M A, Feulner E J, O'Grady M A, et al. 2004. The 2004 index of economic freedom. The Heritage Foundation and the Wall Street Journal, 2: 39~42

Miller S M, Russek F S. 1997. Fiscal structures and economic growth: international evidence. Economic Iquiry, 35 (3): 603~613

Narayan D, Pritchett L. 1999. Cents and sociability: household income and social capital in rural Tanzania. Economic Development and Cultural Change, 47 (4): 871~897

Nelson D, Silberberg E. 1987. Ideology and legislator shirking. Economic Inquiry, 25: 15~25

Nelson M A, Singh R D. 1994. The deficit growth connection: some recent evidence from developing countries. Economic Development and Culture Change, 43 (2): 167~191

Nelson M A, Singh R D. 1998. Democracy, economic freedom, fiscal policy and growth in LDCs: a fresh look. Economic Development and Cultural Change, 46 (4): 677~696

North D C, Thomas R P. 1973. The rise of the western world: a new economic history. Cambridge: Cambridge University Press

North D C, Wallis J. 1986. Measuring the transaction sector in the American economy, 1870~1970. In: Stanley L E, Gallman R E. Long term factors in American economic growth. University of Chicago Press

North D C. 1981. Structure and change in economic history. New York: Norton

North D C. 1990. Institutions, institutional change and economic performance. Cambridge: Cambridge University Press

North D C. 1993. Economic performance through time, lecture to the memory of Alfred Nobel. December 9. http://nobelprize. org/economics/laureates/1993/north-lecture. html

Patrick L, Marcelo O, Javier S. 1998. Does globalization cause a higher concentration of international trade and investment flow? WTO Working Paper

Pereira, Bresser L C, Maravall J M, et al. 1993. Economic reforms in new democracies. Cambridge: Cambridge University Press

Perkins D H. 1988. Reforming China's economic system. Journal of Economic Literature, 26 (2): 601 ~ 645

Pesaran M H, Shin Y. 1998. Generalized impulse response analysis in linear multivariate models. Economics Letters, 58 (1): 17 ~ 29

Peters B G. 1999. Institutional theory in political science. The "New Institutionalism". London: Pinter

Posner R A. 1986. Free speech in an economic perspective. Suffolk University Law Review, 20: 1 ~ 54

Prasad E S, Rogoff K, Wei S J, et al. 2003. Effects of financial globalization on developing countries: some empirical evidence. Occasiona Paper 220. IMF. Washington

Qin D, 1994. Money demand in China: the effect of economic reform. Journal of Asian Economics, 5 (2): 253 ~ 271

Quah D, Rauch J E. 1990. Openness and the rate of economic growth. Working Paper. University of California. San Diego

Ramey G, Ramey V. 1995. Cross-country evidence on the link between volatility and growth. American Economic Review, 85: 1138 ~ 1151

Ranciere R, Tornell A, Westermann F. 2006. Decomposing the effects of financial liberalization: crises vs. growth. Journal of Banking & Finance, 12 (30): 3331 ~ 3348

Rime B. 2001. Capital requirements and bank behaviour: empirical evidence for Switzerland. Journal of Banking and Finance, 25: 789 ~ 805

Rochet J C. 1992. Capital requirements and the behaviour of commercial banks. European Economic Review, 36: 1137 ~ 1178

Rodric D, Subramanian A, Trebbi F. 2002. Institutions rule: the primacy of institutions over geography and integration in economic development. National Bureau of Economic Research. Working paper, No. 9305

Rodric D. 1988. Closing the technology gap: does trade liberalization really help? Cambridge NBER Working Paper, No. 2654

Rodric D. 1995. Understanding economic policy reform. Journal of Economic Literature, 34: 9~41

Rodric D. 1996. Institutions and economic performance in East and South East Asia. Round Table Conference: The Institutional Foundations of Economic Development in East Asia, Tokyo: 391~429

Rodric D. 2000. Institutions for high quality growth: what they are and how to acquire them. National Bureau of Economic Research. Working Paper, No. 7540

Romer P. 1986. Increasing returns and long-run growth. Journal of Political Economy, 94: 1002~1037

Romer P. 1990. Endogenous technological change. Journal of Political Economy, 98: 71~102

Rousseeuw P J. 1984. Least median of squares regression. Journal of the American Statistical Association, 79: 871~880

Sachs J, Warner A. 1995. Economic reform and the process of global integration. Brooking Papers on Economic Activity, 1: 1~118

Sala-I-Martin X. 1997. I just run two million regressions. American Economic Review, 2 (87): 178~261

Schofield N. 1985. Anarchy, altruism and cooperation: a review. Social Choice and Welfare, 2: 207~19

Schultz T W. 1994. 制度与人的经济价值的不断提高. 载: 财产权力与制度变迁——产权学派与新制度学派译文集. 上海: 三联书店上海分店, 上海人民出版社

Scully G W. 2002. Economic freedom, government policy and the trade-off between equity and economic growth. Public Choice, 113: 77~96

Shaw E. 1973. Financial deepening in economic development. New York: Oxford University Press

Shrieves R, Dahl D. 1992. The relationship between risk and capital in commercial banks. Journal of Banking and Finance, 16: 439~457

Solow R M. 1956. A contribution to the theory of economic growth. Quarterly Journal of Economics, 70 (1): 65~94

Solow R M. 1957. Technical change and the aggregate production function. Review of Economics and Statistics, 39: 312~320

Stiglitz J E, 2000. Capital market liberalization, economic growth, and instability. World Development, 28: 1075~1086

Strum J E, De Haan J. 2001. How robust is the relationship between economic freedom and economic growth? Applied Economics, 33: 839~844

Stulz R, Williamson R. 2003. Culture, openness, and finance. Journal of Financial Economics, 70: 261~300

Sugden R. 1991. Rational choice: a survey of contributions from economics and Philosophy. Economic Journal, 101 (July): 751~785

Tallman E, Wang P. 1994. Human capital and endogenous growth evidence from Taiwan. Journal of Monetary Econonmics, 34: 101 ~ 124

Thomas V, Nash J. 1991. Best practices in trade policy reform. Oxford: Oxford University Press

Tobin J. 1965. Money and economic growth. Econometrica, 33 (4): 671 ~ 684

Vlachos J, Waldenstrom D. 2005. International financial liberalization and industry growth. International Journal of Finance and Economics, 10: 263 ~ 284

Wang Y, Yao Y D. 2003. Sources of China's economic growth 1952 ~ 1999: incorporating human capital accumulation. China Economic Review, 14: 32 ~ 52

Williamson O E. 1985. The economic institutions of capitalism. New York: Free Press

World Bank. 1996. From plan to market, world development report 1996. Oxford: Oxford University Press

Yao S J, Zhang Z Y. 2001. Regional growth in China under economic reforms. The Journal of Development Studies, 38 (2): 167 ~ 86

Yoshida T. 1990. On the stability of the Japanese money demand function: estimation results using the error correction model. Bank of Japan Monetary and Economic Studies, 8 (1): 1 ~ 48

Yoshihisa Baba, Hendry D F, Starr R M. 1992. The demand for M1 in the U S A, 1960 ~ 1988. Review of Economic Studies, 1 (59): 25 ~ 61

附录 A

金融市场化进程中的金融结构、政府行为、金融开放与经济增长间的关系研究[①]

一、引言

从现阶段我国经济体制转型的实际经验来看，经过近 30 年的改革开放，尽管市场机制的秩序建设仍亟待完善，但市场机制在作用范围上已替代了传统的计划机制，在这一经济体制转型过程中，金融业也在不断探索中推进市场化改革，以建立与有中国特色的市场经济体制相适应的金融体系。根据改革开放近 30 年来的经验，中国的金融市场化进程具有两个明显特色：其一，金融市场化改革促进了金融业发展。正如温家宝同志在"全面深化金融改革　促进金融业持续健康安全发展"（温家宝，2007）一文中所评价的，"中国金融业迅速发展壮大，金融改革迈出重大步伐，金融各项功能进一步发挥，金融领域对外开放稳步扩大，整个金融业发生了历史性的变化"。其二，与拉美和东亚许多转型经济国家的金融市场化改革引发了经济波动甚至经济危机的情形相反，中国的金融市场化改革并没有引起经济的剧烈波动。经过 1997 年亚洲金融风暴的"洗礼"，金融自由化的"双刃剑"本质逐渐为人所知。中国金融业今后能否继续成功地深化自身的体制改革，避免重蹈危机国家的覆辙，急需学术界对中国金融市场化的进程进行深入的理论研究，更好地把握金融市场化改革与经济增长的相互关系，促进社会

---

① 本文与陈邦强、傅蕴英、张宗益合作，原文发表在《金融研究》2007 年第 10 期，第 1~14 页。

经济和谐发展。

研究中国转型期金融市场化与经济增长之间的关系，首先要分析中国金融市场化进程的本质特征，进而对金融市场化进程的各个方面进行客观的量化测度，最后分析中国金融市场化进程所呈现出与其他转型经济不同结果的原因，以及金融市场化与经济增长之间的相互关系，本文拟就这些问题进行研究。

学术界以 Goldsmith 在《金融结构与金融发展》（戈德史密斯，中译本，1994）一书中的研究为最早涉及有关金融市场化的问题①，随后 McKinnon（1973）和 Shaw（1973）的研究具有开创性②，他们指出利率机制可以使金融自由化发挥促进福利的作用，在金融自由化的经济中，通过市场化机制可以实现生产性资源有效率的配置。此后的学者们从不同的角度和概念内涵对金融市场化和经济增长之间的关系进行了大量的理论研究③，形成目前的两类观点：第一类观点认为，金融市场化增强了金融发展的动力并最终为经济带来更高的长期增长（Bandiea et al.，2000；Andersen，Tarp，2003；Bekaert et al.，2005）。首先，金融市场化提高了实际利率使市场达到竞争性均衡，由此减轻金融压抑（financial repression）并促进金融发展，最终促进经济增长（Das，2003；Ghosh，2006）；其次，金融市场化解除了资本管制后，更便利于本国及境外投资者的投资组合多样化，由此降低了资金成本，有利于资金获取；再次，金融市场化过程使无效率的金融机构退出，对金融结构改革施加更大压力，减轻信息不对称带来的逆向选择和道德风险，提高了金融体系效率（Stiglitz，2000；Das，2003；Stulz，Williamson，2003）。与之相对立的第二类观点认为，金融市场化导致了过度的风险介入，加剧了宏观经济波动性，从而导致更加频繁的金融危机（Kaminsky，Reinhart，1999；Demirgüc-Kunt，Detragiache，1998）。

---

① 戈德史密斯在对金融结构与金融发展的研究中注意到了政府的作用，认为各国金融发展遵循两种轨迹，两种轨迹之间的差异主要在于政府（包括中央和地方政府）对某些金融机构的拥有及参与经营的程度有所不同。参见雷蒙德·戈德史密斯.1994.金融结构与金融发展.上海三联书店.

② 爱德华·萧在对金融深化的研究中注意到了金融自由化的作用，认为一种具有"深化"（deepening）金融效应的新战略——金融自由化战略——始终促进经济发展。参见爱德华·肖.1987.经济发展中的金融深化.中国社会科学院出版社.2.

③ 学者们（如 Andersen，Tarp，2003；Kaminsky，Reinhart，1999；Laeven，2003）往往就金融市场化进程的某一侧面和局部进行研究。例如，某一个或几个方面的金融自由化，以及金融深化、金融结构与金融发展。

在理论研究基础上学者们对金融市场化与经济增长之间关系问题进行了大量的实证研究，基于不同的研究视角和使用不同的代理变量，两类理论观点都分别得到了实证研究结论的支持。对于金融市场化能否促进经济增长的问题，一些跨国研究结果显示，资本账户自由化不能带来人均 GDP 和投资的增长；金融市场化没有为高度依赖外部融资的产业带来较大的价值增长，但在金融发展程度相对较高的国家中，金融市场化促进了高度依赖外部融资产业的产出增加和新企业的诞生（Vlachos，Waldenstrom，2005）。对于决定金融市场化的关键因素问题，已有的研究认为仅仅当法制进步达到相应的阈值水平（threshold level）时，较高的金融开放程度才会促进股票市场发展（Ito，2006）；资本账户自由化后，促进了金融发展，而贸易开放是导致资本账户自由化的诱因（Kim，Kenny，2007）；韩国等国金融市场化主要是国际货币体系的支配力量施加压力的结果（Kwon，2004）。

关于金融市场化与增长关系的研究一直受研究方法和数据的制约而存在一定局限与不足，一些研究结论和政策建议也模棱两可。首先，目前的研究对金融自由化进程的刻画标准存在争议。已有的大部分研究采用法理标准，即以一国颁布放松国内资本市场管制的法律生效时间作为金融市场化的标志（Bandiea et al.，2000；Bekaert et al.，2001；Laeven，2003）。而资本账户自由化本身仍然是一项充满矛盾的政策措施，因此以 Prasad 等（2003）为代表的学者认为应该采用事实标准，因为从实际反应与管制政策改变到执行的过程存在一定的时滞，法理的金融自由化（采取放松监管）不能准确地刻画事实的金融自由化。其次，一些研究存在自由化范围的局限。已有的研究大多是针对单一的改革措施（Kaminsky，Reinhart，1999；Kwon，2004；Bekaert et al.，2005），即通常采用某一类金融管制的取消来反映一国金融市场化的深入。然而金融自由化绝非作为孤立和排他性政策措施被加以采用，而往往是综合的自由化政策中的某一部分，孤立地对某些问题进行研究形成了对金融自由化不适当的判断（Das，2003）。

有关中国经济体制市场化进程的研究中，陈宗胜等（1999b）较早地对经济体制市场化进程进行了比较系统的研究，樊纲等（2003）的研究是目前影响最大的，他们对中国各地区市场化相对进程进行了较为完整和全面的测度。最新的进展是康继军等（2007a）的研究。该文构建了 1978～2003 年中国的市场化相对指数，并将该指数作为制度变量，运用动态建模方法建立了中国经济增长的动态模型，实证的结果证实了中国经济体制确实促进了经济增长。

有关中国转型期金融市场化方面的研究中，黄金老（2001）最早对中国金融市场化问题进行研究，采用八个指标刻画金融市场化程度。其后，刘毅和申洪沏（2002）用九个指标构建中国金融市场化指数。目前国内影响较大的是周业安和赵坚毅（2005）的工作，他们在已有研究的基础上对中国金融市场化指数进行了改进，并对中国金融市场化、金融发展与经济增长进行了实证研究，同时考虑了金融结构，其研究结论认为市场化对经济增长有影响。此外，滑东玲（2006）采用跨国数据分析经济转型国家的金融自由化因素，认为制度是影响金融自由化进程的关键因素。

我们认为，目前已有的有关金融市场化问题的研究存在以下不足：首先，已有研究往往基于纯粹的自由化（pure liberalization）观点，认为一国的金融市场化进程就是对一项乃至某几项对金融的管制措施放松带来的结果，将金融自由化完全等同于金融市场化。从新制度经济学的视角来看，金融市场化进程实际是金融制度变迁的过程，这一进程既涵盖了涉及自由化的相关政策措施等制度因素，也包括金融结构、金融发展与金融深化等金融市场化过程的相关方面，因此已有的金融市场化研究范围存在明显的局限。其次，已有的金融市场化研究思路大都是从西方发达国家制度结构的特征入手，其框架是基于法律传统以及法律实施机制的思路，没有客观地考虑中国的制度结构的特征，且已有的具有影响的跨国研究几乎没有采用中国的样本数据，即使是对中国金融市场化的研究也几乎完全沿用跨国金融自由化研究中的指标体系构建金融市场化指数，没有深入地考察中国金融市场化进程的本质特点。最后，尽管已有文献对金融市场化、金融结构与经济增长的关系作了相关性分析研究（周立，2003；周业安等，2005），但由于受计量经济学方法论的局限未能深入考察变量相互间的因果关系，因此缺乏稳健而有说服力的结论和政策建议。

因此，本书以转型期中国金融市场化进程为研究对象，考察金融市场化与经济增长之间的关系。首先，本书从金融市场化进程中金融结构中的金融中介、金融市场、政府行为的市场化改革和金融开放这四个方面建立衡量中国金融市场化的指标体系，对这四个方面金融市场化的进程与经济增长之间的因果关系进行考察，进而构建出科学合理的衡量中国转型期的金融市场化指数，这一指数可作为衡量中国金融市场化进程的制度变量。

二、市场化指数设计

基于不同的研究视角，学者们赋予了"金融市场化"不同的含义。早期的学者认为，金融市场化就是通过市场力量在更宽的广度（scope）上决定利率水平和配置信贷资源。这一概念涉及范围在近期有所扩大，即认为金融市场化是指政府是否解除对利率的管制、有无指令性贷款、是否不断减少银行的准入限制以及是否鼓励证券市场发展等（Laeven，2003；Koo，Maeng，2005）。国内学者将"金融市场化"定义为金融自由化（financial liberalization），认为它是指一个国家金融部门的运行从主要由政府管制转变为由市场力量决定的过程（周业安，2005）。按照各自不同的定义，在已有的研究中，不同学者对构建金融市场化指数所采用的指标体系各有侧重点（表 A.1）。

表 A.1 金融市场化指数的指标体系

项目	Bandiea 等（2000）	Laeven（2003）	Koo 和 Maeng（2005）	周业安等（2005）
金融市场化指数	利率管制程度	存贷款利率管制	放松利率管制	利率市场化程度
	外汇储备要求程度	减轻境内外银行准入壁垒	外汇市场自由化	外汇储备需求程度
	指令性贷款	外汇储备要求减少	外汇储备要求减少	信贷自主权维护程度
	银行产权私有化	指令性贷款及贷款限额减少	政策性贷款减少	机构准入自由程度
	激励竞争的手段	减少政府控制为特征的国有银行私有化	新银行进入	商业性金融机构产权多元化程度
	证券市场自由化	审慎性监管的加强	资本市场自由化	业务范围自由程度
	审慎性监管		国有银行私有化	资本自由流动程度
	国际金融自由化			社会融资市场化程度
				金融调控间接化程度

我们认为，"金融市场化"实际上是由政府主导转向市场调节，并与国际金融市场逐渐融合的一系列的制度变迁过程。中国的金融市场化与发达国家具有不

同的特点：第一，有较明显的政府主导特征，如央行职能的多次划分、政策性金融机构的组建等；第二，市场化过程具有稳健性，没有遭遇其他转型经济国家的金融波动甚至危机；第三是渐进性和反复性，金融重大改革措施的出台往往采取在局部城市先试点，有成熟的经验后再向全国推广的方式，如银行间拆借市场的培育、汇率改革等。

自1978年改革开放以来，中国经济经历了从过去高度集权的计划经济体制向市场经济体制的转型，中国的金融结构在这一过程中也经历了一场前所未有的变革。根据中国金融改革的具体特点，本文从中国金融市场化进程中的金融中介、金融市场、政府行为市场化改革和金融开放四个方面筛选出37项指标刻画1978~2005年中国金融业市场化进程的主要方面，并以此为基础考察了金融市场化四个方面之间以及各个方面与经济增长的关系。指标设计及结构借鉴了康继军等（2007a）研究市场化指数的思路，变量赋值借鉴了Laeven（2003）和周业安（2005）的处理方法，本文构建的中国金融市场化指数集如表A.2所示。所构建的金融市场化指数分为一、二、三级，由37个分指标构成，从金融中介、金融市场、政府行为改革和金融开放四个方面全面地刻画中国金融市场化进程。需要指出的是，本文所构建的金融市场化指数为相对指数，反映中国经济转型期金融业市场化进程的变化程度和趋势。

表A.2　中国金融市场化指数构成表

一级指数（方面指数）	二级指数（分项指数）	三级指数（二级分项指数）
A：金融中介市场化	A1：银行产权改革	A1a：组织机构市场化改革
		A1b：股权国际化
		A1c：银行上市
		A1d：不良资产市场化处置
		A1e：国有独资商业银行股改
	A2：银行信贷市场化	
	A3：中介结构改革	A3a：中介功能市场化
		A3b：国有银行职能非行政化
		A3c：中小银行市场化竞争
		A3d：政策性金融改革
		A3e：非银行中介市场化改革

续表

一级指数（方面指数）	二级指数（分项指数）	三级指数（二级分项指数）
A：金融中介市场化	A4：农村金融改革	
	A5：业务经营自由化	A5a：账户管理放松
		A5b：对私人企业服务放松
		A5c：对个人金融业务放松
		A5d：资金流动的自由程度
B：政府行为市场化	B1：利率市场化	
	B2：机构准入放松	
	B3：公共财政退出程度	
	B4：金融调控间接化程度	B4a：央行职能独立性程度
		B4b：信贷政策改革
		B4c：存款准备金减少程度
		B4d：公开市场操作机制
		B4e：再贴现政策
C：金融市场自由化	C1：外源融资市场化	
	C2：要素交易市场化	C2a：股票市场完善程度
		C2b：拆借市场完善程度
		C2c：债券市场完善程度
		C2d：票据市场完善程度
D：金融对外开放	D1：资本市场开放程度	
	D2：汇率体制改革	
	D3：外资金融进入	
	D4：业务对外开放	

各方面指标体系建立以后，本文采用"相对比较法"将各二级指标数据转化为指数值，即指标的评分表示了该年度该方面指标在整个样本区间时间序列上金融市场化进程的相对位置。

"相对比较法"评分计算公式如下：

$$\text{第 } i \text{ 个指标得分} = ((V_i - V_{\min}) / (V_{\max} - V_{\min})) \times 10 \qquad \text{式（A.1）}$$

其中，V_i 为第 i 项次一级指标的原始数据；$V_{\max}$ 和 $V_{\min}$ 为样本区间（1978～2005年）中原始数据的最大值和最小值。

计算出各方面的三级指数值后，对三级指数时间序列作主成分分析，按照第一主成分的相应系数分配各三级指数的权重，加权构造出各方面的二级指数。在此基础上再采用同样方法，将各方面二级指数按主成分法的权重合成一级指数，并最终合成中国金融市场化总指数。

三、模型分析、指标及数据处理

已有的研究多注重于金融政策对金融市场化程度的影响，因此所设计变量多为虚拟变量 ［如银行产权、金融调控间接化、证券市场自由化等（Bandiea et al., 2000；Koo，Maeng，2005；周业安，2005）］，指标均为依据某项政策的推出及取消年份进行赋值的虚拟变量。本文在使用虚拟变量刻画政策变化对金融市场化影响的同时采用了反映金融中介、金融市场、政府行为改革和金融开放这四个方面金融体制变化程度的统计指标作为补充。此外，对于以往文献中用虚拟变量衡量的机构准入、外资银行进入等指标（Laeven，2003；Koo，Maeng，2005；周业安，2005），本文使用各年度的实际统计数据加以完善。

本文的金融市场化指标体系说明如下（表 A.2）。

（一）方面指数 A——金融中介市场化

使用该方面指数刻画中国金融市场化改革中作为金融结构组成部分的金融中介在市场化进程中呈现出的特征。针对 1978 年以后来自中国金融中介体系内部的复杂变革，本文采用了五个方面的二级指标（A1 ~ A5）加以衡量。

1. 银行产权改革（A1）

银行产权改革（A1）的计算公式为：A1 = 组织机构市场化改革（A1a）＋股权国际化（A1b）＋银行上市（A1c）＋不良资产市场化处置（A1d）＋国有独资商业银行股改（A1e）。

2. 银行信贷市场化（A2）

银行信贷市场化（A2）反映金融中介按市场规则配置信贷资源的能力。计算公式为：A2 = （金融机构对乡镇企业贷款＋个体私营企业贷款＋三资企业贷款）/GDP。

3. 中介结构市场化（A3）

中介结构市场化（A3）反映金融中介市场化中结构特征的变迁。计算公式为：A3 = 中介功能市场化（A3a）+ 国有银行职能非行政化（A3b）+ 中小银行市场化竞争（A3c）+ 政策性金融改革（A3d）+ 非银行中介市场化改革（A3e）。

4. 农村金融改革（A4）

农村金融改革（A4）反映中国金融市场化进程中，农村金融的发展和城乡二元金融结构的市场化变迁，该指标采用虚拟变量刻画。

5. 业务经营自由化（A5）

业务经营自由化（A5）反映市场化进程中金融中介的业务经营按市场需求进行的改革。其计算公式为：A5 = 账户管理放松（A5a）+ 对私人企业服务管制放松（A5b）+ 对个人金融业务放松（A5c）+ 资金流动的自由化（A5d）。

（二）方面指数 B——政府行为的市场化改革

中国金融业进行市场化改革的目的是，促使政府对金融的调控从纯粹的计划经济方式，转向主要靠市场机制调控的方式，以实现金融资源的有效率配置，因此考察中国金融市场化进程不能回避政府对金融的作为。本文根据四个方面的二级指标进行刻画。

1. 利率市场化改革（B1）

利率市场化改革（B1）根据历年利率政策的变化设定的虚拟变量，以刻画政府对利率管制行为的市场化改革进程。

2. 机构准入放松（B2）

机构准入放松（B2）是指历年全国金融机构年末总数。

3. 公共财政退出程度（B3）

公共财政退出程度（B3）反映了国家公共财政退出经营活动，政府减少对企业融资干预的程度。计算公式为：B3 = −（企业流动资金 + 企业挖潜改造资金 + 科技三项费用）/ 财政支出。

4. 金融调控间接化程度（B4）

金融调控间接化程度（B4）反映了政府调控金融的方式由单纯的行政手段向市场化手段的转变。计算公式为：B4 = 央行职能独立性程度（B4a）+ 信贷政策改革（B4b）+ 存款准备金减少程度（B4c）+ 公开市场操作机制（B4d）+ 再贴现政策（B4e）。

(三) 方面指数 C——金融市场自由化

除金融中介外，该指标反映了作为金融结构的另一组成部分——金融市场的改革进程特征，采用两个二级指标刻画。

1. 外源融资市场化 (C1)

计算公式为：C1 = 股票市场筹资额 / GDP。

2. 金融要素交易市场化 (C2)

计算公式为：C2 = 股票市场完善程度 (C2a) + 拆借市场完善程度 (C2b) + 债券市场完善程度 (C2c) + 票据市场完善程度 (C2d)。

(四) 方面指数 D——金融对外开放

反映金融市场化改革中我国金融业对外开放的进程。此项指标通过 4 个方面的二级指标进行补充：①资本市场放开程度 (D1)；②汇率体制改革 (D2)，且 (D1) 和 (D2) 均为虚拟变量；③外资金融机构进入 (D3)，为全国历年外资金融机构年末数的实际统计数据；④金融业务对外开放 (D4)，系根据实际统计数据计算，即 D4 = 金融机构外汇占款/金融机构贷款。

本文的数据来源说明如下：国内生产总值 (GDP)，指标 A2 的乡镇企业贷款、个体私营企业贷款和三资企业贷款，指标 B3 的政府财政支出、企业流动资金、企业挖潜改造资金和科技三项费用，指标 D4 的金融机构外汇占款和金融机构贷款中，1998 年及以前数据来源于《新中国 50 年统计资料汇编》，1999 年及以后的来源于各年度的《中国统计年鉴》；指标 B2 的金融机构数、指标 D3 的外资金融机构数来源于《中国金融年鉴 1986 ~ 2005》和《中国金融年鉴 2006》；指标 C1 的股市筹资额数据来源于《中国证券期货统计年鉴 2006》。32 个虚拟变量中，以下 27 个系依据历年《中国金融年鉴》中《金融大事记》及《文献篇》，以及中国人民银行总行网站 (http://www.pbc.org.cn) 资料，按本文指数集 (表 A.2) 所列指标整理出各自的年表 (chronology) 进行赋值，其中二级指标有农村金融改革 (A4)、利率市场化改革 (B1)、资本市场放开程度 (D1)、汇率体制改革 (D2)，共 4 个；三级指标有组织机构市场化改革 (A1a)、股权国际化 (A1b)、银行上市 (A1c)、不良资产市场化处置 (A1d)、国有独资商业银行股改（A1e）、中介功能市场化（A3a）、国有银行职能非行政化（A3b）、中小银行市场化竞争（A3c）、政策性金融改革（A3d）、非银行中介市场化改革（A3e）、账户管理放松（A5a）、对私人企业服务管制放松（A5b）、对个人金融业务放松（A5c）、资金流动的自由化（A5d）、央行职能独立性程度（B4a）、信贷政策改革（B4b）、存款准备金减少程度（B4c）、公开市场操作机制（B4d）、再贴现政策（B4e）、股票市场完善程度（C2a）、拆借市场完善程度（C2b）、债券市场完善程度（C2c）、票据市场完善程度（C2d），共23个。对虚拟变量赋值的规则参照 Bandiea 等（2000）、Koo 和 Maeng（2005）、周业安（2005）所采用的标准，当某一项市场化改革措施得到实施，则对应的虚拟变量从当年政策实施开始赋值为1，实施之前的年份赋值为0，当这项措施在某一年份取消，则虚拟变量从该年赋值为0。其余为虚拟变量的二级指标，即银行产权改革（A1）、中介结构市场化（A3）、业务经营自由化（A5）、金融调控间接化程度（B4）、金融要素交易市场化（C2），共5个，系相关三级指标值的总和。

本文采用主成分分析法来确定各分项指数在方面指数中的权重，以此合成方面指数。同样以这种方法确定各方面指数在总指数中的权重来合成总指数（权重表见表 A.3）。该方法在尽量保持原有变量数据信息的前提下，对差异较大变量赋予较大的权重，而差异较小的变量则赋予较小权重，使最后得到的指数更能体现差异性，以减小主观因素带来的影响，即权重由数据本身的特征所确定，而不是根据人的主观判断。

表 A.3　金融市场化指数指标体系中方面指数和分项指数的权重

项目	指标类别	方面指数权重	分项指数权重
A. 金融中介市场化	方面指数	0.259 4	
A1. 银行产权改革	分项指数		0.207 2
A2. 银行信贷市场化	分项指数		0.208 8
A3. 中介结构市场化	分项指数		0.209 5
A4. 农村金融改革	分项指数		0.176 3
A5. 业务经营自由化	分项指数		0.198 1
B. 政府行为的市场化改革	方面指数	0.244 8	
B1. 利率市场化改革	分项指数		0.329 1

续表

项目	指标类别	方面指数权重	分项指数权重
B2. 机构准入放松	分项指数		0.049 9
B3. 公共财政退出程度	分项指数		0.288 0
B4. 金融调控间接化程度	分项指数		0.333 0
C. 金融市场自由化	方面指数	0.252 1	
C1. 外源融资市场化	分项指数		0.500 0
C2. 金融要素交易市场化	分项指数		0.500 0
D. 金融对外开放	方面指数	0.243 7	
D1. 资本市场放开程度	分项指数		0.192 4
D2. 汇率体制改革	分项指数		0.268 7
D3. 外资金融机构进入	分项指数		0.277 3
D4. 金融业务对外开放	分项指数		0.261 6

注：本表的权重是基于中国 1978～2005 年的经验数据，采用主成分法计算而得；按康继军等（2007a）的处理方法，本文采用第一主成分作为各指数权重。

如表 A.3 所示，四个方面指数的权重基本一致，都约等于 0.25，说明金融中介市场化、政府行为的市场化改革、金融市场自由化和金融对外开放这四个方面对中国的金融市场化的相对重要性基本相同。从图形上看（图 A.1），权重的分配与四个方面指数的实际变化情况是吻合的（金融对外开放方面指数在 1990 年之前数值较小，且变动幅度不大，该方面指数的权重也略小于其他三个方面指数）。

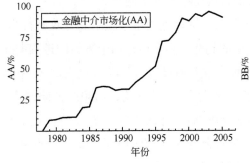
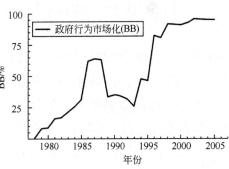

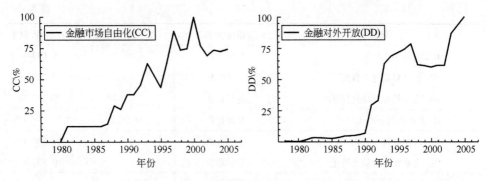

图 A.1　中国金融市场化的四个方面指数图

　　构成各方面指数的分项指数的权重存在较为明显的差异，体现出各分项指数对促进各方面的市场化进程的重要性存在差别：在金融中介市场化方面的 5 个分项指标中，相对重要的依次为中介结构市场化、银行信贷市场化、银行产权改革和业务经营自由化这四个方面（权重约等于 0.20），农村金融改革的变化幅度和对方面指数的影响程度相对较小（权重约为 0.17）；在政府行为的市场化改革方面，利率市场化改革和金融间接调控程度对政府行为的市场化改革方面影响最大（权重约为 0.33），其次为公共财政退出程度的影响（权重约为 0.29），机构准入放松的影响程度最小（权重只有约 0.05）；在金融对外开放方面的 4 项指标中，汇率体制改革、外资金融机构进入和金融业务开放的作用更为重要（权重约为 0.27），资本市场放开程度的影响较小（权重约为 0.19）；金融市场方面的 2个分项指标具有同等的重要性。这些分项指标在各自方面市场化进程中显现出的重要性差别，反映了制度安排在各自方面进程中存在的不同。

　　图 A.1 所示的四条曲线分别为中国金融市场化进程中金融中介、政府行为、金融市场、金融开放四个方面市场化改革的趋势，显示出这四个方面的进程明显不一致，除金融中介市场化外，其他方面的波动明显较大。考察过去的 28 年可以发现，中国的金融结构大致经历了三个阶段（刘鸿儒，2000；吴晓求等，2006）的变化：第一阶段是 1983 年以前的时期，为高度的计划经济体制下的"大一统"金融结构；第二阶段为转型期的金融多元化阶段（1983～1990 年），以国务院决定分设中国人民银行履行中央银行职责，同时组建工商银行等四家专业银行为开端，构建了多元化的金融结构体系，逐步创建金融市场，初步建立了中央银行体制；第三阶段为 1990 年后的金融改革深化时期，一方面继续沿着金融机构多元化推进，包括城市商业银行和各类非银行金融机构数量的继续扩张；另一方面也开始资本市场的建设，使资金配置和金融资产交易开始走向市场。由此对照四个方面指数曲线可以看出，这三个阶段中 1990 年后中国金融市场化明显加速。政府行为的市场化改革指数图（图 A.1 右上图）的较大波动说明，政府行为对金融市场化的影响与改革方式有关，即推行的是一种"摸着石头过河"的改革方式，政府通过"试点—成功—推广"或"试点—失败—取消"的路径推动改革（刘鸿儒，2000）。金融市场自由化指数图（图 A.1 左下图）出现的反复波动显示出，一些重大政策和重要事件均对这一进程产生影响。例如，邓小平"南巡"讲话、沪深股市的设立带来了 1990 年后金融市场的高速发展，同时 1995 年前后整顿金融秩序、1997 年亚洲金融危机、2002 年前后国内股市持续走低均造成这一进程的阶段性低谷。金融对外开放指数（图 A.1 右下图）显示，金融开放在 1990 年初开始高速增长，受 1997 年末"亚洲金融危机"的影响出现下降，2002 年中国加入 WTO 后，金融开放开始重新提速。

　　表 A.4 所列为本文所构建的中国金融市场化指数，在图 A.1 对应的中国金融市场化指数时序图中（图 A.2），显示出与四个方面指数相似的趋势。1990 年前的市场化趋势总体较缓，1986～1988 年市场化增速较快形成 1988 年的阶段高峰，继 1989 年全国性风波的影响带来短暂的转折后，1990 开始金融市场化改革明显提速，随后是 1995 年前后的全国整顿金融秩序、1997 年亚洲金融危机造成了这一进程的阶段性转折。2000 年后尽管金融改革进入攻坚时期，但深层次矛盾的显现和制度建设的滞后造成 2002 年前后市场化进程的波动。如这一时期国内股市对投资者信心的反复打击，资本市场丧失应有的活力，随着 2004 年 1 月国务院发布《关于推进资本市场改革开放和稳定发展的若干意见》后才出现转机，市场化进程逐渐回归上升的趋势。

表 A.4　中国金融市场化指数

年份	1978	1979	1980	1981	1982	1983	1984	1985	1986	1987	1988	1989	1990	1991
指数	0.02	0.43	0.45	1.02	1.09	1.21	1.49	1.63	2.82	2.96	3.30	2.44	2.85	3.37
年份	1992	1993	1994	1995	1996	1997	1998	1999	2000	2001	2002	2003	2004	2005
指数	3.72	4.84	5.41	5.31	7.29	7.99	7.63	7.94	8.47	8.11	7.94	8.76	8.84	8.98

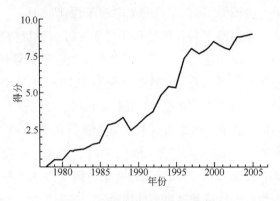

图 A.2　中国金融市场化指数图

图 A.3 为中国金融市场化指数增长率与 GDP 增长率的时序图（为便于比较，对两曲线作了均值相等调整），图形显示金融市场化进程与经济增长之间可能存在协整关系，这与周业安等（2005）对市场化指数与经济增长回归分析的结论一致。观察这两条曲线可以发现 1990 年之前市场化进程的波动较大且与经济增长有较明显的跟随现象。1990 年后的曲线趋于平稳，金融市场化进程与经济增长的跟随现象减弱。尽管可以从曲线变化的时点所对应的某些事件进行有限度的说明，但无法解释这些现象背后存在的根本原因。因此，需要进一步对中国金融市场化四个方面之间的关系进行研究，进而研究中国金融市场化与经济增长之间的关系，分析中国的金融市场化是否影响了中国的经济增长。

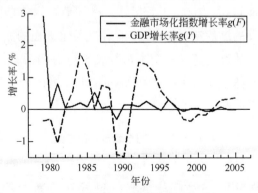

图 A.3　金融市场化指数增长率与
GDP 增长率相关图

四、实证研究

（一）单位根和协整检验

由于绝大多数宏观经济时间序列变量都是非平稳的，为防止由于时序变量的非平稳性可能导致的谬误回归（spurious regression），本文采用扩展的 ADF 法进行平稳性检验以确定变量的平稳性。首先根据数据图形选取适当的带截距项和趋势项的模型，使用最小信息准则——SC 选取 ADF 检验滞后阶，根据表 A.5 的 ADF 单位根检验结果，各变量的水平值均存在单位根，而 1 阶差分值都可以拒绝存在单位根的零假设，所以可以判定所有变量都是 1 阶单整的。

表 A.5　单位根检验结果

变　量	水平检验结果			1 阶差分检验结果		
	检验形式 (C, T, L)	ADF 值	p 值	检验形式 (C, T, L)	ADF 值	p 值
LGDP	$(C, T, 2)$	-2.94	0.17	$(C, 0, 3)$	-3.42	0.02 **
LAA	$(C, T, 0)$	-1.81	0.67	$(C, 0, 0)$	-5.45	0.00 ***
LBB	$(C, T, 2)$	-3.20	0.11	$(C, 0, 0)$	-5.33	0.00 ***
LCC	$(C, T, 0)$	-2.86	0.19	$(C, 0, 1)$	-6.76	0.00 ***
LDD	$(C, T, 1)$	-1.99	0.57	$(0, 0, 4)$	-3.84	0.00 ***

*** 、** 、* 分别代表在 1%、5% 和 10% 显著性水平上拒绝零假设，以下同。

由于各变量均为 I（1）序列，所以本文使用 Johansen 法进行协整检验。首先，从较大的滞后阶数（lag）开始，通过对应的 LR 值、AIC 值、SC 值等确定适合的滞后阶数，研究使用年度数据，检验的结果表明无约束 VAR 模型的最佳滞后阶为 3。因为基于 VAR 模型的协整检验是对无约束 VAR 模型进行协整约束后得到的 VAR 模型，其滞后期是无约束 VAR 模型 1 阶差分变量的滞后期，所以协整检验的 VAR 模型滞后期确定为 2。本文对 GDP 以及衡量金融市场化进程 4 个方面变量进行协整检验。表 A.6 为协整检验结果，迹检验和最大特征根检验都表明协整方程的个数为 4。

表 A. 6　协整检验结果

H_0：Rank = r	Eigenvalue	λ_{trace}	$\lambda_{\max}$
r = 0	0. 922 9	187. 271 7 ***	64. 078 0 ***
r ≤ 1	0. 848 8	123. 193 6 ***	47. 228 7 ***
r ≤ 2	0. 817 6	75. 965 0 ***	42. 534 1 ***
r ≤ 3	0. 572 9	33. 430 9 ***	21. 267 1 **
r ≤ 4	0. 385 3	12. 163 8 *	12. 163 8 *

注：迹检验值 λ_{trace} 和最大特征根检验值 $\lambda_{\max}$ 的上标 ***、**、* 分别表示显著水平为 1%、5% 和 10%。

（二）向量误差修正模型与格兰杰（Granger）因果检验

经协整检验，本文得到如下 VECM：

$$EC_t = \text{LGDP}_{t-1} - 0.2427\text{AA}_{t-1} + 0.2643\text{BB}_{t-1}$$
$$+ 0.2835\text{CC}_{t-1} - 0.0403\text{DD}_{t-1} + 8.1076 \qquad \text{式（A. 2）}$$

变量间存在长期稳定的均衡关系，但是这种均衡关系是否构成因果关系，还需要进一步验证。本文利用 Engle 和 Granger（1987）提出的向量误差修正模型进行长期、短期的 Granger 因果关系检验。长期、短期的 Granger 因果关系检验结果见表 A. 7。

表 A. 7　基于 VECM 的 Granger 因果关系检验结果

Granger 结果 \ Granger 原因		$\Delta\ln$GDP	ΔAA	ΔBB	ΔCC	ΔDD	联合检验	误差修正项 t 检验
$\Delta\ln$GDP	H_0		$\theta_{1i}=0$	$\gamma_{1i}=0$	$\delta_{1i}=0$	$\varepsilon_{1i}=0$	全为 0	$\lambda_1=0$
	F		0. 336 5	0. 269 3	0. 162 9	1. 075 8	4. 188 8	-0. 003 6
ΔAA	H_0	$\alpha_{2i}=0$		$\gamma_{2i}=0$	$\delta_{2i}=0$	$\varepsilon_{2i}=0$	全为 0	$\lambda_2=0$
	F	5. 361 1 *		9. 317 4 ***	10. 238 5 ***	15. 332 6 ***	22. 356 2 ***	1. 675 4 **
ΔBB	H_0	$\alpha_{3i}=0$	$\theta_{3i}=0$		$\delta_{3i}=0$	$\varepsilon_{3i}=0$	全为 0	$\lambda_3=0$
	F	19. 801 7 ***	5. 283 1 *		9. 135 7 ***	28. 491 1 ***	30. 678 ***	5. 887 0 ***
ΔCC	H_0	$\alpha_{4i}=0$	$\theta_{4i}=0$	$\gamma_{4i}=0$		$\varepsilon_{4i}=0$	全为 0	$\lambda_4=0$
	F	3. 687 0	7. 778 2 **	4. 597 0 *		4. 491 9 *	18. 781 1 **	1. 854 5 *
ΔDD	H_0	$\alpha_{5i}=0$	$\theta_{5i}=0$	$\gamma_{5i}=0$	$\delta_{5i}=0$		全为 0	$\lambda_5=0$
	F	2. 895 1	1. 615 3	7. 698 3 **	13. 566 3 ***		34. 731 7 ***	-0. 835 3

注：F 检验值的上标 ***、**、* 分别表示显著水平为 1%、5% 和 10%。

表 A.7 中，对右方四个变量各自的 Wald-F 检验结果可以表明该变量的变化是否在短期影响左侧被解释变量的变化，而 Wald-F 联合检验结果可以证实右方四个变量是否共同构成左侧变量的短期 Granger 原因。误差修正项的 t 检验表明右方四个变量与左侧被解释变量之间是否存在长期的因果关系。

对 lnGDP 与中国金融市场化四个方面的时序变量进行的基于 VECM 的 Granger 检验结果表明，金融中介市场化（AA）、政府行为市场化改革（BB）、金融市场自由化（CC）、金融对外开放（DD）与经济增长（lnGDP）之间存在因果关系。

如图 A.4 所示，在短期内，金融中介市场化（AA）和政府行为市场化改革（BB）之间、金融中介市场化（AA）和金融市场自由化（CC）之间、政府行为市场化改革（BB）和金融市场自由化（CC）之间、政府行为市场化改革（BB）和金融对外开放（DD）之间、金融市场自由化（CC）和金融对外开放（DD）之间均存在双向的 Granger 因果关系。存在单向因果关系的变量有：经济增长（lnGDP）是金融中介市场化（AA）的短期 Granger 原因；经济增长（lnGDP）是政府行为市场化改革（BB）的短期 Granger 原因；金融对外开放（DD）是政府行为市场化改革（BB）的短期 Granger 原因。这证明了金融市场化进程的四个方面存在密切的相互联系，相互间存在促进关系。但是，我们并未得到金融市场化四个方面变量是经济增长（lnGDP）短期 Granger 原因的结论，这表明在短期（转型期）内，中国的金融市场化未能促进中国的经济增长。

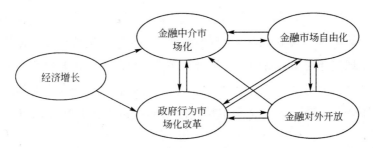

图 A.4　中国金融市场化四个方面与经济增长的 Granger 短期因果关系图

联合检验结果表明，所有其他四个变量都共同构成了金融中介市场化（AA）、政府行为市场化改革（BB）、金融市场自由化（CC）和金融对外开放（DD）四个变量的 Granger 原因，表明这些方面的变化确实促进了这四个方面金融市场化的发展。同时，误差修正项的 t 检验证实了这种因果关系的长期存在

[除金融对外开放（DD）变量外]。

由此可认为，实现中国经济增长并非是以金融结构调整、政府调控金融行为的市场化改革和金融对外开放为特征的金融市场化带来的结果，相反是中国经济发展促进了政府调控金融行为的市场化改革和金融中介结构的调整。

五、小结

本文对中国经济转型期的金融市场化进程进行了研究。在构建的 1978～2005 年中国金融市场化改革数据集的基础上，首先针对这一进程所涉及的金融中介市场化、政府行为市场化改革、金融市场自由化、金融对外开放四个方面分别构建中国金融市场化的四个方面指数，并以此为基础形成中国金融市场化总指数。整个指数体系较好地刻画了中国金融市场化进程在转型期的变化情况。然后以金融市场化指数为基础，采用基于 VECM 的 Granger 因果检验方法对中国金融市场化的四个方面与经济增长间进行了因果关系检验。

首先，从本文所构建的中国金融市场化指数以及对金融市场化四个方面与经济增长的协整关系和 Granger 因果关系分析研究，我们对中国金融改革进程评价如下：

第一，金融市场化进程遵循着一条稳健的渐进道路。从指数反映出的金融市场化相对水平看，中国金融市场化指数已由 1978 年的 0.02 上升到 2005 年的 8.98，显示在这场我国政府主导的已持续 28 年的改革中，中国金融业的市场化水平得到明显提高。从整个进程出现的波动看，总指数反映出我国金融市场化改革中没有出现其他转型经济国家在推行金融自由化政策中普遍遭遇的金融风暴甚至危机，金融方面重大改革措施的出台，没有带来整个金融体系的剧烈波动和经济增长的下降，说明中国的金融市场化改革的推进方式是切实可行的而且是成功的。

第二，金融市场化改革是一场政府主导的改革。考察金融市场化改革的路径可以看到，中国金融发展呈现出明显的高增长、低效率特征（周立，2003）。一方面金融资产规模在市场化改革的过程中扩张迅速，逐步完成了金融发展在数量上的积累；另一方面由于政府对金融的主导地位，带来金融资源的非效率配置问题，导致金融改革滞后于经济改革，金融改革服从于经济改革。因此政府对关系到市场化改革总体成败的金融市场化改革的主导，政府行为市场化改革指数（图 A. 1 右上图）趋势与总指数趋势的基本一致，说明政府改革符合中国金融市场化的总体要求。

第三，金融市场化进程的各个方面有明显差异。金融中介、金融市场、政府行为、金融开放的市场化改革在整个进程中彼此之间不同步，有的波动较大。与发达的市场经济国家相比，中国金融市场化改革仅走过了短短的近 30 年。在这一时间序列中，一方面市场化成分的形成往往呈现出时间上的差异，如与金融中介相比，沪深股市的建立仅仅是在 20 世纪 90 年代初；另一方面市场化成分的介入往往具有突然性，如 20 世纪 90 年代初邓小平"南巡"讲话带来金融业的迅猛发展以及随之而来的"治理整顿"等。此外，中国"摸着石头过河"的改革方式导致市场化进程出现波动。

其次，根据本文对金融市场化四个方面与经济增长进行的基于 VECM 的 Granger 因果关系检验可以得出以下结论：

（1）中国金融市场化与经济增长间存在 Granger 因果关系，但呈现明显的方向差异。在中国经济转型期间（1978～2005 年），金融中介市场化、政府行为市场化改革、金融市场自由化、金融对外开放四个方面并未能促进经济增长，相反，经济增长对金融中介市场化（AA）和政府行为市场化改革（BB）有促进作用，这一结论说明过去近 30 年来的中国金融市场化改革是中国经济增长带来的结果。

如果以转型经济的金融市场化存在制度上的阈值水平的观点，即认为只有当阈值水平达到相应程度才有较高的金融自由度促进经济增长（Ito，2006）的话，本文认为虽然中国金融市场化取得了相对水平上的明显进步，但市场化程度的总体水平仍然低于经济发展的要求。当对照当前金融改革还没有定论的诸如开放资本账户，国内 A、B 股市场一体化，分业与混业经营之争等就不难发现我国金融市场化在发达的市场经济中所处的阶段，因此中国金融市场化改革还任重道远。当然中国金融市场化是否存在跨国实证中出现的阈值水平，还有待更进一步的研究。

（2）中国金融市场化进程的四个方面金融中介、政府行为、金融市场、金融开放之间，除金融中介与金融开放存在单向 Granger 因果关系外，其余相互之间具有显著的双向 Granger 因果关系，这说明中国金融市场化的各个方面存在相互依存、相互促进的联系。对于金融中介与金融市场之间呈现的双向 Granger 因果关系意味着两种结构在市场化进程中呈现因果的相互补充而不是竞争性的替代，这一点与周业安（2005）的结论是一致的。因此，对于涉及金融市场化改革的相关政策出台应注意四个方面间的这种内在的联系，避免孤立性的政策无法推进以及对冲性政策相互抵消的问题，应该周密审慎地对待中国金融市场化改革的每一步。

总之，在放松管制的环境中正规（official）金融能否成为经济增长引擎（engine of growth）的问题（Andersen，Tarp，2003）在中国仍然是个"谜"，在学术界没有彻底揭开谜底之前，本文认为中国金融市场化改革不能在全球化浪潮中盲目跟风，绝不能采取一种简单的放松管制（deregulation）或自由化（liberalization）的方式来解决金融业存在的问题。

附录 B

中国经济转型期商业银行
资本与风险行为研究

——兼论《巴塞尔协议》在我国的实施效果①

一、引言

  金融是现代经济的核心，银行则是所有经济体系中最重要的金融中介。由于银行体系的稳定对于整个社会具有非常重要的意义，银行业历来是管制最为严厉的行业之一，以巴《塞尔协议》为代表的资本充足监管制度已经成为各国最重要的银行监管制度。

  目前，我国银行业监管制度逐渐由合规性监管向风险资本监管过渡。1995年颁布实施并于 2003 年修订的《中华人民共和国商业银行法》和 1997 年起执行的《商业银行资产负债比例管理监控、监测指标和考核办法》开始引入《巴塞尔协议》的资本监管要求，明确规定商业银行在进行经营活动时"资本充足率不得低于 8%"。中国银行业监督委员会以 1988 年《巴塞尔协议》为指导，于2004 年颁布并实施《商业银行资本充足率管理办法》，要求"商业银行最迟在2007 年 1 月 1 日达到最低资本要求"。我国资本充足监管制度正处于逐步完善的过程当中，由此产生的问题是，我国商业银行面对资本监管要求如何作出反应，以及如何调整其资本和风险。

  国外学者对资本监管要求下商业银行资本与风险行为这一现实问题进行了大

———————————

  ① 本文与吴俊、张宗益合作，原文发表在《财经研究》2008 年第 1 期，第 51~61 页。

量研究，发现各国制度环境因素在很大程度上决定着商业银行的行为及监管政策的有效性（Barth et al.，2004）。我国自 1978 年以来处于以市场化为导向的经济体制改革进程中，制度环境表现出不同于欧美发达国家和其他发展中国家的转型经济特征。针对欧美等国家的研究结论是否能用来解释我国商业银行的资本与风险行为，尚有待实证的检验。基于此，本文将我国市场化改革进程这一特殊且重要的转型经济制度背景因素作为环境变量引入研究框架，对我国经济转型期商业银行的资本与风险行为进行研究。

本文的主要贡献在于以 Shrieves-Dahl（1992）联立方程为基础，采用市场化指数作为制度变量刻画我国经济转型的制度变迁过程，研究我国经济转型背景下商业银行资本与风险调整行为，并对《巴塞尔协议》的资本充足率监管要求在我国的实施效果进行分析，旨在为我国银行业改革和资本充足率监管制度的完善提供有益的实证依据和建议。

二、相关研究述评

国际统一的银行资本监管框架起源于 1988 年的《巴塞尔协议》(*Basel Accord*)。《巴塞尔协议》将银行资本划分为核心资本和附属资本，并根据资产的风险等级赋予不同的风险权重，要求商业银行资本不低于风险加权资本总额的 8%，核心资本充足率不得低于 4%。巴塞尔委员会认为，银行在经营活动中持有一定数量的资本，可以对风险起到缓冲作用，从而保证银行的偿付能力和整个银行体系的稳定。经过对旧协议的多次修改，巴塞尔银行监管委员会于 2004 年 6 月发布了新协议（Basel Ⅱ）：《统一资本计量和资本标准的国际协议：修订框架》。新协议由最低资本要求、现场监督检查和市场约束三个互补的支柱组成，新协议对风险更为敏感，最低资本要求的计算仍然是协议的核心。

Basel 委员会认为，充足的资本水平有助于提高公众对银行体系的信心，对银行实施资本充足率监管的目的是为了维持银行体系的稳定。但研究文献却一直在争论资本监管如何影响银行行为和能否有效降低银行风险。总体而言存在两种对立的观点，即提高资本要求对银行行为存在正反两方面的影响，一方面预期收入效应会刺激银行追求更高风险，另一方面在险资本效应（capital-at-risk effect）迫使银行在投资时采取谨慎行为。

　　Kahane（1977）、Koehn 和 Santomero（1980）、Kim 和 Santomero（1988）运用资产组合模型中的均值-方差方法（mean-variance approach）证明，由于增加资本会降低银行的期望收入，银行将增加高风险资产的投资以增加收入弥补损失，因此提高资本要求会增加银行资产风险。资本监管的预期收入效应对银行风险行为具有逆向激励作用。Furlong 和 Keeley（1989）、Keeley 和 Furlong（1990）则运用期权模型证明，银行资本金比例的提高会降低存款保险期权的价值，迫使银行在危机发生时以自有资本承担损失，因此银行会在资产选择时采取谨慎的行为，从而降低银行的资产风险。资本要求的这种正向激励作用称为在险资本效应。Rochet（1992）对上述理论进行了综合分析，提出如果能够根据资产风险（基于市场的风险）确定风险权重，银行会选择低风险资产，基于风险的资本充足率要求能够降低银行风险。Blum（1999）分析了动态环境中资本充足率管制的跨期效应（inter-temporal effect），证明资本不足的银行为了在未来达到资本充足要求，会在当期增加高风险资产的投资。

　　由于理论分析存在较大的分歧，许多学者转而从实证的角度探讨《巴塞尔协议》的微观效应。Shrieves 和 Dahl（1992）首先通过建立联立方程模型，从实证的角度分析《巴塞尔协议》监管下银行资本与资产行为。他们的研究结论支持预期收入效应的理论分析，认为银行资本和资产风险之间存在正向变动关系，银行在提高资本的同时会增加对风险资产的投资，从而减弱了资本要求的政策效果。在他们的研究基础上，Jacques 和 Nigro（1997）对《巴塞尔协议》实施初期的美国银行业进行研究，结果表明基于风险的资本充足要求能够有效地增加商业银行资本和降低其资本风险。Rime（2001）对瑞士银行业的研究发现，在资本充足率要求的监管压力下，无论资本充足程度如何，银行都会提高资本充足水平，但不会导致银行资产风险的升高。Calem 和 Rob（1999）研究提出资本与银行风险行为之间存在 U 形关系，随着银行资本增加银行风险先降低然后增加，当银行资本达到一定水平后，资本要求增加可能使银行追求更高的风险。Godlewski（2005）对新兴市场国家的研究表明，《巴塞尔协议》有助于银行体系的健康发展，没有发现银行资本与风险之间存在显著的相关关系。

　　近年来，国内也有学者开始对《巴塞尔协议》的微观效应进行探讨。大多数理论探讨倾向于支持在险资本效应理论，认为我国引入《巴塞尔协议》资本监管制度后，资本约束促使银行以自身资本承担损失，有利于强化商业银行的风险意识，制约银行规模的片面扩张，从而维持银行体系的稳定（马蔚华，2005；于立勇，曹凤岐，2005）。黄宪等（2005）将 Blum（1999）的跨期模型简化为单期模型，证明了在静态条件下，提高资本要求能够有效地降低银行风险。从实证角度研究《巴塞尔协议》在我国实施的微观效应的文献非常少。吴栋和周建平（2006）对资本充足率监管下我国商业银行资本和风险的调整进行实证分析，发现虽然以风险为基础的资本要求能显著降低我国商业银行的风险，但对银行资本的提高没有显著影响。

目前国内已有的研究都遵循了对发达国家银行的研究思路，没有考虑我国经济转型中市场化进程这一重要的制度背景，忽略了我国银行业发展环境的特殊性。始于 1978 年的改革开放政策带来了中国经济的高速增长，市场化取向的改革措施使中国的经济体制发生了深刻的变化（康继军等，2007a）。中国金融体系逐步形成了"分业经营、分业监管"的格局。银行经营领域在受到分业经营限制的同时，逐步放松市场准入限制等管制措施，对银行业的监管逐渐向银行监管的国际规则接轨。随着市场化改革的深入，中国的银行业由"大一统"的垄断体制逐渐过渡到国有商业银行、股份制商业银行、城市商业银行、外资银行等相互竞争的市场格局。我国经济转型期的制度背景有别于欧美等发达国家，这使得我国商业银行在资本与风险调整的行为上也会表现出不同于其他国家的特征。

基于上述分析，本文运用市场化指数作为制度变量刻画我国经济转型的市场化进程，研究我国经济转型期商业银行资本与风险的调整行为，以及《巴塞尔协议》资本监管制度在我国的实施效果，以期得到与我国实际情况更为吻合的研究结论，为完善我国资本充足率监管制度提供经验依据和相关建议。

三、研究模型及变量设定

尽管理论研究在资本要求能否有效降低银行资产风险的问题上存在分歧，但分析结果都表明商业银行对资本和风险的调整是同时进行的。为从实证角度检验商业银行资本与风险的关系，Shrieves 和 Dahl（1992）建立了研究商业银行资本与风险调整行为的联立方程模型。Shrieves 和 Dahl（1992）将商业银行对资本和风险的调整分为意愿调整（discretionary adjustment）和外部因素引起的变动。商业银行除了根据资本和风险的目标水平与前期水平的差额调整当期的资本和风险水平外，银行规模、赢利水平、监管要求、资产质量等因素也会影响银行的调整行为。Shrieves 和 Dahl（1992）的研究模型在后来的实证研究中得到了广泛的应用。

本文在 Shrieves 和 Dahl（1992）研究模型的基础上，采用本文所构建的市场化指数（康继军等，2007a）作为制度变量刻画我国经济转型的制度变迁过程，研究我国经济转型背景下商业银行资本与风险调整行为，并对《巴塞尔协议》的资本充足监管要求在我国的实施效果进行分析。研究模型如下：

$$\Delta CAP_{j,t} = a_0 + a_1 \Delta RISK_{j,t} + a_2 SIZE_{j,t} + a_3 ROAA_{j,t}$$
$$+ a_4 BASEL_t - a_5 CAP_{j,t-1} + a_6 MARKET_t + u_{j,t} \quad 式（B.1）$$
$$\Delta RISK_{j,t} = b_0 + b_1 \Delta CAP_{j,t} + b_2 SIZE_{j,t} + b_3 LLRL_{j,t}$$
$$- b_4 RISK_{j,t-1} + b_5 MARKET_t + v_{j,t} \quad\quad 式（B.2）$$

研究模型主要变量定义如下：

（1）资本（CAP）。在实证研究文献中，Shrieves 和 Dahl（1992）最早采用账面权益资本与总资产的比值（equity to total assets）作为银行资本的指标，后来的实证研究则普遍采用《巴塞尔协议》中资本充足率的计算方法衡量银行资本水平。由于我国银行长期以来都以权益资本作为资本金的主要来源，因此在本研究中仍然沿用 Shrieves 和 Dahl（1992）的方法，采用权益资本与总资产的比值作为银行资本（CAP）的指标。

（2）风险（RISK）。本研究中的风险指标主要反映银行对利润和风险的追求行为（risk taking）。国外研究文献主要采用风险加权资产（risk weighted asset）与总资产的比值作为银行风险的衡量指标，部分文献采用资产中不良贷款的占比作为风险指标。我们也尝试采用风险银行风险加权资产与总资产的比值作为风险指标，但能够获得的数据非常少。由于贷款一直是我国商业银行最主要的赢利来源，因此贷款也是银行资产风险的主要来源，在本文中采用贷款总额与总资产的比率①作为风险指标（RISK），能够反映银行对风险和利润的追求行为。

（3）《巴塞尔协议》资本监管要求（BASEL）。研究表明监管实施资本充足

---

① 《商业银行资本充足率管理办法》第 23 条：商业银行对企业、个人的债权及其他资产的风险权重为 100%。

率要求在不同的国家对于银行资本和风险变动的影响不同。国外研究文献中，以银行资本是否达到监管要求的虚拟变量说明银行是否受到资本约束，或者以银行资本比率与监管要求之差衡量银行受到监管压力的大小。1995 年颁布实施并于2003 年修订的《中华人民共和国商业银行法》和 1997 年起执行的《商业银行资产负债比例管理监控、监测指标和考核办法》都明确规定，商业银行在进行经营活动时"资本充足率不得低于 8%"。但在 2004 年以前，资本充足率的计算规定对资产风险的衡量并没有明确的计量标准，因此本文只在资本方程中考察资本监管要求对资本变动的影响。本文中，以 1995 年《中华人民共和国商业银行法》的实施为标志建立虚拟变量（BASEL）表示是否有资本监管要求，1995 年前为0，1995 年起为 1。

（4）制度变量（MARKET）。1978 年以来以市场化取向的改革措施使中国的经济体制发生了深刻的变化，推动中国银行业体系的变革，也必然影响资本监管下银行资本与风险的调整行为。本文采用康继军等（2007a）所构建的市场化指数刻画中国经济转型的制度进程，市场化指数数据相关说明详见"中国经济转型与增长"（康继军等，2007a）一文，本文更新并补充计算了 2004 年、2005 年市场化指数（表 B.1）。

表 B.1　中国经济体制市场化进程指数（1991～2005）

年份	市场化指数	年份	市场化指数	年份	市场化指数
1991	4.82	1996	7.30	2001	8.18
1992	6.09	1997	7.89	2002	7.99
1993	6.66	1998	7.74	2003	8.20
1994	7.10	1999	7.37	2004	8.67
1995	7.13	2000	7.86	2005	9.35

（5）资本与风险变动的相互影响和滞后项。理论研究表明，银行的资本和风险决策相互影响，银行资本和风险存在相关关系。因此，在联立方程模型中，将资本的变动 $\Delta CAP_{j,t-1}$ 作为风险方程的解释变量，检验资本变动对资本风险变动的影响及影响的方向。将风险的变动 $\Delta RISK_{j,t-1}$ 作为资本方程的解释变量，检验资产风险变动对资本变动的影响。从理论上讲，银行根据上一期资本在当期对资本进行调整，上期资本较低的银行会增加本期资本，因此 $CAP_{j,t-1}$ 系数预期为

负。同样，银行根据上一期风险在当期对风险进行调整，上期风险较高的银行会在本期降低资产风险，因此 $RISK_{j,t-1}$ 系数预期为负。

（6）其他变量。在研究模型中，我们沿用 Shrieves 和 Dahl（1992）、Jacques 和 Nigro（1997）、吴栋和周建平（2006）等文献的研究选择其影响变量。银行总资产的自然对数代表银行规模（SIZE）[1]，以平均资产收益率（ROAA）作为银行当期赢利水平指标作为资本方程的解释变量，以贷款损失储备与贷款总额的价值（LLRL）作为贷款损失的指标。

四、实证研究

本文以目前我国全国性商业银行为研究对象，包括四大国有商业银行和十家股份制商业银行，样本期为 1991～2005 年，由于各商业银行成立时间和数据披露时间不同[2]，各银行样本数量不完全一致。经差分和取滞后项等数据处理后，样本总数为 165 个，在样本的覆盖范围和期限上具有较高的代表性。研究中使用的数据来源于 Bankscope 数据库、《中国金融年鉴》和各银行年报。

在联立方程组的系统估计方法中，广义矩估计方法（GMM）允许随机误差项存在异方差和序列相关，所得到的参数估计量比其他参数估计方法更合乎实际。同时，GMM 方法不需要知道扰动项的确切分布，GMM 估计量是非常稳健的（高铁梅，2006）。实证结果如表 B.2 所示。

表 B.2　联立模型实证结果

变量	GMM 回归结果		去除不显著变量后回归结果	
	$\Delta CAP_{j,t}$	$\Delta RISK_{j,t}$	$\Delta CAP_{j,t}$	$\Delta RISK_{j,t}$
C	1.100	23.523***	−0.618	28.301***
	(1.582)	(9.142)	(1.063)	(8.564)
$\Delta RISK_{j,t}$	0.082*		0.076*	
	(0.049)		(0.047)	
$\Delta CAP_{j,t}$		0.594**		0.768***
		(0.272)		(0.248)

---

① 国有银行的规模都远大于股份制商业银行，银行规模与银行的国有性质高度相关，为避免回归的共线性，在回归模型中不再设立所有权性质作为解释变量。

② 例如，中国光大银行没有公布 2004 年、2005 年年报，广东发展银行未公布 2005 年年报。

续表

变量	GMM 回归结果		去除不显著变量后回归结果	
	$\Delta CAP_{j,t}$	$\Delta RISK_{j,t}$	$\Delta CAP_{j,t}$	$\Delta RISK_{j,t}$
$SIZE_{j,t}$	0.164 **	−0.410 **	0.141 *	−0.404 **
	(0.077)	(0.161)	(0.075)	(0.160)
$ROAA_{j,t}$	1.050 ***		1.002 ***	
	(0.228)		(0.210)	
$BASEL_{j,t}$	0.198			
	(0.396)			
$LLRL_{j,t}$		−0.233 **		−0.214 **
		(0.096)		(0.096)
$MARKET_t$	−0.261	1.862 ***		1.727 ***
	(0.187)	(0.472)		(0.455)
$CAP_{j,t-1}$	−0.473 ***		−0.435 ***	
	(0.064)		(0.0580)	
$RISK_{j,t-1}$		−0.341 ***		−0.381 ***
		(0.102)		(0.097)
R^2	0.438	0.293	0.442	0.256
Adjusted R^2	0.416	0.271	0.429	0.232
D-W stat	2.049	1.933	2.076	1.850

*** 表示在 1% 置信水平下显著，** 在 5% 置信水平下显著，* 在 10% 置信水平下显著。

（一）资本与风险的变动正向影响

资本的变动 $\Delta CAP_{j,t-1t}$ 在风险方程系数大于零，并且在 5% 置信水平下显著；风险的变动 $\Delta RISK_{j,t-1}$ 在资本方程的系数也大于零，10% 置信水平下显著，说明银行资本与风险的变动存在正向影响。研究结果表明，现阶段资本监管要求对我国商业银行的逆向激励大于正向激励作用，商业银行提高资本引起未来收入下降的预期，商业银行会增加对高风险资产的投入以弥补期望收入的损失，即资本的提高伴随着风险的提高。这与 Shrieves 和 Dahl（1992）的研究结论是一致的。

（二）实施《巴塞尔协议》资本监管对资本变动的影响不显著

监管要求变量 BASEL 的系数为正，说明监管部门的资本充足要求有利于银行资本充足程度的提高。但是，这种影响在统计上并不显著，资本充足的监管要求对银行的约束并没有完全发挥应有的作用。虽然 1995 年《中华人民共和国商业银行法》明确提出了对银行资本的监管要求，但并没有制定相应的惩罚措施，监管当局在对商业银行尤其是国有商业银行的资本监管上选择了监管宽容（regulatory forbearance）。我国的商业银行缺乏对资本充足率的关注，缺少提高资本充足程度的约束和激励。我们的研究结论与资本充足要求在实践上并未得到严格执行的现状是相符的。

（三）我国经济转型市场化改革增加银行的风险行为，但对资本变动没有显著影响

市场化相对指数（MARKET）在风险方程中的系数为正，并且在 1% 的置信水平下显著，但在资本方程中市场化指数的系数不显著，表明我国转型经济市场化进程的推进会增加银行的风险行为，对银行资本的提高没有显著影响。改革开放以来，随着我国市场化进程的不断推进，银行业的市场准入管制逐渐放松，股份制商业银行、外资银行等市场竞争主体不断进入我国银行业市场，我国银行业的市场竞争日趋激烈。研究结果表明，市场化程度对风险提高具有显著的正向影响，一方面说明中国经济的市场化进程有利于商业银行形成自主经营、自负盈亏的市场主体，另一方面也说明改革加剧了银行业的市场竞争。但是，虽然市场化改革促使银行体制不断发生变革，但是《巴塞尔协议》的资本监管要求在金融体制的改革进程中，并没有得到严格执行，因此实证结果也表明市场化程度对商业银行资本的提高没有显著影响。

（四）银行根据上一期资本与风险反向调整其资本和风险

上一期资本水平 $CAP_{j,t-1}$ 与资本变动呈显著的负相关关系，上一期资产风险水平 $RISK_{j,t-1}$ 与风险变动也呈显著的负相关关系。$CAP_{j,t-1}$ 的系数为负说明上一期资本充足率偏低的银行，在本期会增加其资本充足率水平；$RISK_{j,t-1}$ 系数为负

则说明上一期资产风险较高的银行,在本期会降低其资产风险。研究结论表明银行会根据资本和风险的目标水平与前一期水平的差距作调整,尽量趋近理想的资本和风险水平。

(五)其他实证结果表明在我国实施《巴塞尔协议》具有一定特殊性

银行规模有助于增加资本和规避风险。资本方程中,银行规模(SIZE)对资本变动有正向影响,并在5%的置信水平下显著。这一结论表明,资产规模较大的银行更容易获得调整资本的资金。目前,在我国国有商业银行的资产规模远远大于其他股份制商业银行的情况下,国有商业银行资本金充足有利于整个银行体系的稳定。因此,国有商业银行更容易得到来自于政府的资本金补充。在风险方程中,银行规模对风险增加的影响为负,并且在5%的置信水平显著。实证结果表明,银行规模有利于资产风险的分散,同时也反映了国有银行的行为更为谨慎。从理论上讲,股份制商业银行具有比较健全的治理结构和约束机制,在资产的投资上应该更为谨慎。但是,股份制商业银行面临更为激烈的市场竞争,股东对更高收益的期望会进一步表现为股份制商业银行对利润和风险的追求。我国正处于社会经济的转轨时期,由于国有商业银行往往在维持社会稳定中发挥重要作用,监管部门对国有商业银行的考核也更偏重安全性。这使得国有银行在资金的使用上表现出对资金安全的重视,甚至出现"惜贷"的情况。

银行收益有益于资本金的补充。赢利水平 ROAA 对资本的变动也有正向影响,在1%的置信水平下显著,说明银行赢利水平的提高有助于银行提高资本。这表明经营收益是现阶段我们资本金补充的重要途径,银行赢利水平的提高只可以提高我国银行资本充足水平,尤其是核心资本充足水平。

贷款损失的增加迫使银行调整投资行为。在风险方程中,贷款损失 LLRL 的系数为负,并且在5%的置信水平下显著。贷款损失的增加,迫使银行对投资行为进行调整,降低高风险资产在总资产中的占比,以避免未来更为严重的损失。

五、小结

本文对我国经济转型的制度背景下商业银行资本和风险的行为进行了实证分析,研究发现我国商业银行的资本和风险行为具有较强的特殊性。实证结果表明，在我国经济转型过程中，商业银行资本与风险行为之间存在正向变动关系，资本金占比的提高同时伴随着资产风险的上升，提高资本水平对银行风险行为的逆向激励作用明显，仅仅提高资本充足率水平的监管措施并不能完全降低银行资产风险。同时，由于市场化改革进程加剧了银行的市场竞争，市场化程度的提高迫使银行追求更高的收益，表现为随着市场化程度提高，银行的风险追求行为更为明显。因此，银行监管部门在强调银行资本充足率的同时，也应该重视提高资本对银行资产风险的逆向影响，应该综合运用资本充足率监管要求和其他监管措施，如资产投向控制、强制信息披露等，才能约束银行的风险行为，防止出现银行在提高资本金占比的同时资产风险也大幅增加的情况。

研究表明，虽然我国引入《巴塞尔协议》资本监管制度的时间比较早，但由于在实践中并没有严格地执行监管要求，对商业银行资本的提高并没有显著影响，资本充足的监管要求对银行的约束并没有完全发挥应有的作用。从 1995 年《中华人民共和国商业银行法》实施起，监管部门明确提出了银行资本充足率不得低于 8%，但这一监管要求在实践中并没有得到严格执行，也没有制定相应的惩罚措施，监管部门在对商业银行尤其是国有商业银行的资本监管上往往采取了宽容的态度。这使得我国的商业银行缺乏对资本充足率的关注，缺少提高资本充足程度的约束和激励。而在欧美等发达国家，监管机构对资本不足的银行采取较为严厉的惩罚措施。例如，限制经营业务领域、征收较高的存款保险费，或者关闭、被其他银行兼并。我国银行资本监管的执行情况与发达国家还有较大的差距。研究结果从实证上验证了过去我国资本充足率要求没有得到严格执行的现状。

附录 C

中国经济转型期的货币需求模型

一、引言

货币需求是宏观经济中货币理论的基础，揭示了货币对经济的影响。经过近30 年的改革开放，中国的经济体制已经发生了深刻的变化，一个显而易见的问题是：货币需求理论可以从制度的角度分析中国转型期的货币需求关系吗？如果能，如何构建包含制度因素的货币需求模型以刻画改革开放以来我国货币需求的经验事实？本文就此问题进行了研究。

本文采用市场化指数来刻画我国经济转型的制度变迁过程，将其作为制度变量，运用协整理论和动态建模方法建立了一个包含制度因素的货币需求动态模型，对经济体制市场化影响下的中国货币需求关系进行了研究。该模型很好地模拟了市场化影响下的中国货币需求关系，实证结果证实了中国转型期的市场化进程未能促使货币量显著独立于货币需求关系，货币对于宏观经济的超需求调控作用是相当有限和暂时的这一结论。

二、相关研究综述

我国的实际货币增长自改革以来持续并显著地高于国民总产值的增长，相应地，货币流通速度持续减慢。另外，货币增长速度对于国民总产值的增长速度和通货膨胀率都呈现出正向的前导作用。所以，国内学术界有人认为：改革开放以来的货币量具有显著独立于需求关系的能动性，而且失去了稳定性。对此，秦朵（1997）将国有经济在工业总产值中所占比重作为制度因素纳入货币需求模型，实证研究的结果证实了中国的货币需求存在较强的稳定性，从而否定了该观点。

从今天的角度来看，秦朵（1997）的研究有待进一步深入，首先，研究中使用的制度变量过于简单,这与当时测度市场化进程的研究进展有关;其次,秦朵(1997)一文的样本区间为 1978~1994 年,而中国经济体制改革从 1992 年后开始进入理性推进阶段,开始建立和完善社会主义市场经济体制,经济的各组成部分已开始进入市场经济的角色,所以有必要重新对中国改革开放以来的货币需求关系进行研究,考察整个转型期我国的货币需求是否仍然能保持其稳定性。

历史经验表明:我国中央银行对货币供应量的调节实际上是十分有限的,货币的供求平衡主要由货币需求决定(何新华等,2005:130)。货币需求理论仍然是研究中国货币需求关系的主要经济学理论。传统的货币需求理论在凯恩斯(1983)、米什金(1998)、易刚(1999)的著作中有详细论述,本文不再赘述,以下仅就货币需求模型的研究加以概述。

20 世纪 60 年代以来,经济学家们开始试图通过对经济计量方法的探究来建立和完善货币需求模型。邹至庄(Chow,1966)首先提出了以局部调整模型PAM(partial adjustment model)来建立美国的长期和短期货币需求模型。局部调整模型对于美国 1973 年以前的数据拟合相当好,所有参数都能通过稳定性检验,对于当时美国的货币需求可以作出合理和可靠的解释。但是,局部调整模型也引来了一些经济学家关于模型滞后结构限制的质疑。于是,一些学者试图通过加入理性预期假定,建立全面的滞后分布模型来改进局部调整模型。但由于这些模型比较复杂,而且缺乏更好的理论解释,在政策分析中较少使用。进入 20 世纪 80年代,经济学家们开始试图将长期关系加入到短期货币需求模型中,Hendry(1980)建立了英国货币需求模型:

$$\Delta \ln m_t = c_0 \Delta \ln y_t - (1-b_1)(\ln m_{t-1} - \theta \ln y_{t-1}) + d_0 \ln r_t + d_1 \ln r_{t-1} \qquad \text{式(C.1)}$$

其中,$(\ln m_{t-1} - \theta \ln y_{t-1})$ 项为货币和其对应收入间的长期偏差,所以该模型被称为误差修正模型(ECM),协整理论为 ECM 提供了有力的理论依据。此后,ECM 在货币需求模型的建立中得到了普遍的应用:如 Baba、Hendry 和 Starr(1992)估计了美国货币需求函数,Hendry 和 Ericsson(1991)估计了英国货币需求函数,Yoshida(1990)估计了日本货币需求函数,Choi 和 Oh(2003)估计了香港货币需求函数,Gunnar Bardsen(1992)估计了挪威货币需求函数,Hidegart(1992)估计了阿根廷货币需求函数等。

在对中国经验的研究中,秦朵(Qin,1994)根据 1952~1991 年的年度数据建立的中国货币需求模型得出了中国货币的基本交易弹性未发生显著变动的结论，之后，秦朵（1997）建立了包含制度因素的货币需求模型；张延群和朱运法（2001）建立了中国季度宏观经济计量协整模型中的金融模块行为方程；刘斌等（2003）建立了中国人民银行经济模型中狭义货币 $M1$、准货币、城乡居民储蓄存款模型；何新华等（2005）建立了中国宏观经济季度模型（China_QEM）中的狭义货币 $M1$ 和准货币行为方程；蒋瑛琨等（2005）利用协整理论和误差修正模型估计了两个阶段（1978～1993 年和 1994～2004 年）的中国静态和动态货币需求函数。

在这些研究中，秦朵（1997）在模型中使用了制度变量，而其余的研究者均未考虑制度因素对货币需求的影响。我国经济中非市场均衡的制度因素大致源于两个方面：原来单一的中央计划体制与计划和市场并存的转轨体制。从货币需求的角度看，由这两个方面可能引出的制度因素有：①由计划控制造成的抑制性投机需求；②由计划体制软约束造成的过度资金需求；③由改革引起的市场化对货币的超常需求（即所谓货币化过程）。在通用的货币需求模型中，因素①涉及的投机需求可用利率变量来表示，而这种需求在我国的受抑制状况可能反映为利率变量在货币需求关系中缺乏解释力；因素②对于货币需求的变化可能造成非一般理论规定的变量所能解释的短期冲击，可采用广义货币政策中的总存贷比变化率来近似表示；因素③则是货币对于 GDP 的中期超量增长的另一种解释，该解释也需要在货币理论之外选择变量。秦朵（1997）的做法是用国有制工业产出在工业总产出的比例来近似表示。

根据已有的理论和实证研究，改革与货币需求之间应该存在联系。近年来，国际上越来越重视为制度变迁和改革措施对于经济绩效的影响提供证据，因此，本文试图为理解中国经济体制改革与货币需求之间的关系从经验分析的角度增加一些新的认识。

三、研究方法、模型及变量设定

Favero（2001）将经济计量建模方法的进展分为三类[①]：①以 D. F. Hendry

[①] 有关建模方法的评价引自何新华等（2005）的相关评述。

为代表的动态建模方法；②向量自回归模型方法；③跨时最优方法。三种方法之中，向量自回归模型不仅所需数据量大，而且无助于分辨政策的作用机理；跨时最优方法需要大量的微观数据作支持（如常用的 GMM 方法），由于宏观经济数据时序较短，其样本空间相对于模型中待估参数的数量十分有限，因此这两种建模方法都不适合本研究的要求。

动态建模方法在建模过程中交替利用理论与数据信息。由于对同一经济现象常有截然不同的经济理论同时并存，所以在应用计量建模时并不存在唯一的理论基础。采用动态建模理论，通过交替运用理论与数据信息，不仅可对经济理论的适用性进行深入的探讨，同时也可充分利用现实数据所反映的真实状况寻找实际经济运行的规律。动态建模方法以探求数据的生成过程为主要目标，将应用模型的设计过程明朗化，从最广泛的影响因素入手，本着"检验、检验、再检验"的原则，从"一般到特殊"逐步约化，模型设计过程清晰，操作规范，减少了变量选取过程中的随意性。基于此，我们使用动态建模方法来构建制度变迁下的中国货币需求模型。

关于实证分析的尺度，从对理论假说的证伪要求看，通用的数据列举方式往往过于粗糙、分辨率低。本文根据动态建模理论，依据两种尺度建模：一是理论成立的实据须与数据关系中参数的稳定性（即时不变性）相对应；二是理论假定的基本关系一般仅与数据信息中的长期部分相对应。前一规定将理论隐含的规律性表述为可测信息，后一规定则力图根据理论隐含的抽象长期均衡关系将数据信息分离成长期与短期部分。

我们从通用的货币需求理论（Goldfeld，Sichel，1990）出发：

$$M/P = kY^{\alpha}\exp(R_c + u)^{①}$$

采用如下形式的货币需求函数：

$$\ln M = f(\ln Y, P, R_i, R_f, Rl) \qquad \text{式（C.2）}$$

其中，M 为货币，本文选用 M1 作为货币指标；P 为物价水平，本文使用消费价格指数（CPI）；Y 为规模变量，本文采用实际国内生产总值（GDP）；R_i 为利率，本文采用储蓄存款一年期定期利率；R_f 为市场化指数；Rl 为表示软约束的

---

① 其中，变量 R_c 代表货币的财产或投机需求，由有关利率及通货膨胀率构成，相当于持有货币的机会成本。

存贷比率；函数 f 为参数线性函数。模型估计样本期是 1978～2003 年度。

1978 年以来以市场化取向的改革措施使中国的经济体制发生了深刻的变化，必然影响货币需求关系。本文采用康继军等（2007a）所构建的市场化指数刻画中国经济转型的制度进程 [注：市场化指数数据及相关说明详见"中国经济转型与增长"（康继军等，2007a）一文或本书第九章]。

四、实证研究

首先，我们以式（C.2）为基础建立一个 3 阶滞后的 ADL 模型并求取长期趋势项：

$$\ln(M^* / P^*) = \ln Y^* + 0.02\Delta P^* - 0.13 Rf^* + 7.33 \qquad 式（C.3）$$

$$E_t^{\mathrm{T}} = \ln(M_t/P_t) - \ln Y_t + 0.02\Delta P_t - 0.13 Rf_t + 7.33 \qquad 式（C.4）$$

经验证，经过不变价格处理的各变量均为 I（1）变量，并且变量之间存在协整关系；E_t^{T} 为平稳时间序列 I（0）。因此，我们从 I（1）空间转入 I（0）空间，以式（C.2）为基础建立一个 3 阶滞后的 ADL 模型，并直接以 E_{t-1}^{T} 作为该模型的长期均衡项以保证其对产出的变化率具有负向的调节作用[1]。根据"从一般到特殊"（general to specific）的动态建模方法，经过逐步约化，最后我们得到货币需求关系的制度分析模型[2]：

$$g\left(\frac{M}{P}\right)_t = 0.18 - 0.99 g\left(\frac{M}{P}\right)_{t-1} + 0.59 g\left(\frac{M}{P}\right)_{t-3} + 2.33 g(Y)_t + 0.58 g(Y)_{t-2}$$

$$(5.21)^{***} \quad (-8.25)^{***} \quad (4.73)^{***} \quad (7.49)^{***} \quad (2.39)^{**}$$

$$- 1.48 g(Y)_{t-3} - 0.0028\Delta^2 P_t - 0.0018\Delta^2 P_{t-1} - 0.0012\Delta^2 P_{t-2}$$

$$(-5.52)^{***} \quad (-5.59)^{***} \quad (-3.01)^{**} \quad (-1.95)^{*}$$

$$+ 0.00094\Delta^2 P_{t-3} + 0.13\Delta Rf_t + 0.11\Delta Rf_{t-1} + 0.059\Delta Rf_{t-2}$$

$$(1.94)^{*} \quad (5.29)^{***} \quad (5.65)^{***} \quad (3.78)^{***}$$

$$+ 0.059\Delta Rf_{t-3} - 0.35\mathrm{ECM}_{t-1}$$

$$(3.18)^{**} \quad (-11.78)^{***} \qquad 式（C.5）$$

---

① 在 P 变换（Hendry，1995：313～315）的求取差分过程中，参数的变换可采用两种等价的差分形式，一是将长期项以最大滞后项表示，二是将长期项以 1 阶滞后项表示，在此我们选择后一种方式。

② 方程的 t 检验值括号上标 ***、**、* 分别表示 1%、5%、10% 的显著性水平。

$$R^2 = 0.99, \quad \overline{R^2} = 0.96, \quad \delta = 0.017$$

其中，误差修正项为 $ECM_t = \ln(M_t/P_t) - \ln Y_t + 0.02\Delta P_t - 0.13Rf_t + 7.33$，其隐藏的货币需求的长期均衡关系为：$\ln(M/P) = \ln Y - 0.02\Delta P^* + 0.13Rf^* - 7.33$。在长期关系中，实际货币 $M1$［变量 (M/P)］对 GDP（变量 Y）的长期弹性系数为 1，意味着在长期内 $M1$ 将与 GDP 同步增长，这与秦朵（1997），何新华（2005：136）的结论是一致的；$M1$ 对通货膨胀率（变量 ΔP）的长期半弹性系数为 -0.02，即通货膨胀率每增加 1%，$M1$ 减少 2%，即通货膨胀的加剧会导致货币需求量的减少；$M1$ 对表示市场化进程的制度变量（变量 Rf）的长期半弹性系数为 0.13，表明市场化指数每增加 1%，$M1$ 将增加 1.3%[①]，表明市场化程度的提高将导致货币需求量的增加。均衡关系式反映了货币波动过程中隐含的长期规律，这一规律由模型（C.5）中实际货币增长率对于长期需求关系的（非均衡）偏离（由解释变量 ECM_{t-1} 表出）之负反馈体现出来的。ECM_{t-1} 项的系数为 -0.35，表明系统对长期均衡偏离的调整大约需要 3 年完成（$1/0.35 = 2.86$）。

此外，模型（C.5）还告诉我们，实际货币增长率含一定的惯性运动［由解释变量 $g(M/P)_{t-1}$、$g(M/P)_{t-3}$ 表出］。此外，它同时受到 GDP 增长率、通货膨胀率变化量和市场化指数变化量及其惯性的影响。以上这些影响都属于短期影响，模型（C.5）将实际货币波动过程的解释因素分解为长期与短期两类了。在这些短期的影响因素中，我们注意到市场化指数的变化量及其惯性的系数均为正值，反映出市场化程度的提高在短期内仍然是拉动货币需求量增加的因素，这与长期均衡的结果是一致的。GDP 增长率及其惯性的系数较大，表明经济增长仍然是拉动货币需求量增加的主要因素。另外，存贷比变量与利率变量由于统计不显著被剔除出模型（C.5），模型（C.5）所未能解释的实际货币增长率的波动部分仅为 0.17%。表 C.2 给出了模型（C.5）的假设检验结果，可以看出，模型（C.5）很好地通过了各项假设检验。从拟合图（图 C.1）中可以看出，模型（C.5）很好地模拟了市场化影响下的中国货币需求变化规律。此外，通过进行时不变性检验（模型及主要估计参数的递归分析图）可以证实模型（C.5）中的

---

①　本研究的市场化指数的取值范围为［0，10］。

各解释变量均具有较好的时不变性，并且各解释变量均具有较好的超外生性①，因而模型（C.5）可以用作政策分析。

表 C.1 模型（C.5）的假设检验结果

假设检验	零假设（H_0）	检验结果（括号内为概率值）	结　论
自相关检验	无自相关	0.263 8（0.884 7）	无自相关
自回归条件异方差检验	无异方差	0.047 0（0.836 9）	无异方差
正态性检验	正态分布	1.235 5（0.539 1）	正态分布
回归模式识别检验	回归式设定正确	0.823 2（0.399 2）	回归式设定正确

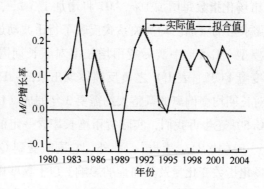

图 C.1 模型（C.5）的拟合结果

五、小结

本文就"如何构建包含制度因素的货币需求模型，刻画改革开放以来我国货币需求变化规律的经验事实"这一问题进行了研究。本文使用市场化指数作为衡量经济体制市场化进程的制度变量，运用协整理论和动态建模方法建立了一个货币需求关系的制度分析经验模型，该模型很好地模拟了市场化影响下的中国货币需求关系的变化规律。

根据本文所建立的货币需求关系的制度分析模型，可以得到以下主要经济要点：

---

① 应用 PcGive10.0（Hendry，Doornik，2001）中的 Chow 检验及 Recursive Graphics，当关注参数取值波动在统计上不显著时基本可认定外生变量具有超外生性。

（1）在一般货币需求模型中引入表示市场化进程的制度因素——市场化指数，为货币流通速度减慢的现象提供了一种合理解释。如果不考虑制度因素，我们将得到基本不含长期趋势的潜在货币流通速度，从而被简单的货币数量论引入货币流通速度持续减慢的迷途。

（2）从存贷比的加速度 ΔgRl 在样本后期失去显著性的结果看，由总信贷速度激变所表出的软约束膨胀随着改革的深化逐渐减弱，对货币过度需求的拉动力逐渐消失。诚然，存贷比并不一定是软约束唯一和充分的表现形式。模型（C.5）中的 gRf 也有可能反映由软约束引致的国有企业产出的变动。此外，我们从存贷比变量作用的消失可看出计划机制中非均衡部分的削弱，即货币需求关系在不断向一般理论关系靠拢。

（3）利率变量在模型（C.5）中仍然是不显著的，这个结果与秦朵的研究一致。这意味着我国利率调控机制仍显著落后于市场化的改革进程。虽然近年来中国的利率种类不断增多，本研究中使用的利率指标可能并不能完全代表理论模型中的利率变量。但就所用的利率指标而言，其所代表的由持币成本引致的投机需求，不论在长期还是短期，基本都被通货膨胀率所覆盖。

（4）关于通货膨胀的作用及其相对于货币量的关系，在刚性利率政策下，通货膨胀自然成为人们测度持币成本的主要指标。在模型（C.5）中，这反映在该变量在长期与短期都呈现出显著的解释力。同时，本模型表明，通货膨胀是解释货币量的有效外生解释变量。

综上所述，模型的实证结果并未发现货币的内生性在改革的冲击下有明显减弱，亦即证实了市场化进程未能促使货币量显著独立于货币需求关系，货币对于宏观经济的超需求调控作用是相当有限和暂时的。当然，这里所指的货币需求关系并不等同于一般货币论所定义的关系，它必须是对人们在转型时期市场与计划混合机制下的货币需求行为的总括。本文运用新构建的市场化指数对 1978～2003 年中国市场化影响下的货币需求关系所得到的结论与秦朵（1997）对 1978～1994 年改革影响下的中国货币需求关系的结论并无二致，新建立的货币需求关系的制度分析模型（C.5）对中国的检验数据具有较高的拟合程度和解释力。

后　记

　　本书可以算做是我博士研究生学习生涯的一个总结。本书的研究工作大致持续了三年，在我于 2006 年夏天毕业、获得博士学位以后，我又继续就分地区的经济体制市场化进程测度与建模，以及金融市场化测度等问题进行了研究，本书纳入了部分最新的研究成果。

　　修订完最后一章，回首五年博士研究生阶段的学习和生活，一切历历在目，恍若昨日。

　　"学贵得师，亦贵得友。师者，犹行路之有异也；友者，犹涉险之有助也。"

　　每位选择学术研究作为人生方向的人，多少都有一些不同的原因和机缘。我的博士学位论文研究的内容是中国经济转型，这五年也完成了我人生的重要转型。首先要感谢我的妻子傅蕴英博士及其导师杨秀苔教授，是他们建议我选择经济学作为我今后发展的方向。进入重庆大学经济与工商管理学院攻读博士学位以后，随着对经济学认识的日益深入，我对经济学的兴趣渐渐浓厚起来，时间也最终证明了这个选择的正确性和重要性。

　　在所有的博士学位课程中，"计量经济学"似乎与我特别投缘，这门课程主要是介绍各种计量模型的估计与检验方法，以及计量方法在实际经济问题中的应用。在学习过程中，我发现这种分析方法与我的思维逻辑最为接近，因此对该课程内容也最容易掌握。非常巧合，我的导师张宗益教授正是这门课程的主讲教师。在博士阶段的第一个暑假，我有幸参与了张老师负责的重庆市科委的重大项目"重庆市国民经济增长总体目标的定量研究"，并且在张老师的指导下运用计量经济学方法完成了该研究报告中的一章："经济增长中制度与管理创新贡献的定量分析"，这篇论文在 2002 年 10 月获得全国技术经济与创新学术研讨会优秀论文奖一等奖，其后的英文修改稿被中国留美经济学会 2005 年年会（2005CES中国经济可持续增长国际研讨会：人力资本与环境投资）接受，我在此年会上做了专题发言。完成这篇论文的经验弥足珍贵，它使我学会了作研究的基本功：首先要全面性与批判性地掌握既有文献的精要，其次则是设法在前人的基础上发展出新的想法和思路。

实证研究是一项艰苦的工作，何帆曾经说过："如果你能够把经济学学好，没有什么苦吃不了的。"虽然这个说法略显夸张，但是用以描述实证研究工作的艰辛，还是比较符合实际的。在实证研究中，首先，要对所选研究内容进行理论分析，在经济学理论的指导下构建实证模型，没有理论指导的实证研究只有能停留在统计检验的水平，其结果是缺乏稳健性和可靠性的。其次，根据设定的实证模型上设法获取数据，并进行冗繁的数据处理工作，这一步工作完成的质量如何，直接关系到之后的计量经济分析能否取得"成功"。最后，对实证分析的结果进行分析和总结，并提出相应的政策建议。貌似简单的研究方法和流程在实施过程中需要巨大的工作量和耐心。在本书的研究中，我花费了大量的时间和篇幅来验证政府行为方式适应市场化转变、非国有经济发展、对外开放、产品市场发育这四个中国经济体制市场化转型过程的主要方面与经济增长的因果关系，这是以往几乎所有关于经济转型、市场化进程研究中均未涉及的和被忽略的，是构建衡量中国经济体制市场化进程指标体系的基础。在这些分析的基础上，本书构建了衡量中国自 1978 年以来经济转型程度的制度变量——市场化指数，并将该市场化指数作为制度变量，运用协整理论和动态计量经济学的"从一般到特殊"动态建模方法建立了一个经济增长的动态分析模型，该模型较好地模拟了市场化影响下的中国经济增长的变化规律。这篇论文最后在 2007 年《管理世界》第 1 期作为首篇重要论文刊出，并被中国人民大学书报资料中心复印报刊资料《国民经济管理》2007 年第 5 期全文转载。希望本书的研究能为研究中国经济转型与增长问题提供些许借鉴。

很多导师习惯给学生指定论文题目，而张老师则给了我很大的自由空间，任由我在浩瀚的文献资料中摸索方向，在具体的研究方法和手段上更是放手让我自己去探索。张老师影响我最多的是如何以严谨公平的心态对待学术研究，正视不足，然后寻求进一步的改进和完善，这才是学问之道。开始我对张老师这种指导方式颇不适应，日后回想起来却非常感激他。一方面培养了我独立进行研究的能力，另一方面也培养了我从事学术研究所必需的平常心。五年来正是在张老师的指导和帮助下，我才得以比较顺利地完成学位论文以及人生的转型。张老师博大精深的学术修养，实事求是、严谨朴实的治学风格，将永远铭记在学生心中！

"师以质疑，友以析疑。师友者，学问之资也。"

在探求学术的道路上我得到了许多师友的帮助和指导。在 2005 年 6 月的 CES 年会期间，邹至庄教授对我的论文给予了非常有益的评述，也激发了我努力向上的斗志；何新华研究员和秦朵博士给我提供了动态建模理论相关文献和方法上的指导；江艇、刘睿、孔东民等朋友在研究方法、相关文献和数据方面给我提供了不少帮助；与汪锋、许雄奇、朱勇等师兄弟的探讨则给予了我许多非常有益的启迪；经管学院的各位老师在学业上给予了我相当多的帮助和指导。感谢所有关心和帮助我的老师、朋友和同门师兄弟们，谢谢大家！真诚地祝愿大家在未来的日子里一切如意！愿好运永远与大家相伴！

此外，我要特别感谢科学出版社的侯俊琳、宋旭两位编辑老师。本书是在笔者的博士学位论文以及笔者与合作者一起撰写的三篇应用研究论文基础上加工完成的，本书得以出版，与两位老师的辛勤工作是分不开的。

最后，感谢我的妻子和家人，尤其是我可爱的女儿乃文，他们给予我精神和经济上的支持，使我能够专注于学业，相信在未来的日子里，我可以做得更好。

康继军

2008 年 6 月于重庆